基于 DEA 的阻塞效应识别与测度

杨国梁　任宪同　著

科学出版社

北　京

内 容 简 介

本书主要聚焦于数据包络分析框架下的阻塞效应识别与测度方法。本书综述数据包络分析框架下现有的阻塞效应识别与测度方法,总结现有方法在识别与测度过度投入上的劣势,并基于此提出能更准确反映过度投入状况的新的阻塞效应概念和相应的识别与测度方法。针对带有非期望产出指标及多个生产阶段的不同应用场景,本书将新的阻塞效应概念和识别与测度方法进行拓展,并探讨阻塞效应与产能利用率的关系。为直观解释阻塞效应的识别与测度方法,本书提供大量数值案例及部分实证案例供读者参考。

本书面向具备一定经济学和运筹学知识的读者,可为相关领域的研究人员、高校教师及研究生和相关的实践者提供参考。

图书在版编目(CIP)数据

基于DEA的阻塞效应识别与测度 / 杨国梁, 任宪同著 .—北京:科学出版社,2023. 5

ISBN 978-7-03-075326-7

Ⅰ.①基… Ⅱ.①杨… ②任… Ⅲ.①投入产出分析 Ⅳ.①F223

中国国家版本馆CIP数据核字(2023)第056348号

责任编辑:杨逢渤 / 责任校对:杨聪敏

责任印制:吴兆东 / 封面设计:无极书装

科学出版社 出版

北京东黄城根北街16号

邮政编码:100717

http://www.sciencep.com

北京厚诚则铭印刷科技有限公司印刷

科学出版社发行 各地新华书店经销

*

2023年5月第 一 版 开本:787×1092 1/16

2023年11月第二次印刷 印张:11 1/2

字数:270 000

定价:138.00元

(如有印装质量问题,我社负责调换)

前　言

在经济学中，阻塞效应指由于过度投入，最大可能产出随着投入增加而减少的现象，对应着生产函数中边际产出或规模弹性为负的部分。阻塞效应的识别与测度旨在帮助决策者判断是否存在过度投入情况，估计过度投入量，并给出改进方案。现有研究中，由于数据包络分析(data envelopment analysis, DEA)方法在处理多投入多产出问题上的优势，阻塞效应识别与测度方法大多基于DEA方法。现有的阻塞效应识别与测度方法主要存在两点问题：一是识别出的阻塞效应可能无须变动投入即可在不减少产出的情况下改进消除；二是识别出的阻塞效应可能通过增加投入即可在不减少产出的情况下改进消除。上述两点问题导致目前的阻塞效应识别与测度方法识别出的阻塞效应无法准确反映过度投入状况。

基于上述问题，本书在现有阻塞效应识别与测度方法和DEA方法的框架下，重新定义阻塞效应的相关概念，并基于新的阻塞效应定义构建相应的阻塞效应识别与测度方法。针对阻塞效应能够通过增加投入改进消除这一问题，本书深入研究阻塞效应与过度投入的关系以及阻塞效应的成因，创新性地将阻塞效应分类为相对阻塞效应和绝对阻塞效应，提出相对阻塞效应和绝对阻塞效应的识别与测度方法，并指出绝对阻塞效应能够与过度投入状况相匹配。通过对阻塞效应概念定义、识别与测度方法的改进创新，本书使阻塞效应的识别与测度能够更准确地反映过度投入状况，从而令阻塞效应识别与测度结果对决策者有更强的参考价值。

在完善DEA基础模型中阻塞效应定义及方法的基础上，本书将阻塞效应的概念拓展到考虑非期望产出的DEA模型以及多阶段模型中，分别提出对应场景下的阻塞效应定义以及相应的识别与测度方法，丰富了阻塞效应识别与测度方法的应用场景。本书同样研究不同场景下阻塞效应与过度投入的关系，发现相对阻塞效应和绝对阻塞效应的概念同样适用于各个场景，并提出相对阻塞效应和绝对阻塞效应识别与测度方法。此外，本书融合阻塞效应与产能利用率，提出当前产能利用率的概念，进一步丰富了产能利用率相关理论。

本书注重理论与实践相结合。在构建阻塞效应定义、开发阻塞效应识别与测度方法的同时，本书对中国高等学校研究与试验发展活动，中国银行业，中国纺织服装、服饰业，中国造纸和纸制品业等行业的阻塞效应状况开展实证研究：一方面对新的阻塞效应识别与测度方法进行解释说明，另一方面对上述行业的过度投入状况或产能利用状况进行分析，为决策者提供科学决策支撑。

本书的研究内容得到国家自然科学基金面上项目（项目编号：72071196）的资助和支持，作者在此对国家自然科学基金委员会以及在研究过程中所有给予指导和帮助的专家学者表示衷心的感谢和崇高的敬意。

本书从思想酝酿、想法发端，到展开研究、形成成果，历时4年多。作者力图准确翔实地展示相关研究成果，旨在抛砖引玉，希望为广大同行和读者提供一些参考和借鉴。但囿于能力有限，书中难免存在不足之处，敬请广大同行和读者批评指正。

作　者

2022年6月

目　　录

第1章 导 论

1.1 阻塞效应的研究背景

阻塞(congestion)本义多指有障碍不能通过,多用于交通阻塞,指投入要素(车辆)过多导致的效率(运输效率)下降。学者们将有限的生产空间内一味增加投入反而会导致产出减少的现象总结为阻塞效应。在经济学中,阻塞效应对应着生产函数中边际产出为负或者规模弹性为负的情况,指由于投入过剩,最大可能产出随着投入增加而减少的现象。

我们可以通过单投入单产出的经典生产理论来直观描述阻塞效应。图1-1中,横轴表示投入量,纵轴表示产出量,曲线描绘的是单投入单产出下的生产函数,即对应投入下的最大可能产出量,所有的决策单元(decision-making unit, DMU)都位于生产函数的下方。生产函数的规模弹性ρ用于描述最大可能产出增加比例与投入增加比例的关系,可以表示投入与产出的动态关系,具体可以表述为

$$\rho=\frac{\Delta y/y}{\Delta x/x}=\frac{\mathrm{d}y/\mathrm{d}x}{y/x}=\frac{\text{边际产出}}{\text{平均产出}} \tag{1-1}$$

根据生产函数上各点的规模弹性ρ,该生产函数可以分为三个部分:当$\rho>1$时,增加投入可以获得更大比例的产出;当$\rho=1$时,增加投入可以使产出等比例增加,此时DMU达到最优生产规模;当$0<\rho<1$时,增加投入会使产出增加,但是产出增加的比例小于投入增加的比例;当$\rho=0$时,增加投入无法使产出发生变动;当$\rho<0$时,由于式(1-1)中平均产出必然为正,故边际产出为负,增加投入反而会导致产出的减少,此时,阻塞效应存在。

阻塞效应还被解释为经济活动有效空间的枯竭。Løvold Rødseth(2013)将产出y视为投入x和经济活动有效空间b的函数,即$y=f(x,b)$,其中,$b=b(x)$是

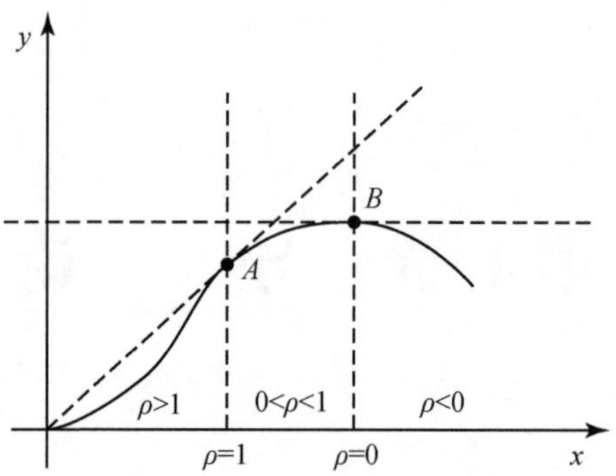

图 1-1　阻塞效应示意图

关于 x 的函数，并引入以下公理。

公理 1.1　投入越多，产出越多，即$\frac{\partial f}{\partial x}>0$。

公理 1.2　有效空间越大，产出越多，即$\frac{\partial f}{\partial b}>0$。

公理 1.3　投入越多，有效空间越小，即$\frac{\partial b}{\partial x}<0$。

边际产出可以表示为$\frac{\partial y}{\partial x}=\underbrace{\frac{\partial f}{\partial x}}_{\geqslant 0}+\underbrace{\frac{\partial f}{\partial b}\frac{\partial b}{\partial x}}_{\leqslant 0}$，只有当$\frac{\partial f}{\partial b}\frac{\partial b}{\partial x}$足够小时，边际产出才可能为负，阻塞效应才会存在，而$\frac{\partial f}{\partial b}\frac{\partial b}{\partial x}$可以表示经济活动有效空间的消耗对产出的影响。

阻塞效应在现实中广泛存在，如在交通运输中，过多的运输车辆可能会导致交通拥堵，进而减少运输量或降低运输速度（Inman，1978；Färe et al.，1982）；在采矿业中，过多的人力会拥堵矿道，导致采矿量的下降（Cooper et al.，1996）；在种植业中，过度浇水会导致农产品产量的减少（Färe and Jansson，1976）。识别和测度阻塞效应能够帮助决策者判断投入是否过度，并测度过度投入量。

1.2　基于 DEA 的阻塞效应研究现状

目前，绝大多数阻塞效应识别与测度方法是基于数据包络分析（data

envelopment analysis，DEA）方法的。DEA 方法在众多绩效测度方法中有两大优势：一是无须预设参数和生产函数；二是能够处理多产出的情况。基于 DEA 的阻塞效应识别与测度方法已经被广泛应用在各行各业的管理实践中，如纺织业、汽车工业、森林资源利用、废水处理、发电行业、电商以及医院等（Cooper et al.，2001a；Kao，2010；Wang and Zha，2014；Sueyoshi and Goto，2012；Kheirollahi et al.，2015；Chen et al.，2016，2020；Sueyoshi and Goto，2014a，2014b；Sueyoshi and Goto，2016；Sueyoshi and Yan，2016；Hu et al.，2017；Zhou P et al.，2017；Yang et al.，2017；Shabanpour et al.，2019；Mendoza-Velázquez and Benita，2019；Cho and Yang，2019；Fuentes et al.，2020；Zhang et al.，2020）。

在 1980 年前，由于经济学家对阻塞效应缺乏研究兴趣，阻塞效应相关研究进展缓慢（Cooper et al.，2001b），Cooper 等（2004）指出诺贝尔奖得主 Stigler（1976）在对 Leibenstein（1966，1976）研究的评论中质疑阻塞效应作为经济学的研究方向的合理性。但自从 Färe 和 Svensson（1980）对阻塞效应的研究发表后，阻塞效应逐渐得到了学者们的重视。

Färe 和 Grosskopf（1983）与 Färe 等（1985）的研究为 DEA 中的阻塞效应奠定了基础。随后，Cooper 等（1996）、Tone 和 Sahoo（2004）、Wei 和 Yan（2004）、Noura 等（2010）和 Mehdiloozad 等（2018）等研究分别提出了基于 DEA 的阻塞效应识别与测度方法。由于阻塞效应是基于生产前沿面的概念，因此对于位于生产前沿面之下的 DMU，一些方法参照与被测 DMU 投入相同且位于生产前沿面上的投影点的阻塞效应状况来判断被测 DMU 的阻塞效应状况，而 Sueyoshi 和 Sekitani（2009）指出在识别和测度阻塞效应中被测 DMU 的投影点可能不唯一且阻塞效应状况各不相同，这使判断位于生产前沿面之下 DMU 的阻塞效应状况陷入两难。

针对识别和测度阻塞效应时投影点不唯一这一问题，Mehdiloozad 等（2018）提出了一种解决方案，即如果 DMU 对应的投影点中有存在阻塞效应的，那么就认为 DMU 存在阻塞效应。该方案的优势在于不会遗漏任何可能发生的阻塞效应，即对于效率低下的 DMU 来说，只要与其投入相同的投影点中有存在阻塞效应的，则认为该投入水平导致了 DMU 产出的降低。然而，该方案同样存在缺陷，即识别出的阻塞效应可能无须通过减少投入即可改进消除，这降低了识别和测度阻塞效应的实践意义,使识别和测度阻塞效应无法准确判断投入是否过度以及评估过度投入量,这一缺陷也是本书提出的阻塞效应识别与测度方法力图克服的。

本书从识别和测度阻塞效应来评估过度投入状况这一目标出发,进一步研究针对效率低下 DMU 的阻塞效应的相关定义及其识别与测度方法,构建新的阻塞效应定义以及对应的识别与测度方法,使阻塞效应在实践应用中能够更准确地反映过度投入状况,更好地为决策者的科学决策提供支撑。

1.3 主要研究问题

从识别和测度阻塞效应来评估过度投入状况的目标出发,本书旨在将阻塞效应与过度投入相关联,进而丰富阻塞效应的概念和应用场景。本书的主要研究问题归纳如下。

问题一:如何关联阻塞效应与过度投入?

阻塞效应是效率低下的一种特殊情况,相较于其他效率低下的情况,过度投入是阻塞效应的最显著特征,而识别和测度过度投入状况则成了识别和测度阻塞效应的主要目的。然而,现有的绝大多数基于 DEA 的阻塞效应识别与测度方法识别出的阻塞效应可能能够通过不变动投入甚至增加投入来改进消除,这使阻塞效应与过度投入失去关联。基于此,本书将采用现有的阻塞效应识别与测度方法,按照最小化改进消除阻塞效应时的投入减少量的思路,重新定义阻塞效应并构建相应的识别和测度模型方法,使阻塞效应与过度投入相关联,从而令决策者能够通过识别和测度阻塞效应来评估过度投入状况。

问题二:如何定义、识别与测度考虑非期望产出的阻塞效应?

随着对环境问题的重视和深入研究,非期望产出逐渐成为区别于传统投入与产出的新型投入产出指标。当前已有针对考虑非期望产出的阻塞效应的相关研究,但大多数研究主要是对传统阻塞效应识别与测度方法的修改,同样面临识别出的阻塞效应可能与过度投入不相关的问题。基于此,本书提出了新的考虑非期望产出的阻塞效应的定义以及相应的识别与测度方法,使考虑非期望产出时的阻塞效应能够反映过度投入状况。

问题三:如何定义、识别与测度多阶段 DEA 模型中的阻塞效应?

多阶段 DEA 模型相较于单阶段 DEA 模型,通过引入多个生产阶段的相关信息,使绩效评估更加准确、改进目标更加合理。目前,虽然有少数关于多阶段 DEA 模型中阻塞效应的相关研究,但其阻塞效应定义仍不明确,已有方法无法准确识别和测度阻塞效应。基于此,本书将单阶段 DEA 模型中阻塞效应新的定义和相应的识别与测度方法拓展到多阶段 DEA 模型中,构建多阶段 DEA 模型中阻塞效应的定义以及识别与测度方法,帮助决策者在生产过程可以划分为多阶段时,更为精准地通过识别和测度阻塞效应来评估过度投入状况。

问题四:能否在产能利用率(capacity utilization)测度中加入对阻塞效应的测度?

在产能利用率测度中,投入指标被分为固定投入与可变投入。现有的短期产能利用率测度方法往往假设固定投入和可变投入的可处置性,即允许 DMU 在达到最大可能产出或产能时减少部分固定投入和可变投入,这导致现有的短期产能利用率测度实际上可能是某一更低固定投入和可变投入水平下的产能利用率,无法反映 DMU 当前的产能利用率状况。基于此,本书通过去除投入的可处置性假设,提出了当前产能利用率的概念以及测度方法,并指出短期产能利用率实际上可以分解为当前产能利用率和阻塞效应因素。

1.4 研究框架与研究意义

本书以基于 DEA 的阻塞效应为研究对象,从识别和测度阻塞效应的目标出发,紧贴关联阻塞效应与过度投入状况这一主线对阻塞效应开展研究。具体而言,本书的第 2 章对 DEA 方法以及主要的基于 DEA 的阻塞效应识别与测度方法进行综述,通过大量数值例子对现有方法存在的问题进行归纳梳理。第3 ~6 章依次对基于 DEA 的阻塞效应、考虑非期望产出的阻塞效应、考虑多个生产阶段的阻塞效应、阻塞效应与产能利用率的关联关系四个主要问题开展研究。第 7 章则总结本书在基于 DEA 的阻塞效应识别与测度方面的研究工作和研究进展,并指出本书研究的局限性以及未来可能的研究方向。

本书注重理论与实践相结合。第 3 ~6 章在梳理研究背景、明确新定义、开发新方法等理论方法研究的基础上，对中国高等学校研究与试验发展（中国高校R&D）活动，以及中国银行业、中国纺织服装、服饰业、中国造纸和纸制品业等行业开展实证研究，一方面是进一步阐释新定义、新方法，另一方面是分析上述活动或行业的过度投入状况或产能利用率状况，以期为决策者提供科学决策支撑。

本书的研究意义可分为理论意义和实践意义两个层面。

1）理论意义层面

通过对阻塞效应定义、识别与测度方法的创新改进，本书提升了过度投入状况评估以及当前产能利用率评估的准确性，为决策者提供了相关科学决策工具和支撑。

阻塞效应作为一种特殊的效率低下现象，过度投入是其相较于其他效率低下现象的最重要特征。虽然阻塞效应的概念、识别与测度方法已经被学者们广泛研究，但现有方法识别出的阻塞效应无法对应过度投入现象，即可以通过不变动投入甚至增加投入来改进消除阻塞效应。换言之，我们无法通过现有的阻塞效应识别与测度方法准确判断与评估投入过度状况。

因此，本书以关联阻塞效应与过度投入为主线，提出了阻塞效应新的定义以及相应的识别与测度方法。在此基础上，本书创新性地提出了增加投入消除阻塞效应的思路，将阻塞效应根据其是否可以通过增加投入加以改进消除区分为相对阻塞效应与绝对阻塞效应，其中相对阻塞效应可以解释为由于投入间比例不合理，某个或某些投入相较于其他投入过多时导致的产出下降的现象，因而相对阻塞效应可以通过增加投入到合适比例加以改进，而绝对阻塞效应则必须通过减少投入加以改进消除，可以解释为投入量超出了行业技术水平、管理能力等外部因素的限制而造成的产出下降，所以绝对阻塞效应能够与过度投入的现象相对应。

在对阻塞效应的定义、识别与测度方法、改进方法等方面进行深入研究的基础上，本书进一步拓展阻塞效应的应用场景，分别研究讨论了考虑非期望产出时以及考虑多个生产阶段时的阻塞效应。此外，由于阻塞效应与产能利用率同为投入的相关概念，本书还探讨了阻塞效应与产能利用率的相关关系，并开发了考虑阻塞效应的产能利用率测度方法以测度当前产能利用率。

2）实践意义层面

当前我国已经进入新的发展阶段，经济发展正由高速发展阶段转向高质量增长阶段。片面追求速度规模，粗放式的经济发展已经不符合时代发展潮流。《中共中央关于党的百年奋斗重大成就和历史经验的决议》中指出，“必须实现创新成为第一动力、协调成为内生特点、绿色成为普遍形态、开放成为必由之路、共享成为根本目的的高质量发展，推动经济发展质量变革、效率变革、动力变革”，提升经济发展效率是新发展理念的重要内容，而阻塞效应识别与测度方法研究能够帮助决策者判断 DMU 投入是否过度并评估过度投入状况，对决策者提高经济效率、减少资源浪费有参考价值，是提升经济发展效率的重要研究问题之一。

本书基于新提出的阻塞效应识别与测度方法，对中国高校 R&D 活动，以及中国银行业、中国纺织服装、服饰业、中国造纸和纸制品业等行业开展实证研究，通过识别和测度阻塞效应评估中国高校 R&D 活动，以及中国银行业、中国纺织服装、服饰业中的过度投入状况，通过产能利用率评估中国造纸和纸制品业的产能过剩状况，对决策者有一定参考价值。

第 2 章　文 献 综 述

2.1　DEA 方法

DEA 方法作为一种融合经济学、运筹学、统计学等学科的非参数绩效评估方法，其相关研究成果数量近年来呈指数增长（Emrouznejad and Yang，2018）。DEA 方法最早由 Charnes 等于 1978 年提出，经过 40 余年的发展，DEA 方法从最早的相对效率评估逐渐拓展到全要素生产率评估、产能利用率评估、资源配置效率评估等绩效评估的方方面面，并从基础 DEA 模型逐渐衍生出网络 DEA（Network DEA）、随机 DEA（Stochastic DEA）、模糊 DEA（Fuzzy DEA）、Bootstrap DEA 等应对不同应用场景的模型方法。

DEA 方法被学者们广泛接受主要源于其两大优势：一是 DEA 方法能够处理多投入多产出的问题，能够在一定程度上揭示多投入多产出之间的复杂关系；二是 DEA 方法无须预设参数和生产函数，只基于投入和产出数据即可得到客观的绩效评估结果。

本章明确 DEA 方法中的基本概念，梳理基于 DEA 的阻塞效应定义、识别与测度方法的发展脉络，并详细介绍主要的基于 DEA 的阻塞效应识别与测度方法。

2.1.1　DEA 基本概念

2.1.1.1　投入与产出

DEA 方法的本质可以解释为投入产出比，估算的是各 DMU 将“投入”转换为“产出”的效率，确定投入产出指标大部分情况下是运用 DEA 方法进行绩效评估的首要环节。DEA 方法虽然能够处理多投入多产出的问题,可以同时选取多项投入指标和多项产出指标,但选取指标数量的多少可能影响绩效评估结果的准确性,即选取指标的数量越多,绩效评估结果的准确性和区分度越低。因此,在选取投入产出指标时,应契合决策者的绩效评估目标,避免添加与绩效评估目标相关性低的投入产出指标。

在 DEA 方法中,投入产出指标可以根据实际情况而自由设定,如考虑多个生产阶段时需要加入中间产出指标,考虑非期望产出时需要加入非期望产出指标,也有只考虑投入指标或只考虑产出指标的方法,这大大扩展了 DEA 方法的应用场景。

此外,DEA 方法大体可以被分为径向的和非径向的,其中径向 DEA 方法只允许投入产出指标等比例变动,因而各投入产出的量纲变动一般不会影响绩效评估结果;而非径向 DEA 方法允许投入产出指标任意变动,各投入产出指标的量纲变动可能会导致绩效评估结果的变动,因而需要提前将投入产出数据无量纲化。

2.1.1.2 被评价对象

在 DEA 方法中,被评价对象被称为 DMU,各 DMU 通过一定的手段将"投入"转换为"产出"。DEA 方法通过一组 DMU 的投入产出数据估算各个 DMU 的相对效率,这一组 DMU 需要是同质的,即各个 DMU 在相同的目标和外部环境中,使用相同种类的投入生产相同种类的产出。在实际应用中,DMU 间的细小差别往往忽略不计,当然也有学者针对非同质 DMU 的 DEA 方法开展研究(Du et al.,2015;Xiong et al.,2020)。

被评估 DMU 的数量与效率评估准确性成正比,即被评估 DMU 的数量越多,效率评估结果越接近真实效率;反之,被评估 DMU 的数量越少,效率评估结果与真实效率偏差越大。一般来说,被评估 DMU 的数量应当多于 $\max\{m\times s, 3(m+s)\}$,其中 m 表示投入指标的个数,s 表示产出指标的个数(Cooper et al.,2007)。

2.1.1.3 生产可能集和生产前沿面

假设有 n 个 DMU($DMU_j, j=1,\cdots,n$),每个 DMU(DMU_j)使用 m 种投入(x_{ij},

$i=1,\cdots,m$)生产 s 种产出($y_{rj},r=1,\cdots,s$)。所有 DMU 可能的生产活动集合即为生产可能集:

$$P=\{(\boldsymbol{x},\boldsymbol{y})\mid \boldsymbol{x}\text{ 可以生产 }\boldsymbol{y}\} \tag{2-1}$$

式中,$\boldsymbol{x}$ 和 $\boldsymbol{y}$ 分别为投入向量$[x_1,\cdots,x_m]^{\mathrm{T}}$和产出向量$[y_1,\cdots,y_s]^{\mathrm{T}}$。

通常,生产可能集应当满足以下全部或部分公理。

公理 2.1 没有免费的午餐。如果 $\boldsymbol{x}=\boldsymbol{0}$,则 $\boldsymbol{y}=\boldsymbol{0}$,其中 $\boldsymbol{0}$ 表示向量$[0,\cdots,0]^{\mathrm{T}}$。

公理 2.2 可行性公理。所有观测到的 DMU 都在生产可能集内,即对于 $\forall j=1,\cdots,n,(\boldsymbol{x}_j,\boldsymbol{y}_j)\in P$,其中$\boldsymbol{x}_j$ 和$\boldsymbol{y}_j$ 分别表示 DMU_j的投入向量$[x_{1j},\cdots,x_{mj}]^{\mathrm{T}}$和产出向量$[y_{1j},\cdots,y_{sj}]^{\mathrm{T}}$。

公理 2.3 凸性公理。生产可能集内任意两点的凸组合都位于生产可能集内。如果$(\boldsymbol{x}_d,\boldsymbol{y}_d)\in P$ 且$(\boldsymbol{x}_k,\boldsymbol{y}_k)\in P$,则对于满足$0\leqslant\lambda\leqslant1$ 的任意 λ,都有$[\lambda\boldsymbol{x}_d+(1-\lambda)\boldsymbol{x}_k,\lambda\boldsymbol{y}_d+(1-\lambda)\boldsymbol{y}_k]\in P$。

公理 2.4 产出强可处置性公理。如果$(\boldsymbol{x}_o,\boldsymbol{y}_o)\in P$ 且 $\boldsymbol{y}'\leqslant\boldsymbol{y}_o$,则$(\boldsymbol{x}_o,\boldsymbol{y}')\in P$。

公理 2.5 投入强可处置性公理。如果$(\boldsymbol{x}_o,\boldsymbol{y}_o)\in P$ 且 $\boldsymbol{x}'\geqslant\boldsymbol{x}_o$,则$(\boldsymbol{x}',\boldsymbol{y}_o)\in P$。

公理 2.6 锥性公理。DMU 可以任意扩展或缩小生产规模。如果$(\boldsymbol{x}_o,\boldsymbol{y}_o)\in P$,则对于$\forall\alpha\geqslant0,(\alpha\boldsymbol{x}_o,\alpha\boldsymbol{y}_o)\in P$。

基于上述公理(公理 2.1 ~ 公理 2.6),可以构建规模收益不变假设下的生产可能集 P_{CCR}:

$$P_{\mathrm{CCR}}=\left\{(\boldsymbol{x},\boldsymbol{y})\ \middle|\ \sum_{j=1}^{n}\lambda_j\boldsymbol{x}_j\leqslant\boldsymbol{x},\sum_{j=1}^{n}\lambda_j\boldsymbol{y}_j\geqslant\boldsymbol{y},\lambda_j\geqslant0(\forall j)\right\} \tag{2-2}$$

图 2-1 是该生产可能集的示意图。在规模收益不变的假设下,DMU 可以任意扩张或收缩生产规模,即等比例扩大或缩小投入产出在生产可能集内是可行的。

生产可能集 P_{CCR}的生产前沿面 L_{CCR}如图 2-1 中黑线所示,可以表示为

$$L_{\mathrm{CCR}}=\{(\boldsymbol{x},\boldsymbol{y})\mid\boldsymbol{vx}-\boldsymbol{uy}=0,\boldsymbol{vx}_j-\boldsymbol{uy}_j\geqslant0(\forall j),\boldsymbol{v}\geqslant\varepsilon\boldsymbol{e},\boldsymbol{u}\geqslant\varepsilon\boldsymbol{e}\} \tag{2-3}$$

式中,ε 为非阿基米德无穷小量;$\boldsymbol{e}$ 为向量$[1,\cdots,1]$。

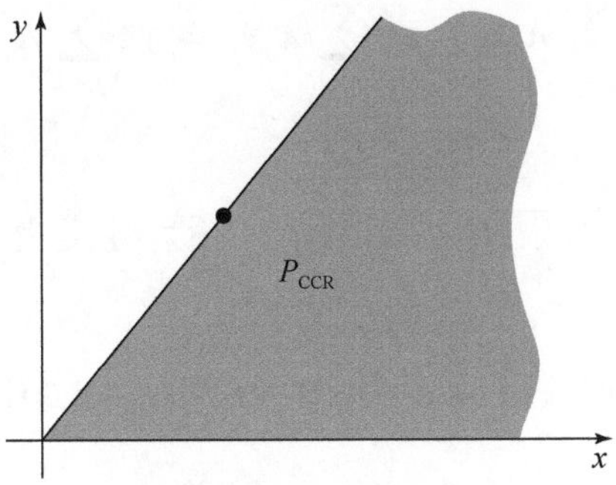

图 2-1 规模收益不变假设下的生产可能集

基于公理 2.1 ~ 公理 2.5，可以构建规模收益可变假设下的生产可能集 P_{BCC}：

$$P_{BCC} = \left\{ (\boldsymbol{x},\boldsymbol{y}) \;\middle|\; \sum_{j=1}^{n} \lambda_j \boldsymbol{x}_j \leqslant \boldsymbol{x},\ \sum_{j=1}^{n} \lambda_j \boldsymbol{y}_j \geqslant \boldsymbol{y},\ \sum_{j=1}^{n} \lambda_j = 1, \lambda_j \geqslant 0(\forall j) \right\} \tag{2-4}$$

图 2-2 是该生产可能集的示意图。在规模收益可变的假设下，规模弹性会随着投入的变动而变动。

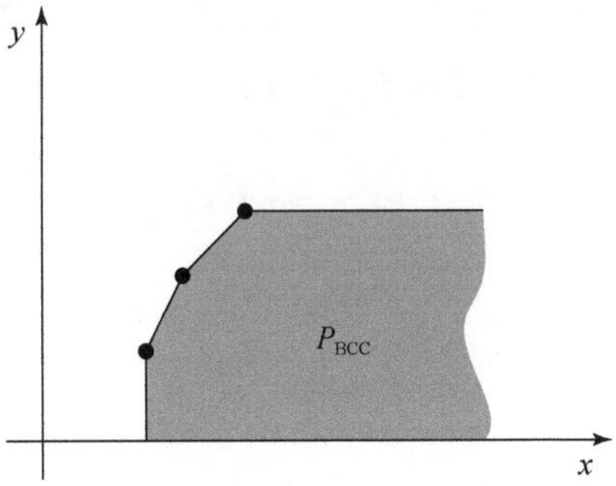

图 2-2 规模收益可变假设下的生产可能集

生产可能集 P_{BCC} 的生产前沿面 L_{BCC} 如图 2-2 中黑线所示，可以表示为

$$L_{BCC} = \{ (\boldsymbol{x},\boldsymbol{y}) \mid \boldsymbol{vx} - \boldsymbol{uy} + \omega = 0, \boldsymbol{vx}_j - \boldsymbol{uy}_j + \omega \geqslant 0(\forall j), \boldsymbol{v} \geqslant \varepsilon \boldsymbol{e}, \boldsymbol{u} \geqslant \varepsilon \boldsymbol{e} \} \tag{2-5}$$

基于公理 2.1 ~ 公理 2.4，则可构建用于测度阻塞效应的生产可能集 $P_{congestion}$（Tone and Sahoo，2004；Wei and Yan，2004）：

$$P_{\text{congestion}} = \left\{ (\boldsymbol{x},\boldsymbol{y}) \,\middle|\, \sum_{j=1}^{n} \lambda_j \boldsymbol{x}_j = \boldsymbol{x}, \sum_{j=1}^{n} \lambda_j \boldsymbol{y}_j \geqslant \boldsymbol{y}, \sum_{j=1}^{n} \lambda_j = 1, \lambda_j \geqslant 0(\forall j) \right\} \tag{2-6}$$

图2-3 为该生产可能集的示意图。生产可能集 $P_{\text{congestion}}$ 的生产前沿面 $L_{\text{congestion}}$ 如图 2-3 中黑线所示，可以表示为

$$L_{\text{congestion}} = \{ (\boldsymbol{x},\boldsymbol{y}) \mid \boldsymbol{vx}-\boldsymbol{uy}+\omega=0, \boldsymbol{vx}_j-\boldsymbol{uy}_j+\omega\geqslant 0(\forall j), \boldsymbol{u}\geqslant \varepsilon \boldsymbol{e} \} \tag{2-7}$$

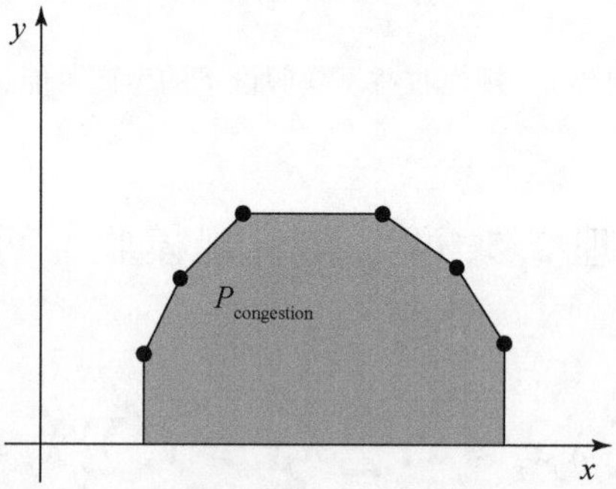

图 2-3　用于测度阻塞效应的生产可能集

生产可能集 $P_{\text{congestion}}$ 在 P_{BCC} 的基础上移除了投入强可处置性假设（公理 2.5），构建了规模弹性为负的生产前沿面，使识别和测度阻塞效应成为可能。2.2.2.3 节将对该生产可能集进行深入分析。

2.1.2　DEA 基本模型

2.1.2.1　CCR 模型

CCR 模型由 Charnes 等（1978）提出，是基于生产可能集 P_{CCR} 的最早的 DEA 模型。具体模型如下：

$$\max \frac{\boldsymbol{uy}_o}{\boldsymbol{vx}_o}$$

$$\text{s. t.} \begin{cases} \dfrac{\boldsymbol{uy}_j}{\boldsymbol{vx}_j} \leqslant 1(\forall j) \\ \boldsymbol{u}\geqslant \varepsilon \boldsymbol{e}, \boldsymbol{v}\geqslant \varepsilon \boldsymbol{e} \end{cases} \tag{2-8}$$

式中，$\boldsymbol{v}$ 和 $\boldsymbol{u}$ 分别为各投入和产出指标的权重。效率值则由加权后的投入产出比表示。该非线性规划模型可以通过 C-C 变换(Charnes and Cooper,1962)转换为线性规划：

$$\max \boldsymbol{u}\boldsymbol{y}_o$$
$$\text{s.t.}\begin{cases}\boldsymbol{u}\boldsymbol{y}_j-\boldsymbol{v}\boldsymbol{x}_j\leqslant 0\ (\forall j)\\ \boldsymbol{v}\boldsymbol{x}_o=1\\ \boldsymbol{u}\geqslant\varepsilon\boldsymbol{e},\boldsymbol{v}\geqslant\varepsilon\boldsymbol{e}\end{cases}\tag{2-9}$$

式(2-9)被称为乘数模型，其对偶模型如下：

$$\min \theta_o-\varepsilon(\boldsymbol{e}\boldsymbol{s}_o^x+\boldsymbol{e}\boldsymbol{s}_o^y)$$
$$\text{s.t.}\begin{cases}\sum_{j=1}^{n}\lambda_j\boldsymbol{x}_j=\theta_o\boldsymbol{x}_o-\boldsymbol{s}_o^x\\ \sum_{j=1}^{n}\lambda_j\boldsymbol{y}_j=\boldsymbol{y}_o+\boldsymbol{s}_o^y\\ \lambda_j\geqslant 0\ (\forall j),\boldsymbol{s}_o^x\geqslant\boldsymbol{0},\boldsymbol{s}_o^y\geqslant\boldsymbol{0}\end{cases}\tag{2-10}$$

式(2-10)被称为投入导向的包络模型，通过估计被测 DMU 在生产可能集内不减少产出的情况下投入能减少的最大比例来反映效率。在计算式(2-10)时无须为目标函数中的 ε 赋值，通过两步法即可得到准确结果：首先最小化 θ_o 得到最优解 θ_o^*，其次在 θ_o^* 的基础上最大化($\boldsymbol{e}\boldsymbol{s}_o^x+\boldsymbol{e}\boldsymbol{s}_o^y$)。本书中，所有模型目标函数中的 ε 均采用此种求解方法以保证计算的准确性。

式(2-8)还可以被等价转换为

$$\min \boldsymbol{v}\boldsymbol{x}_o$$
$$\text{s.t.}\begin{cases}\boldsymbol{u}\boldsymbol{y}_j-\boldsymbol{v}\boldsymbol{x}_j\leqslant 0\ (\forall j)\\ \boldsymbol{u}\boldsymbol{y}_o=1\\ \boldsymbol{u}\geqslant\varepsilon\boldsymbol{e},\boldsymbol{v}\geqslant\varepsilon\boldsymbol{e}\end{cases}\tag{2-11}$$

其对偶模型为

$$\max \varphi_o + \varepsilon(\boldsymbol{e}\boldsymbol{s}_o^x + \boldsymbol{e}\boldsymbol{s}_o^y)$$

$$\text{s. t.} \begin{cases} \sum_{j=1}^{n} \lambda_j \boldsymbol{x}_j = \boldsymbol{x}_o - \boldsymbol{s}_o^x \\ \sum_{j=1}^{n} \lambda_j \boldsymbol{y}_j = \varphi_o \boldsymbol{y}_o + \boldsymbol{s}_o^y \\ \lambda_j \geqslant 0(\forall j), \boldsymbol{s}_o^x \geqslant \boldsymbol{0}, \boldsymbol{s}_o^y \geqslant \boldsymbol{0} \end{cases} \tag{2-12}$$

式(2-12)为产出导向的包络模型,通过估计被测 DMU 在生产可能集内不增加投入的情况下产出能增加的最大比例来反映效率。在 CCR 模型中,式(2-10)的最优解 θ_o^* 与式(2-12)的最优解 φ_o^* 互为倒数。当 $\theta_o^* - \varepsilon(\boldsymbol{e}\boldsymbol{s}_o^{x*} + \boldsymbol{e}\boldsymbol{s}_o^{y*}) = 1$ 或 $\varphi_o^* + \varepsilon(\boldsymbol{e}\boldsymbol{s}_o^{x*} + \boldsymbol{e}\boldsymbol{s}_o^{y*}) = 1$ 时,称 DMU_o 在 CCR 模型中是有效率的。

2.1.2.2 BCC 模型

Banker 等(1984)进一步拓展了 CCR 模型,基于生产可能集 P_{BCC},在规模收益可变的假设下提出了对应的 BCC 模型:

$$\max \frac{\boldsymbol{u}\boldsymbol{y}_o - \omega}{\boldsymbol{v}\boldsymbol{x}_o}$$

$$\text{s. t.} \begin{cases} \dfrac{\boldsymbol{u}\boldsymbol{y}_j - \omega}{\boldsymbol{v}\boldsymbol{x}_j} \leqslant 1(\forall j) \\ \boldsymbol{u} \geqslant \varepsilon \boldsymbol{e}, \boldsymbol{v} \geqslant \varepsilon \boldsymbol{e} \end{cases} \tag{2-13}$$

类似地,通过 C-C 变换,式(2-13)可以等价转换为式(2-14):

$$\max \boldsymbol{u}\boldsymbol{y}_o - \omega$$

$$\text{s. t.} \begin{cases} \boldsymbol{v}\boldsymbol{x}_j - \boldsymbol{u}\boldsymbol{y}_j + \omega \geqslant 0(\forall j) \\ \boldsymbol{v}\boldsymbol{x}_o = 1 \\ \boldsymbol{u} \geqslant \varepsilon \boldsymbol{e}, \boldsymbol{v} \geqslant \varepsilon \boldsymbol{e} \end{cases} \tag{2-14}$$

式(2-14)是 BCC 模型的乘数模型。相较于 CCR 模型,BCC 模型允许生产前沿面的截距不为零,从而构造出规模收益可变的生产前沿面。

式(2-14)的对偶模型为

$$\min \theta_o - \varepsilon(\boldsymbol{e}\boldsymbol{s}_o^x + \boldsymbol{e}\boldsymbol{s}_o^y)$$

$$\text{s. t.} \begin{cases} \sum_{j=1}^{n} \lambda_j \boldsymbol{x}_j = \theta_o \boldsymbol{x}_o - \boldsymbol{s}_o^x \\ \sum_{j=1}^{n} \lambda_j \boldsymbol{y}_j = \boldsymbol{y}_o + \boldsymbol{s}_o^y \\ \sum_{j=1}^{n} \lambda_j = 1, \lambda_j \geqslant 0(\forall j), \boldsymbol{s}_o^x \geqslant \boldsymbol{0}, \boldsymbol{s}_o^y \geqslant \boldsymbol{0} \end{cases} \tag{2-15}$$

式(2-15)与式(2-10)类似,为规模收益可变假设下的投入导向的包络模型,通过估计被测 DMU 在生产可能集内不减少产出的情况下投入能减少的最大比例来反映效率。

式(2-13)还可以被等价转换为

$$\min \boldsymbol{v}\boldsymbol{x}_o$$

$$\text{s. t.} \begin{cases} \boldsymbol{v}\boldsymbol{x}_j - \boldsymbol{u}\boldsymbol{y}_j + \omega \geqslant 0(\forall j) \\ \boldsymbol{u}\boldsymbol{y}_o - \omega = 1 \\ \boldsymbol{u} \geqslant \varepsilon \boldsymbol{e}, \boldsymbol{v} \geqslant \varepsilon \boldsymbol{e} \end{cases} \tag{2-16}$$

其对偶模型为

$$\max \varphi_o + \varepsilon(\boldsymbol{e}\boldsymbol{s}_o^x + \boldsymbol{e}\boldsymbol{s}_o^y)$$

$$\text{s. t.} \begin{cases} \sum_{j=1}^{n} \lambda_j \boldsymbol{x}_j = \boldsymbol{x}_o - \boldsymbol{s}_o^x \\ \sum_{j=1}^{n} \lambda_j \boldsymbol{y}_j = \varphi_o \boldsymbol{y}_o + \boldsymbol{s}_o^y \\ \sum_{j=1}^{n} \lambda_j = 1, \lambda_j \geqslant 0(\forall j), \boldsymbol{s}_o^x \geqslant \boldsymbol{0}, \boldsymbol{s}_o^y \geqslant \boldsymbol{0} \end{cases} \tag{2-17}$$

式(2-17)与式(2-12)类似,为规模收益可变假设下的产出导向的包络模型,通过估计被测 DMU 在生产可能集内不增加投入的情况下产出能增加的最大比例来反映效率。在 BCC 模型中,当式(2-15)的最优解满足 $\theta_o^* - \varepsilon(\boldsymbol{e}\boldsymbol{s}_o^{x*} + \boldsymbol{e}\boldsymbol{s}_o^{y*}) = 1$ 或式(2-17)的最优解满足 $\varphi_o^* + \varepsilon(\boldsymbol{e}\boldsymbol{s}_o^{x*} + \boldsymbol{e}\boldsymbol{s}_o^{y*}) = 1$ 时,称 DMU_o 在 BCC 模型中是有效率的。

2.2 基于 DEA 的阻塞效应识别与测度方法

2.2.1 阻塞效应的定义

阻塞效应相关概念可以追溯到 Färe 和 Svensson(1980),他们将阻塞效应定义为增加投入会阻碍产出的情况。Färe 和 Grosskopf(1983)提出阻塞效应指减少投入可以增加产出的情况。Cooper 等(1996)将阻塞效应定义为减少某个或某些投入可以增加某个或某些产出,或者增加某个或某些投入会减少某个或某些产出的现象。Cooper 等(2001b)则将阻塞效应定义改进为减少某个或某些投入会增加某个或某些产出且不减少其他产出,并且增加某个或某些投入会减少某个或某些产出且不减少其他产出。

上述定义都忽略了将阻塞效应与效率低下进行区分。针对这一点,Tone 和 Sahoo(2004)指出阻塞效应是基于生产前沿面的概念,而对于效率低下的 DMU,识别和测度其阻塞效应需要参照其投入相同且位于生产前沿面上的投影点。随后 Cooper 等(2004)提出的阻塞效应定义突出了阻塞效应是基于生产前沿面的概念,他们将阻塞效应的定义进一步改进为减少某个或某些投入会导致某个或某些最大可能产出的增加且不减少其他最大可能产出,并且增加某个或某些投入会导致某个或某些最大可能产出的减少且不增加其他最大可能产出。

根据 Cooper 等(2004)提出的阻塞效应定义,可以判断位于生产前沿面上的 DMU 是否存在阻塞效应。然而,在多产出的情况下,投入对应的最大可能产出可能不唯一。Sueyoshi 和 Sekitani(2009)通过构建数值例子,指出效率低下的 DMU 在识别和测度其阻塞效应时使用的位于生产前沿面上的投影点可能不唯一,且其中既有存在阻塞效应的投影点,也有不存在阻塞效应的投影点,这时阻塞效应识别结果完全依赖于线性规划算法选取的投影点的性质,还可能导致识别结果不稳定、不可重复的问题。

Mehdiloozad 等(2018)针对识别和测度阻塞效应时投影点不唯一的问题提出了一种解决方案,他们定义如果 DMU 对应的投影点中有存在阻塞效应的,那么就认为该DMU存在阻塞效应。该方案虽然解决了投影点不唯一时阻塞效应识别结果不稳定、不可重复的问题,但也带来了新的问题,即识别出的阻塞效应可能无须通过减少投入即可在不减少产出的情况下加以改进消除。既然改进阻塞效应到帕累托最优无须减少投入,通过阻塞效应来判断过度投入显然是不合理的。基于上述问题,本书改进了阻塞效应的定义并提出了与过度投入相匹配的阻塞效应识别与测度方法。

2.2.2 阻塞效应识别与测度方法

在DEA方法的框架下,Färe和Grosskopf(1983)以及Färe等(1985)提出了一种阻塞效应识别与测度方法(下文统称为FGL方法),该方法通过判断强可处置性假设下的投入效率是否等于弱可处置性假设下的投入效率来识别阻塞效应。Cooper等(2001b)通过构建数值例子指出FGL方法在识别阻塞效应时准确性不高。Cherchye等(2001)则指出Färe等(1985)与Cooper等(2001b)中阻塞效应的概念并不相同,FGL方法可能能够用于测度结构效率。

为了准确识别投入强可处置性假设下的阻塞效应,Cooper等(1996)提出了一种基于松弛变量(slack-based)的阻塞效应识别与测度方法(下文统称为CTT方法)。Cooper等(2002)进一步简化了CTT方法的计算步骤。根据Cooper等(2004)对阻塞效应的定义,Wei和Yan(2004)以及Tone和Sahoo(2004)提出了用于识别和测度阻塞效应的生产可能集,并在此基础上开发了一种阻塞效应识别方法(下文统称为WY-TS方法)。根据最大可能产出的概念,WY-TS方法通过DMU投影点的阻塞效应状态来判断DMU的阻塞效应状态,其中投影点是与DMU相比投入相同产出更多且位于生产前沿面上的活动。虽然WY-TS方法直观地按照阻塞效应定义识别阻塞效应,但是Sueyoshi和Sekitani(2009)通过构建数值例子指出DMU可能对应多个投影点,而这些投影点的阻塞效应状态可能并不统一,这使得WY-TS方法在类似情况下识别阻塞效应存在不确定性。为了应对这种情况,Mehdiloozad等(2018)开发了一种阻塞效应识别方法(下文统称为MZS方法),他们规定只要DMU对应的任一投影点存在阻塞效应,该DMU就存在阻塞效应。

许多学者也对阻塞效应识别与测度方法的应用场景进行了拓展,如Sharma

和Yu(2013)基于FGL方法探索了多阶段DEA模型中的阻塞效应识别方法。Sueyoshi和Goto(2012,2016)、Fang(2015)将阻塞效应识别与测度方法拓展到考虑非期望产出的DEA模型中。Noura等(2010)提出了基于过度投入的阻塞效应识别与测度方法(下文统称为Noura方法)。Khoveyni等(2017)提出了适用于负数指标的阻塞效应识别方法。Karimi等(2016)、Khoveyni等(2019a)则探索了适用于整数指标的阻塞效应识别方法。Abbasi等(2014)提出了基于自由处置壳的阻塞效应识别方法。Yang等(2020)则提出了方向阻塞效应的概念以及相应的阻塞效应识别与测度方法。

阻塞效应识别与测度方法在工业部门中得到了广泛应用。例如,Cooper等(2001a)、Wu等(2013,2015,2016)、Sueyoshi和Yan(2016)、Zhou P等(2017)分别测度了中国不同工业部门中的阻塞效应状况。Meng等(2014)、Zhou D Q等(2017)测度了16个亚太经济合作组织国家发展中能源过度投入导致的阻塞效应状况。Sueyoshi和Goto(2012,2014a,2014b)评估了日本制造业和电力行业的阻塞效应状况。Sueyoshi和Goto(2016)则将阻塞效应识别方法应用于美国燃煤电厂。Hajaji等(2019)通过网络DEA模型探索了伊朗废纸回收供应链中的阻塞效应状况。Chen等(2020)测度了"一带一路"沿线国家发展过程中消除阻塞效应对碳排放的改善状况。

接下来,本节将具体阐述5种基础的阻塞效应识别与测度方法,包括FGL方法、CTT方法、WY-TS方法、Noura方法、MZS方法。对于上述方法,本节将依次综述其识别阻塞效应的思路、具体模型,并通过大量的数值案例分析其优势和存在的问题。

2.2.2.1 FGL方法

Färe和Svensson(1980)将阻塞效应定义为投入增加会阻碍产出增加的情况。Färe和Grosskopf(1983)将以往研究忽视阻塞效应的原因归结为假设等产量线不能向内倾斜,换言之,构建向内倾斜的等产量线是识别阻塞效应的关键。基于此,Färe等(1985)提出了基于DEA的阻塞效应识别与测度方法,通过假设投入的弱可处置性来构建向内倾斜的等产量线,并将位于等产量线向内倾斜部分的DMU定义为存在阻塞效应,其中投入的弱可处置性指投入只能等比例增加或减少。如图 2-4 所示,在弱可处置性假设下,各投入只能等比例增加或减少,因此构建的等产量线会如黑色实线所示向内倾斜,而在投入强可处置性假设下,等产量线如灰色虚线所示。当 DMU 位于向内倾斜的等产量线上时,意味着其沿着等产量线增加投入不会使产出增加,也就是说投入的增加阻碍了产出的增加,该 DMU 则存在阻塞效应。例如,图 2-4 中的 DMU_A,在投入弱可处置性假设下其最大产量与 DMU_B 相同,相较于 DMU_B,DMU_A 同时增加了两种投入而没有使其产出增加,因此根据定义,FGL 方法将 DMU_A 视为存在阻塞效应。

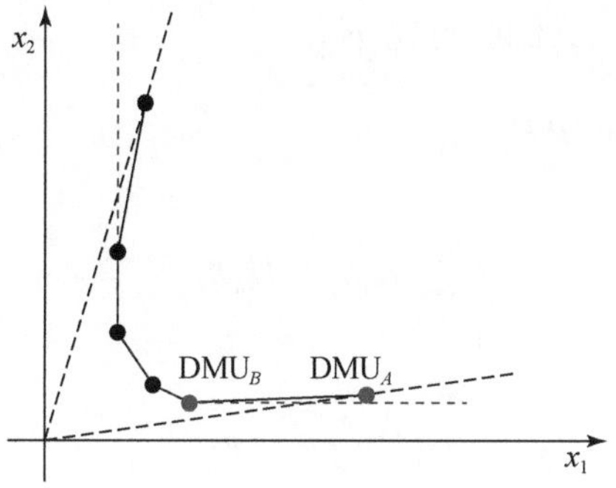

图 2-4 FGL 方法示意图

就具体阻塞效应识别与测度方法而言,FGL 方法分别构建基于投入强可处置性假设和投入弱可处置性假设的等产量线,如果被测 DMU 位于基于投入强可处置性假设的等产量线上,则意味着该 DMU 不位于基于投入弱可处置性假设的等产量线中向内倾斜的部分,该 DMU 不存在阻塞效应。当被测 DMU 对应的基于投入弱可处置性假设的等产量线与基于投入强可处置性假设的等产量线不重合时,则可说明被测 DMU 位于基于投入弱可处置性假设的等产量线中向内倾斜的部分,由此可以判断该 DMU 存在阻塞效应。FGL 方法的具体模型如下。

首先,FGL 方法运用式(2-18)在投入强可处置性假设下计算当前产出下的最小投入,具体模型如下:

$$
\min \theta_o
$$

$$
\text{s. t.} \begin{cases} \sum_{j=1}^{n} \lambda_j \boldsymbol{x}_j \leqslant \theta_o \boldsymbol{x}_o \\ \sum_{j=1}^{n} \lambda_j \boldsymbol{y}_j \geqslant \boldsymbol{y}_o \\ \sum_{j=1}^{n} \lambda_j = 1, \lambda_j \geqslant 0 (\forall j) \end{cases} \tag{2-18}
$$

其次,FGL 方法将投入强可处置性假设替换为投入弱可处置性假设,并计算当前产出下的最小投入,具体模型如下:

$$
\min \beta_o
$$

$$
\text{s. t.} \begin{cases} \sum_{j=1}^{n} \lambda_j \boldsymbol{x}_j = \beta_o \boldsymbol{x}_o \\ \sum_{j=1}^{n} \lambda_j \boldsymbol{y}_j \geqslant \boldsymbol{y}_o \\ \sum_{j=1}^{n} \lambda_j = 1, \lambda_j \geqslant 0 (\forall j) \end{cases} \tag{2-19}
$$

令 θ_o^* 与 β_o^* 分别表示式(2-18)和式(2-19)的最优解。当 θ_o^* 与 β_o^* 存在差异时,可以认为 DMU_o 位于基于投入弱可处置性假设的等产量线向内倾斜的部分,而 θ_o^*/β_o^* 则可以表示两种等产量线之间的距离。在 FGL 方法中,θ_o^*/β_o^* 被用来测度阻塞效应的程度,当 $\theta_o^*/\beta_o^*=1$ 时,DMU_o 不存在阻塞效应;当 $\theta_o^*/\beta_o^*<1$ 时,DMU_o 存在阻塞效应,且 θ_o^*/β_o^* 越小,意味着阻塞效应程度越深。

作为最早提出的基于 DEA 的阻塞效应识别与测度方法,FGL 方法为后续阻塞效应的研究奠定了基础。当然,FGL 方法在识别和测度阻塞效应时也存在一些问题。一是 FGL 方法无法识别只有单个投入时的阻塞效应(Kao,2010),因为当投入指标只有一个时,投入强可处置性假设与投入弱可处置性假设是等价的,该投入可以被任意增加或减少,具体到 FGL 方法中,θ_o^* 与 β_o^* 的值一定相等。二是 FGL 方法使用的式(2-18)是径向的,也就导致 FGL 方法中即使是基于投入强可处置性假设的等产量线也是向内倾斜的。换言之,即使在 FGL 方法中 θ_o^*

与 β_o^* 的值相等，DMU_o 也可能位于等产量线向内倾斜的部分。三是 FGL 方法在识别基于投入强可处置性假设的阻塞效应时存在不足（Cooper et al.,2001b）。Mehdiloozad 和 Podinovski（2018）指出，测度阻塞效应时使用的生产可能集应基于相同公理，而 FGL 方法改变可处置性假设公理可能导致其在阻塞效应识别和测度中存在偏差。通过例 2.1，我们可以对 FGL 方法在识别和测度阻塞效应中的偏差有更直观的认识。

例 2.1 假设有 3 个 DMU（DMU_1、DMU_2 和 DMU_3），每个 DMU 使用两种投入（x_1，x_2）来生产两种产出（y_1，y_2），投入产出数据如表 2-1 所示。不难看出，DMU_1、DMU_2 和 DMU_3 的产出都是当前投入下对应的最大可能产出。相较于 DMU_1，DMU_2和 DMU_3都在增加投入的同时减少了产出，符合阻塞效应的定义。不同的是，DMU_2相较于 DMU_1只增加了 1 单位的 x_2，在投入弱可处置性假设下，DMU_2的效率为 1 且无法改进到 DMU_1，无法认定其存在阻塞效应，只有在投入强可处置性的假设下，DMU_1才能是 DMU_2消除阻塞效应的改进目标。而 DMU_3无论在投入强可处置性假设还是投入弱可处置性假设下都可以改进到 DMU_1，且相较于 DMU_1，DMU_3的增加投入导致了产出的减少，因此 DMU_3无论在投入弱可处置性假设下还是在投入强可处置性假设下都应存在阻塞效应。

表 2-1 例 2.1 中的投入产出数据

DMU	投入（x_1）	投入（x_2）	产出（y_1）	产出（y_2）
DMU_1	3	2	4	7
DMU_2	3	3	3	3
DMU_3	6	4	3	2

而运用 FGL 方法识别阻塞效应的结果如表 2-2 所示。可以看到，对于所有的 DMU，都有 $\theta_o^*/\beta_o^*=1$，也就是说，FGL 方法既没有识别出只在投入强可处置性假设下存在阻塞效应的 DMU_2，也没有识别出在投入强可处置性假设下和投入弱可处置性假设下都存在阻塞效应的 DMU_3。

虽然 FGL 方法在识别阻塞效应中存在偏差，但其作为第一个提出的基于 DEA 的阻塞效应识别与测度方法，为后续阻塞效应识别与测度方法的研究打下了基础。

表 2-2　FGL 方法在例 2.1 中的结果

DMU	θ_o^*	β_o^*	θ_o^*/β_o^*	是否存在阻塞效应
DMU_1	1	1	1	不存在
DMU_2	1	1	1	不存在
DMU_3	0.5	0.5	1	不存在

2.2.2.2　CTT 方法

Cooper 等(2004)继 FGL 方法之后,提出了一个被广泛认同的阻塞效应定义。他们把阻塞效应定义为减少一种或多种投入会在不减少所有最大可能产出的前提下导致一种或多种最大可能产出的增加,且增加一种或多种投入会在不增加所有最大可能产出的前提下导致一种或多种最大可能产出的减少。针对 FGL 方法无法准确识别阻塞效应的问题,Cooper 等(1996)提出非径向的 CTT 方法,该方法可用于识别和测度 Cooper 等(2004)定义的阻塞效应。

CTT 方法首先测度被测 DMU 在允许投入减少时的最大可能产出,然后判断该最大可能产出与被测 DMU 当前投入下的最大可能产出是否相等。如果相等,则表明最大可能产出没有随着投入增加而减少,阻塞效应不存在;反之,则表明最大可能产出随着投入增加而减少,阻塞效应存在。如图 2-5 所示,对于 DMU_C 来说,CTT 方法首先寻找其减少投入并最大化产出时的活动 DMU_A,然后在 DMU_A的产出水平下增加投入到 DMU_B,此时可以发现,在 DMU_A的产出水平下,将投入从 A 点增加到 B 点已是极限,将投入增加到 C 点是无法实现的,这也就意味着当继续增加 DMU_B的投入到 DMU_C时,最大可能产出将会减少,因此可以判断 DMU_C存在阻塞效应。而对于 DMU_D,其减少投入时的最大可能产出同样对应着 DMU_A,而在 DMU_A的产出水平下增加投入时,将投入从 A 点增加到 D 点是可行的,也就是说,增加投入到 D 点不会导致最大可能产出的减少,因此可以判断 DMU_D不存在阻塞效应。

Cooper 等(1996)提出的 CTT 方法的具体模型如下。

首先,CTT 方法运用产出导向的 BCC 模型来测度被测 DMU 在允许投入减少时的最大可能产出。

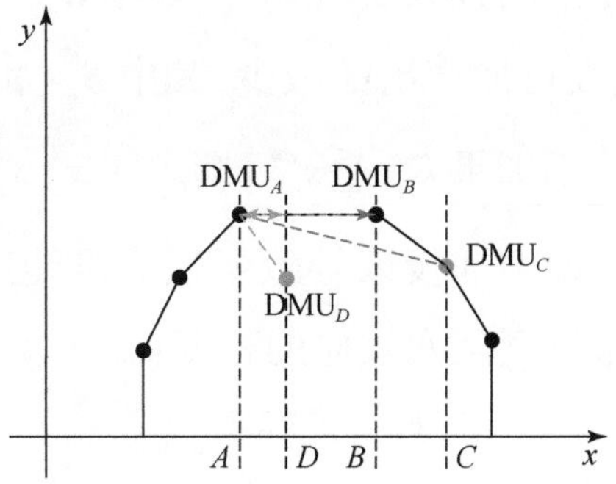

图 2-5 CTT 方法示意图

$$\max \varphi_o + \varepsilon(\boldsymbol{e}\boldsymbol{s}_o^x + \boldsymbol{e}\boldsymbol{s}_o^y)$$

$$\text{s. t.} \begin{cases} \sum_{j=1}^{n} \lambda_j \boldsymbol{x}_j = \boldsymbol{x}_o - \boldsymbol{s}_o^x \\ \sum_{j=1}^{n} \lambda_j \boldsymbol{y}_j = \varphi_o \boldsymbol{y}_o + \boldsymbol{s}_o^y \\ \sum_{j=1}^{n} \lambda_j = 1, \lambda_j \geqslant 0(\forall j), \boldsymbol{s}_o^x \geqslant \boldsymbol{0}, \boldsymbol{s}_o^y \geqslant \boldsymbol{0} \end{cases} \tag{2-20}$$

根据该模型的最优解，DMU_o 的投入产出$(\boldsymbol{x}_o, \boldsymbol{y}_o)$可以被改进为$(\hat{\boldsymbol{x}}_o, \hat{\boldsymbol{y}}_o) = (\boldsymbol{x}_o - \boldsymbol{s}_o^{x*}, \varphi_o^* \boldsymbol{y}_o + \boldsymbol{s}_o^{y*})$，其中“ * ”表示式(2-20)的最优解，而$\hat{\boldsymbol{y}}_o = \varphi_o^* \boldsymbol{y}_o + \boldsymbol{s}_o^{y*}$ 则可表示允许投入减少时 DMU_o 的最大可能产出。

$$\max \boldsymbol{e}\boldsymbol{\delta}_o$$

$$\text{s. t.} \begin{cases} \sum_{j=1}^{n} \lambda_j \boldsymbol{x}_j = \hat{\boldsymbol{x}}_o + \boldsymbol{\delta}_o \\ \sum_{j=1}^{n} \lambda_j \boldsymbol{y}_j = \hat{\boldsymbol{y}}_o \\ \sum_{j=1}^{n} \lambda_j = 1 \\ \boldsymbol{\delta}_o \leqslant \boldsymbol{s}_o^{x*}, \boldsymbol{\delta}_o \geqslant \boldsymbol{0}, \lambda_j \geqslant 0(\forall j) \end{cases} \tag{2-21}$$

其次，通过式(2-21)，在最大可能产出$\hat{\boldsymbol{y}}_o = \varphi_o^* \boldsymbol{y}_o + \boldsymbol{s}_o^{y*}$ 的基础上，CTT 方法试

图从$\hat{\boldsymbol{x}}_o$增加投入到与 DMU$_o$ 的投入$\boldsymbol{x}_o$相等。如果$\boldsymbol{\delta}_o^*=\boldsymbol{s}_o^{x*}$,则可表明将投入从$\hat{\boldsymbol{x}}_o$增加到$\boldsymbol{x}_o$没有导致最大可能产出的减少,其中$\boldsymbol{\delta}_o^*$和$\boldsymbol{s}_o^{x*}$分别表示式(2-20)和式(2-21)中的最优解。而如果$\boldsymbol{\delta}_o^* \lneqq \boldsymbol{s}_o^{x*}$,即表明$\boldsymbol{x}_o$对应的最大可能产出达不到$\hat{\boldsymbol{x}}_o$对应的水平,也就是说增加投入导致了最大可能产出的减少。进一步地,CTT 方法通过式(2-22)来测度阻塞效应的程度:

$$\boldsymbol{s}_o^{-c}=\boldsymbol{s}_o^{x*}-\boldsymbol{\delta}_o^* \tag{2-22}$$

式(2-22)中的$\boldsymbol{s}_o^{-c}$能够更为直观地展示 DMU$_o$ 是否存在阻塞效应,如图 2-6 所示,当$\boldsymbol{es}_o^{-c}=0$时,阻塞效应不存在;而当$\boldsymbol{es}_o^{-c}>0$时,阻塞效应存在,此时,当投入大于$\boldsymbol{x}_o-\boldsymbol{s}_o^{x*}+\boldsymbol{\delta}_o^*$时,最大可能产出开始减少,而$\boldsymbol{s}_o^{-c}=\boldsymbol{s}_o^{x*}-\boldsymbol{\delta}_o^*$则可表示导致阻塞效应的过度投入。根据式(2-21)最大化$\boldsymbol{\delta}_o^*$的目标函数,可以看出 CTT 方法试图最小化$\boldsymbol{s}_o^{-c}$,这与产出导向的 BCC 模型处理投入减少量上存在差别。产出导向的 BCC 模型试图在最大化产出增加量的同时最大化投入减少量,可以回答在最大化产出时最多可以减少多少投入的问题;而 CTT 方法试图在最大化产出增加量的同时最小化投入减少量,回答在最大化产出时至少要减少多少投入的问题。

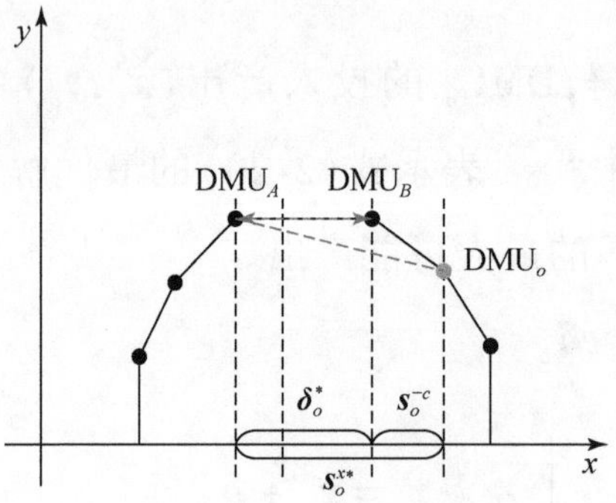

图 2-6 CTT 方法示意图

Cooper 等(2002)进一步简化了 CTT 方法的计算,后文将其称为一步 CTT 方法,式(2-20)~式(2-22)可以融合为式(2-23):

$$\max \varphi_o + \varepsilon(\boldsymbol{es}_o^{y} - \boldsymbol{es}_o^{-c})$$

$$\text{s. t.} \quad \begin{cases} \sum_{j=1}^{n} \lambda_j \boldsymbol{x}_j = \boldsymbol{x}_o - \boldsymbol{s}_o^{-c} \\ \sum_{j=1}^{n} \lambda_j \boldsymbol{y}_j = \varphi_o \boldsymbol{y}_o + \boldsymbol{s}_o^{y} \\ \sum_{j=1}^{n} \lambda_j = 1, \lambda_j \geqslant 0(\forall j), \boldsymbol{s}_o^{-c} \geqslant \boldsymbol{0}, \boldsymbol{s}_o^{y} \geqslant \boldsymbol{0} \end{cases} \tag{2-23}$$

式(2-23)的思路与式(2-20)~式(2-22)相似,首先求得允许投入减少时的最大可能产出,然后在该最大可能产出下最小化投入减少量。如果最小化投入减少量满足 $\boldsymbol{es}_o^{-c*}=0$["*"表示式(2-23)中的最优解],则不存在增加投入减少最大可能产出的现象,也就不存在阻塞效应;而当 $\boldsymbol{es}_o^{-c*}>0$ 时,意味着将投入从 $\boldsymbol{x}_o-\boldsymbol{s}_o^{-c*}$ 增加至 $\boldsymbol{x}_o$ 时最大可能产出减少了,阻塞效应存在。

相较于FGL方法,CTT方法提出了更被人接受的阻塞效应定义,并且在识别阻塞效应上更为准确。然而,CTT方法同样存在一些问题。

(1)CTT方法可能无法识别出减少投入时的最大可能产出,详见例2.2。

例2.2 假设有3个DMU(DMU_1、DMU_2和DMU_3),每个DMU使用两种投入(x_1,x_2)来生产两种产出(y_1,y_2),投入产出数据如表2-3所示。

表2-3 例2.2中的投入产出数据

DMU	投入(x_1)	投入(x_2)	产出(y_1)	产出(y_2)
DMU_1	4	2	4	4
DMU_2	4	4	5	4
DMU_3	6	4	4	4

可以看出,DMU_3是存在阻塞效应的,因为其相较于DMU_2增加了投入并导致了产出的减少,但在CTT方法中,DMU_3会被识别为不存在阻塞效应。当判断DMU_3是否存在阻塞效应时,在CTT方法的式(2-20)中,DMU_3会被改进到DMU_1,而不是y_1和y_2之和更大的DMU_2。在计算式(2-20)的第一阶段中,可以得出 $\varphi_o^*=1$,其中"*"表示式(2-20)的最优解。而在计算式(2-20)的第二阶段

中，将 DMU_3 改进到 DMU_1 时，需要减少 2 单位的 x_1 和 2 单位的 x_2，因此有 $\boldsymbol{es}_o^x+\boldsymbol{es}_o^y=4+0=4$；将 DMU_3 改进到 DMU_2 时，需要减少 2 单位的 x_1 并增加 1 单位的 y_1，因此有 $\boldsymbol{es}_o^x+\boldsymbol{es}_o^y=2+1=3$。由于其在第二阶段最大化($\boldsymbol{es}_o^x+\boldsymbol{es}_o^y$)，故 CTT 方法以 DMU_1 作为 DMU_3 的参照，认为 DMU_3 减少投入时的最大可能产出为(4,4)，而当增加投入从(4,2)到(6,4)时，其最大可能产出没有减少，因此 CTT 方法会将 DMU_3 识别为不存在阻塞效应。一步 CTT 方法同样会将 DMU_3 识别为不存在阻塞效应。式(2-23)在计算第一阶段的结果与式(2-20)一致，而在式(2-23)计算的第二阶段，不改进 DMU_3 时有 $\boldsymbol{es}_o^y-\boldsymbol{es}_o^{-c}=0$，当试图改进 DMU_3 到 DMU_2 或 DMU_1 时，则有 $\boldsymbol{es}_o^y-\boldsymbol{es}_o^{-c}<0$，因此式(2-23)的最优解有 $\boldsymbol{es}_o^{-c*}=0$，即认为 DMU_3 不存在阻塞效应。

导致识别 DMU_3 中阻塞效应时出现偏差的原因在于 CTT 方法和一步 CTT 方法都没能识别出减少投入时的最大可能产出，在式(2-20)及式(2-23)计算的第二阶段，投入的减少量可能替代产出的增加量。若要解决这一问题，CTT 方法和一步 CTT 方法可以先求解式(2-24)，并分两阶段依次最大化 φ_o 和 $\boldsymbol{es}_o^y$，由此求得的产出一定是最大可能产出。在此基础上判断投入变化是如何影响最大可能产出的。

$$\max \varphi_o+\varepsilon \boldsymbol{es}_o^y$$
$$\text{s. t.}\begin{cases}\sum_{j=1}^{n}\lambda_j\boldsymbol{x}_j=\boldsymbol{x}_o-\boldsymbol{s}_o^x\\ \sum_{j=1}^{n}\lambda_j\boldsymbol{y}_j=\varphi_o\boldsymbol{y}_o+\boldsymbol{s}_o^y\\ \sum_{j=1}^{n}\lambda_j=1,\lambda_j\geqslant 0(\forall j),\boldsymbol{s}_o^x\geqslant\boldsymbol{0},\boldsymbol{s}_o^y\geqslant\boldsymbol{0}\end{cases}\tag{2-24}$$

(2)CTT 方法虽然试图回答消除阻塞效应至少要减少多少投入，但由于其并不是直接最小化投入减少量的，DMU 有可能减少小于 $\boldsymbol{s}_o^{-c}$ 的投入就能消除阻塞效应，因此 CTT 方法识别出的阻塞效应可能不存在投入过多的情况，详见例 2.3。

例 2.3 假设有 3 个 DMU(DMU_1、DMU_2、DMU_3)，每个 DMU 使用两种投入(x_1,x_2)来生产两种产出(y_1,y_2)，投入产出数据如表 2-4 所示，CTT 方法的结果

如表 2-5 所示。

表 2-4 例 2.3 中的投入产出数据

DMU	投入(x_1)	投入(x_2)	产出(y_1)	产出(y_2)
DMU_1	3	2	4	7
DMU_2	4	4	6	4
DMU_3	4	4	3	3

表 2-5 CTT 方法在例 2.3 中的结果

DMU	式(2-22)中的 s_o^{-c}	是否存在阻塞效应
DMU_1	$[0,0]^T$	不存在
DMU_2	$[0,0]^T$	不存在
DMU_3	$[2/5,4/5]^T$	存在

在表 2-5 中，DMU_3被识别为存在阻塞效应，但有同等投入的 DMU_2被识别为不存在阻塞效应。这就带来一个问题：既然有同样投入的 DMU_2不存在阻塞效应且其两种产出都多于 DMU_3，DMU_3的阻塞效应无须减少投入即可在不减少产出的前提下加以改进消除，所以 DMU_3并不面临过度投入的问题。在该数值例子中，CTT 方法将 DMU_3对应的允许投入减少时的最大可能产出识别为(4,7)，而非(6,4)，因为 DMU_1的产出和(4+7)大于 DMU_2的产出和(6+4)。又由于投入(4,4)对应的最大可能产出达不到(4,7)，CTT 方法认为将投入从(3,2)增加到(4,4)会导致最大可能产出的减少，因此 CTT 方法将 DMU_3识别为存在阻塞效应。

但是从过度投入的角度看，如果认为 DMU_3存在阻塞效应，那么参照 DMU_2，消除该阻塞效应可以不减少产出和投入，这与通过识别阻塞效应来判断投入是否过度的出发点相违背。换言之，由于 CTT 方法没能最小化消除阻塞效应的投入减少量，其识别出的阻塞效应与过度投入之间失去了联系。反之，将 DMU_3视为不存在阻塞效应是合理的，因为如果 DMU_3试图生产 6 单位的 y_1，那么(4,4)的投入对其来说是必不可少的。因此，CTT 方法在识别阻塞效应和测度过度投入量方面仍存在需要改进的地方。

2.2.2.3 WY-TS 方法

在规模弹性和最大可能产出的基础上，Wei 和 Yan(2004)、Tone 和 Sahoo(2004)同时提出了 WY-TS 方法作为新的阻塞效应识别与测度方法。WY-TS 方法通过在生产可能集 P_{BCC} 的基础上去除投入的可处置性公理，构建了用于测度阻塞效应的生产可能集 $P_{\mathrm{congestion}}$：

$$P_{\mathrm{congestion}} = \left\{(\boldsymbol{x},\boldsymbol{y}) \,\middle|\, \sum_{j=1}^{n} \lambda_j \boldsymbol{x}_j \leqslant \boldsymbol{x}, \sum_{j=1}^{n} \lambda_j \boldsymbol{y}_j \geqslant \boldsymbol{y}, \sum_{j=1}^{n} \lambda_j = 1, \lambda_j \geqslant 0(\forall j)\right\} \tag{2-25}$$

生产可能集 $P_{\mathrm{congestion}}$ 的示意图如图 2-7 所示，所有的 DMU 都被包络在该生产可能集中(灰色部分)。图 2-7 中的黑色斜线部分表示存在阻塞效应，因为在该部分中的 DMU 增加投入会导致最大可能产出的减少，并且减少投入会导致最大可能产出的增加。WY-TS 方法去除了投入的可处置性假设，生产可能集 $P_{\mathrm{congestion}}$ 的生产前沿面能够模拟生产函数中边际产出或规模弹性为负的部分，如图 2-7 中的灰色虚线所示。

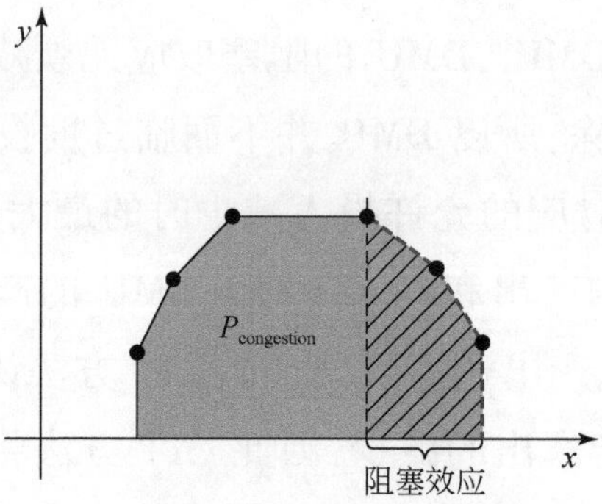

图 2-7 生产可能集 $P_{\mathrm{congestion}}$ 的示意图

WY-TS 方法首先计算被测 DMU 的投影点，即投入不变、产出最大化时的活动，然后基于投影点是否可以通过减少投入以增加产出来判断是否存在阻塞效应。投影点的产出也就对应着生产函数中的最大可能产出。如果投影点的产出可以通过减少投入继续增加，则被测 DMU 的最大可能产出可以通过减少投入来增加，阻塞效应存在；反之，被测 DMU 不存在阻塞效应。具体思路如图 2-8 所示，对于 DMU_A 来说，WY-TS 方法首先计算出其投影点 A，由于投影点 A 可以通过减少投入来提高产出，DMU_A 存在阻塞效应。对于 DMU_B 来说，由于其投影点 B 无法通过减少投入继续扩大产出，DMU_B 不存在阻塞效应。

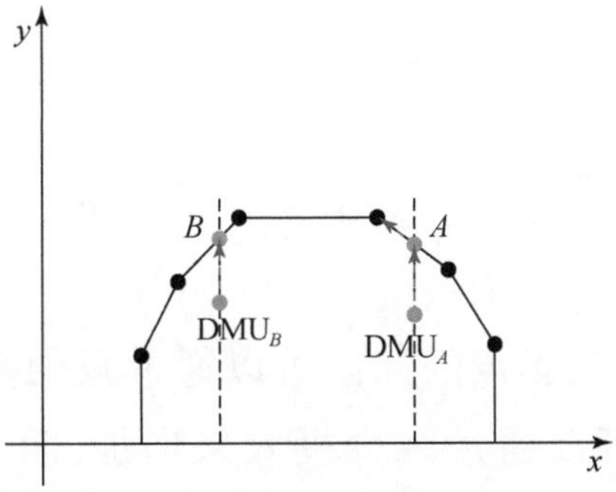

图 2-8 WY-TS 方法示意图

WY-TS 的具体方法如下。

首先，WY-TS 方法运用式(2-26)计算被测 DMU 的投影点。

$$\max \varphi_o + \varepsilon \boldsymbol{e}\boldsymbol{s}_o^y$$

$$\text{s. t.} \begin{cases} \sum_{j=1}^{n} \lambda_j \boldsymbol{x}_j = \boldsymbol{x}_o \\ \sum_{j=1}^{n} \lambda_j \boldsymbol{y}_j = \varphi_o \boldsymbol{y}_o + \boldsymbol{s}_o^y \\ \sum_{j=1}^{n} \lambda_j = 1, \lambda_j \geqslant 0(\forall j), \boldsymbol{s}_o^y \geqslant \boldsymbol{0} \end{cases} \tag{2-26}$$

根据式(2-26)的最优解，DMU_o 的最大可能产出为 $\varphi_o^* \boldsymbol{y}_o + \boldsymbol{s}_o^{y*}$，其中“ * ”表示式(2-26)的最优解，$DMU_o$ 的投影点$(\hat{\boldsymbol{x}}_o, \hat{\boldsymbol{y}}_o)$可以表示为$(\hat{\boldsymbol{x}}_o, \hat{\boldsymbol{y}}_o) = (\boldsymbol{x}_o, \varphi_o^* \boldsymbol{y}_o + \boldsymbol{s}_o^{y*})$。

其次，WY-TS 方法通过式(2-27)判断投影点是否可以通过减少投入来提高产出。

$$
\max \boldsymbol{et}_o^x
$$

$$
\begin{cases}
\sum_{j=1}^{n} \lambda_j \boldsymbol{x}_j = \hat{\boldsymbol{x}}_o - \boldsymbol{t}_o^x \\
\sum_{j=1}^{n} \lambda_j \boldsymbol{y}_j = \hat{\boldsymbol{y}}_o + \boldsymbol{t}_o^y \\
\sum_{j=1}^{n} \lambda_j = 1, \lambda_j \geqslant 0(\forall j), \boldsymbol{t}_o^x \geqslant \boldsymbol{0}, \boldsymbol{t}_o^y \geqslant \boldsymbol{0}
\end{cases}
\tag{2-27}
$$

如果 $\boldsymbol{et}_o^{y*}>0$,则说明投影点的产出可以通过减少投入来增加,也就意味着 DMU_o 的最大可能产出可以通过减少投入来增加,阻塞效应存在;反之,如果 $\boldsymbol{et}_o^{y*}=0$,则说明 DMU_o 的最大可能产出不能通过减少投入来增加,阻塞效应也就不存在。

WY-TS 方法还将阻塞效应区分为弱阻塞效应和强阻塞效应。弱阻塞效应指 DMU 的投影点能够通过减少投入增加产出,而强阻塞效应是弱阻塞效应的一种特殊情况,指 DMU 的投影点能够通过减少所有投入指标来增加所有产出指标。由于强阻塞效应既不能说明过度投入量相较于其他弱阻塞效应更多,又不能说明阻塞效应导致的产出减少量相较于其他弱阻塞效应更多,所以本书不区分强阻塞效应和弱阻塞效应,提出的阻塞效应均基于 WY-TS 方法弱阻塞效应的定义。

相较于 CTT 方法,WY-TS 方法在测度阻塞效应时更为贴合阻塞效应定义中最大可能产出的概念,因而在判断阻塞效应中更为准确。我们可以通过例 2.3 来说明这一点,表 2-6 列出了例 2.3 中 WY-TS 方法判断阻塞效应的结果,相较于 CTT 方法,WY-TS 方法由于正确识别了投入(4,4)对应的最大可能产出(6,4),因而将 DMU_3 识别为不存在阻塞效应。

表 2-6 WY-TS 方法在例 2.3 中的结果

DMU	最大可能产出	式(2-27)中 $\boldsymbol{t}_o^{y*}$	是否存在阻塞效应
DMU_1	$[4,7]^{\mathrm{T}}$	$[0,0]^{\mathrm{T}}$	不存在
DMU_2	$[6,4]^{\mathrm{T}}$	$[0,0]^{\mathrm{T}}$	不存在
DMU_3	$[6,4]^{\mathrm{T}}$	$[0,0]^{\mathrm{T}}$	不存在

然而，WY-TS 方法同样存在一些问题。

(1) Sueyoshi 和 Sekitani(2009)指出，WY-TS 方法没有考虑同时存在多个投影点的情况，而不同投影点对应的阻塞效应状态可能不同。该问题可以通过例 2.4 进行说明。

例 2.4 假设有 4 个 DMU($DMU_j, j=1,2,3,4$)，每个 DMU 使用两种投入(x_1, x_2)来生产两种产出(y_1, y_2)，投入产出数据如表 2-7 所示。

表 2-7 例 2.4 中的投入产出数据

DMU	投入(x_1)	投入(x_2)	产出(y_1)	产出(y_2)
DMU_1	3	2	4	7
DMU_2	4	4	4	6
DMU_3	4	4	6	4
DMU_4	4	4	3	3

WY-TS 方法的结果如表 2-8 所示。

表 2-8 WY-TS 方法在例 2.4 中的结果

DMU	式(2-27)中 $\boldsymbol{t}_o^{y*}$	是否存在阻塞效应
DMU_1	0	不存在
DMU_2	1	存在
DMU_3	0	不存在
DMU_4	4	—

注："—"表示无法判断阻塞效应

根据式(2-26)，DMU_4的投影点可以是 DMU_2和 DMU_3的任意凸组合，在所有的投影点中，既有类似于 DMU_2的存在阻塞效应的投影点，也有类似于 DMU_3的不存在阻塞效应的投影点，因而 WY-TS 方法对于 DMU_4是否存在阻塞效应的判断取决于式(2-26)求解结果：如果以 DMU_2作为投影点，DMU_4存在阻塞效应；如果以 DMU_3作为投影点，则 DMU_4不存在阻塞效应。在表 2-8 中，DMU_4的阻塞效应状况由于随着式(2-26)的最优解不同而变动，因而通过"—"表示无法判断其是否存在阻塞效应。

(2) WY-TS 方法还面临阻塞效应与过度投入不匹配的问题，即识别出的阻塞效应可能无须减少投入即可改进消除，这是由于 WY-TS 方法在计算投影点时最大化了产出改进量，忽略了同样位于生产前沿面上但产出之和较少的投影点。该问题可以通过例 2.5 进行说明。

例 2.5 假设有 4 个 DMU（DMU_j, $j=1,2,3,4$），每个 DMU 使用两种投入（x_1, x_2）来生产两种产出（y_1, y_2），投入产出数据如表 2-9 所示。

表 2-9 例 2.5 中的投入产出数据

DMU	投入（x_1）	投入（x_2）	产出（y_1）	产出（y_2）
DMU_1	3	2	4	7
DMU_2	4	4	4	6
DMU_3	4	4	5	4
DMU_4	4	4	3	3

相较于例 2.4，例 2.5 只将 DMU_3 的产出 y_1 减少了一单位。WY-TS 方法的计算结果如表 2-10 所示。

表 2-10 WY-TS 方法在例 2.5 中的结果

DMU	式(2-27)中 t_o^{y*}	是否存在阻塞效应
DMU_1	0	不存在
DMU_2	1	存在
DMU_3	0	不存在
DMU_4	4	存在

由于 DMU_3 的产出之和小于 DMU_2 的产出之和，式(2-26)在计算投影点时存在唯一最优解，即 DMU_2 在 WY-TS 方法中是 DMU_4 的唯一投影点。由于 DMU_2 存在阻塞效应，故 WY-TS 方法将 DMU_4 识别为存在阻塞效应。但从投入的角度看，DMU_4 可以参考 DMU_3 来改进阻塞效应，即无须减少其投入和产出就可消除阻塞效应；从产出的角度看，如果 DMU_4 意在生产 5 单位的 y_1，那么不能认定其投入是过度的。从例 2.5 中可以看出，WY-TS 识别出的阻塞效应可能无须通过减少投入进行改进，因而难以反映过度投入状况。

2.2.2.4 Noura 方法

Noura 等(2010)提出了 Noura 方法来识别阻塞效应,该方法注意到了阻塞效应与过度投入的关系,通过判断过度投入是否存在来识别阻塞效应。Wei 和 Yan(2009)指出,在 BCC 模型中效率低下是存在阻塞效应的 DMU 的重要特征,而 Noura 方法将过度投入与 BCC 模型中的效率相结合来判断阻塞效应。如图 2-9 所示,Noura 方法识别出 BCC 效率为 1 的情况下的最大投入,当 DMU 的投入大于该最大投入时,阻塞效应存在。

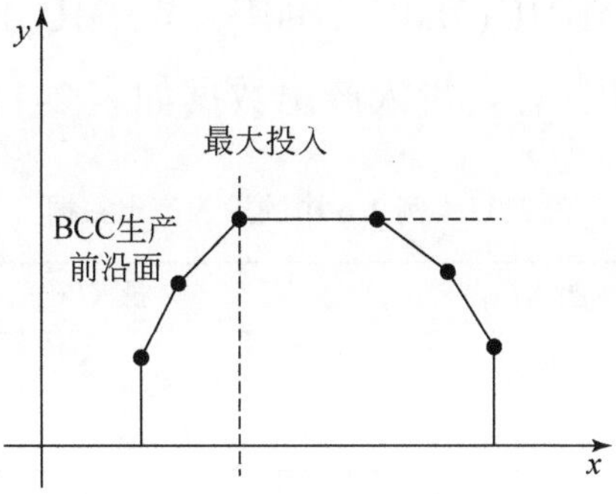

图 2-9 Noura 方法示意图

Noura 方法具体可以分为三步。

首先,Noura 方法使用式(2-28)筛选出 BCC 模型中有效率的 DMU,并通过定义集合 $E=\{j\mid\varphi_j^*+\varepsilon(\boldsymbol{e}\boldsymbol{s}_j^{x*}+\boldsymbol{e}\boldsymbol{s}_j^{y*})=1\}$ 来囊括 BCC 模型中所有有效率的 DMU,其中"*"为式(2-28)的最优解。

$$
\begin{aligned}
&\max \varphi_o+\varepsilon(\boldsymbol{e}\boldsymbol{s}_o^x+\boldsymbol{e}\boldsymbol{s}_o^y)\\
&\text{s.t.}\left\{\begin{array}{l}
\sum_{j=1}^{n}\lambda_j\boldsymbol{x}_j=\boldsymbol{x}_o-\boldsymbol{s}_o^x\\
\sum_{j=1}^{n}\lambda_j\boldsymbol{y}_j=\varphi_o\boldsymbol{y}_o+\boldsymbol{s}_o^y\\
\sum_{j=1}^{n}\lambda_j=1,\lambda_j\geqslant 0(\forall j),\boldsymbol{s}_o^x\geqslant\boldsymbol{0},\boldsymbol{s}_o^y\geqslant\boldsymbol{0}
\end{array}\right.
\end{aligned}
\tag{2-28}
$$

其次,Noura 方法识别出集合 E 中的最大投入 $x_i^*(i=1,\cdots,m)$,其中 $x_i^*=$

$\min\{\alpha_i \mid \alpha_i \geqslant x_{ij}(j \in E)\}$。

最后，Noura 方法通过将各 DMU 的投入与最大投入 x_i^* 相比较来识别阻塞效应。当 DMU_o 满足以下两种条件之一时，DMU_o 存在阻塞效应：①式(2-28)的最优解满足 $\varphi_o^*>1$ 且 $\exists i=1,\cdots,m,x_{io}>x_i^*$；②式(2-28)的最优解满足 $\boldsymbol{es}_o^{y*}>0$ 且 $\exists i=1,\cdots,m,x_{io}>x_i^*$。过度投入的部分可以表示为

$$s_{io}^c = x_{io} - x_i^* \tag{2-29}$$

Noura 方法试图建立阻塞效应与过度投入的关系，但该方法在面对多投入多产出的问题时可能遗漏部分阻塞效应，具体通过例 2.6 可以说明。

例 2.6 假设有 3 个 DMU（DMU_1、DMU_2 和 DMU_3），每个 DMU 使用两种投入（x_1，x_2）来生产一种产出（y_1），投入产出数据如表 2-11 所示。

表 2-11 例 2.6 中的投入产出数据

DMU	投入(x_1)	投入(x_2)	产出(y_1)
DMU_1	3	2	5
DMU_2	4	4	4
DMU_3	6	5	6

Noura 方法的结果如表 2-12 所示。

表 2-12 Noura 方法在例 2.6 中的结果

DMU	式(2-28)最优解中的 φ_j^*	式(2-28)最优解中的 $\boldsymbol{es}_j^{x*}+\boldsymbol{es}_j^{y*}$	s_{1j}^c	s_{2j}^c	是否存在阻塞效应
DMU_1	1	0	−3	−3	不存在
DMU_2	5/4	3	−2	−1	不存在
DMU_3	1	0	0	0	不存在

在 Noura 方法中，由于 DMU_3 在 BCC 模型中是有效率的，因而最大投入 x_i^* 被识别为(6,5)。显然，例 2.6 中没有投入大于(6,5)的 DMU，因而 Noura 方法认为本例中不存在阻塞效应。但是实际上，前文中提到的 CTT 方法或 WY-TS 方法都识别到 DMU_2 存在阻塞效应，因为 DMU_2 生产了其投入下的最大可能产出，且该产出可以通过减少投入来进一步增加。造成 DMU_2 存在阻塞效应的原因在

于 x_1 和 x_2 的投入比例不协调，x_2 相较于 x_1 存在过度投入的问题。本书后续将对类似于 DMU_2 的阻塞效应情况进行详细讨论，该情况下阻塞效应仅仅依靠投入量是判断不出来的，且阻塞效应能够通过增加投入加以改进消除。

虽然 Noura 方法在识别阻塞效应中存在一些问题，但本书认为，Noura 方法对阻塞效应识别方法的研究有很大的推动作用，因为其强调了识别阻塞效应的目标，试图将阻塞效应与过度投入相关联。

2.2.2.5 MZS 方法

针对 Sueyoshi 和 Sekitani(2009)提出的 WY-TS 方法中可能存在多个投影点的问题，Mehdiloozad 等(2018)提出了 MZS 方法。MZS 方法通过证明同一生产前沿面的内点表现出的阻塞效应状况相同，进一步完善了效率低下 DMU 阻塞效应的相关定义及识别与测度方法。在 WY-TS 方法的基础上，MZS 方法增加了对效率低下 DMU 阻塞效应的判定标准，即只要 DMU 的投影点中有存在阻塞效应的，则该 DMU 存在阻塞效应。

MZS 方法具体步骤如下。

首先，MZS 方法通过式(2-30)来计算被测 DMU 对应的投影点的产出，具体可以表示为 $\varphi_o^* \boldsymbol{y}_o + \boldsymbol{s}_o^{y*}$，其中“ * ”表示式(2-30)的最优解。

$$
\begin{aligned}
&\max \varphi_o + \varepsilon \boldsymbol{e} \boldsymbol{s}_o^y \\
&\text{s. t.} \begin{cases}
\sum_{j=1}^{n} \lambda_j \boldsymbol{x}_j = \boldsymbol{x}_o \\
\sum_{j=1}^{n} \lambda_j \boldsymbol{y}_j = \varphi_o \boldsymbol{y}_o + \boldsymbol{s}_o^y \\
\sum_{j=1}^{n} \lambda_j = 1, \lambda_j \geqslant 0 (\forall j), \boldsymbol{s}_o^+ \geqslant \boldsymbol{0}
\end{cases}
\end{aligned}
\tag{2-30}
$$

其次，MZS 方法证明了通过式(2-30)计算得到的所有投影点位于同一生产前沿面上，且该生产前沿面的所有内点有相同的阻塞效应状况。基于此，MZS 方法通过式(2-31)得到一个投影点 $(\hat{\boldsymbol{x}}_o, \hat{\boldsymbol{y}}_o) = \left[\boldsymbol{x}_o, \frac{\sum_{j=1}^{n} (\lambda_j^{1*} + \lambda_j^{2*}) \boldsymbol{y}_j}{1 + \nu^*} \right]$，其中“ * ”

表示式(2-31)的最优解,该投影点是所有投影点所在生产前沿面的内点,能够反映该生产前沿面中所有内点的阻塞效应情况。

$$\max \sum_{j=1}^{n} \lambda_j^2$$

$$\text{s. t.} \begin{cases} \sum_{j=1}^{n} (\lambda_j^1 + \lambda_j^2) \boldsymbol{x}_j = \boldsymbol{x}_o(1 + \nu) \\ \sum_{j=1}^{n} (\lambda_j^1 + \lambda_j^2) \boldsymbol{y}_j = \varphi_o^* \boldsymbol{y}_o(1 + \nu) + \boldsymbol{t}_o^y \\ \sum_{j=1}^{n} (\lambda_j^1 + \lambda_j^2) = 1 + \nu \\ \boldsymbol{e}\boldsymbol{t}_o^y = (1 + \nu) \boldsymbol{e}\boldsymbol{s}_o^{y*}, \boldsymbol{t}_o^y \geqslant \boldsymbol{0} \\ \lambda_j^1 \geqslant 0(\forall j), 0 \leqslant \lambda_j^2 \leqslant 1(\forall j), \nu \geqslant 0 \end{cases} \tag{2-31}$$

式中,φ_o^* 和 $\boldsymbol{s}_o^{y*}$ 来自式(2-30)的最优解。

最后,MZS 方法通过式(2-32)判断投影点是否存在阻塞效应,如果 $\boldsymbol{e}\boldsymbol{k}_o^{y*}>0$["*"表示式(2-32)的最优解],则 DMU_o 存在阻塞效应,因为其投影点的产出可以通过减少投入进一步增加;如果 $\boldsymbol{e}\boldsymbol{k}_o^{y*}=0$,则 DMU_o 不存在阻塞效应。

$$\max \boldsymbol{e}\boldsymbol{k}_o^x + \boldsymbol{e}\boldsymbol{k}_o^y$$

$$\text{s. t.} \begin{cases} \sum_{j=1}^{n} \delta_j \boldsymbol{x}_j + \boldsymbol{l}_o^x + \boldsymbol{k}_o^x = \hat{\boldsymbol{x}}_o(1 + \omega) \\ \sum_{j=1}^{n} \delta_j \boldsymbol{y}_j - \boldsymbol{l}_o^y - \boldsymbol{k}_o^y = \hat{\boldsymbol{y}}_o(1 + \omega) \\ \sum_{j=1}^{n} \delta_j = 1 + \omega \\ \delta_j \geqslant 0(\forall j), \boldsymbol{l}_o^x \geqslant \boldsymbol{0}, \boldsymbol{l}_o^y \geqslant \boldsymbol{0} \\ \boldsymbol{0} \leqslant \boldsymbol{k}_o^x \leqslant \boldsymbol{e}^{\mathrm{T}}, \boldsymbol{0} \leqslant \boldsymbol{k}_o^y \leqslant \boldsymbol{e}^{\mathrm{T}}, \omega \geqslant 0 \end{cases} \tag{2-32}$$

MZS 方法虽然明确了效率低下 DMU 的阻塞效应识别与测度方法,但其同样面临着识别出的阻塞效应无须减少投入和产出即可改进消除的问题。同样以例 2.4 为例,表 2-13 列出了 MZS 方法在例 2.4 中的计算结果。

表 2-13　MZS 方法在例 2.4 中的结果

DMU	式(2-32)最优解中的 $ek_o^{\gamma*}$	是否存在阻塞效应
DMU_1	0	不存在
DMU_2	2	存在
DMU_3	0	不存在
DMU_4	2	存在

对于 DMU_4来说，MZS 方法将其识别为存在阻塞效应，因为其投影点 DMU_2存在阻塞效应。从过度投入的角度来说，如果以 DMU_1和 DMU_2作为参照，DMU_4的投入导致了产出的降低，但如果以 DMU_3作为参照，DMU_4的产出降低则可全归因于效率低下。换言之，将 DMU_4 认定为存在阻塞效应证据不足，因为如果 DMU_4试图生产 6 单位的 y_1，则其产出低于 DMU_3完全是因为效率低下导致的，而非其过度投入导致了产出下降。从改进阻塞效应的角度来说，DMU_4无须减少投入即可在不减少任何产出的情况下消除其阻塞效应，这使阻塞效应无法反映过度投入状况。

此外，与 WY-TS 方法类似，MZS 方法在识别投影点时同样会忽略产出之和更少但为帕累托最优的活动。MZS 方法在例 2.5 中的结果如表 2-14 所示。

表 2-14　MZS 方法在例 2.5 中的结果

DMU	式(2-32)最优解中的 $ek_o^{\gamma*}$	是否存在阻塞效应
DMU_1	0	不存在
DMU_2	2	存在
DMU_3	0	不存在
DMU_4	2	存在

MZS 方法同样不认为 DMU_3是 DMU_4的投影点，这也导致了识别出的阻塞效应可能可以不通过改变投入进行改进。

2.3　本章小结

通过对现有阻塞效应识别与测度方法的综述，不难发现由于基于 DEA 方法能够处理多投入多产出的情况、无须预设参数和生产函数的优势，目前绝大多数阻塞效应识别与测度方法是基于 DEA 方法的。当前的基于 DEA 的阻塞效应识别与测度方法主要存在以下两个问题。

(1)现有的阻塞效应识别与测度方法识别出的阻塞效应可能不存在过度投入的问题，这使决策者难以通过识别和测度阻塞效应来判断投入是否过度以及评估过度投入量。

(2)现有的阻塞效应识别与测度方法只关注通过减少投入消除阻塞效应，但在多个投入指标的情况下，阻塞效应可能能够通过增加投入加以改进，而这种情况下阻塞效应与过度投入的关联关系仍有待研究。

基于这两个问题，本书旨在对基于 DEA 的阻塞效应识别与测度方法进行改进，探讨阻塞效应与过度投入的关系，并提出能够反映过度投入状况的阻塞效应识别与测度方法。

第 3 章　基于 DEA 的阻塞效应

3.1　阻塞效应的相关定义

本章以建立阻塞效应与过度投入关联关系为目标,提出了阻塞效应新的定义以及新的识别与测度方法。假设共有 n 个 DMU,每个 DMU($\mathrm{DMU}_j, j=1,\cdots,n$)使用 m 个投入($x_{ij}, i=1,\cdots,m$)来生产 s 个产出($y_{rj}, r=1,\cdots,s$)。用于识别阻塞效应的生产可能集如下所示:

$$P_{\text{congestion}} = \left\{ (\boldsymbol{x},\boldsymbol{y}) \;\middle|\; \sum_{j=1}^{n} \lambda_j \boldsymbol{x}_j = \boldsymbol{x}, \sum_{j=1}^{n} \lambda_j \boldsymbol{y}_j \geqslant \boldsymbol{y}, \sum_{j=1}^{n} \lambda_j = 1, \lambda_j \geqslant 0 (\forall j) \right\} \tag{3-1}$$

式中,$\boldsymbol{x}_j$ 为 DMU_j的投入向量$[x_{1j},\cdots,x_{mj}]^{\mathrm{T}}$;$\boldsymbol{y}_j$ 为 DMU_j的产出向量$[y_{1j},\cdots,y_{sj}]^{\mathrm{T}}$。

定义 3.1(效率)　对于 $\mathrm{DMU}_o(\boldsymbol{x}_o,\boldsymbol{y}_o)$来说,如果在生产可能集 $P_{\text{congestion}}$ 中不存在产出更多的活动,即不存在$(\boldsymbol{x}_o,\boldsymbol{y}_k) \in P_{\text{congestion}}$且 $\boldsymbol{y}_k \gneqq y_o$,则 DMU_o 是有效率的。反之,如果生产可能集 $P_{\text{congestion}}$ 中存在产出更多的活动,则 DMU_o 是效率低下的。

定义 3.2(投影点)　对于 $\mathrm{DMU}_o(\boldsymbol{x}_o,\boldsymbol{y}_o)$来说,当且仅当活动$(\boldsymbol{x}_k,\boldsymbol{y}_k)$是有效率的且 $\boldsymbol{x}_k=\boldsymbol{x}_o, \boldsymbol{y}_k \geqslant \boldsymbol{y}_o$,活动$(\boldsymbol{x}_k,\boldsymbol{y}_k)$才是 DMU_o 用于识别和测度阻塞效应的投影点。

相较于 Tone 和 Sahoo(2004)以及 Wei 和 Yan(2009),本章对投影点的新定义将最大化产出改进为有效率这一条件,扩大了投影点的集合,即 Tone 和 Sahoo(2004)以及 Wei 和 Yan(2009)中的投影点(下文称为传统投影点)都符合定义 3.2,而符合定义 3.2 的投影点(下文称为新投影点)不一定是 Tone 和 Sahoo(2004)以及 Wei 和 Yan(2009)中的投影点。通过改进投影点的定义,新投影点在识别和测度阻塞效应时能够囊括所有与被测 DMU 投入相同产出更多的帕累托最优情况，具体见例 3.1。

定义 3.3（阻塞效应） 当且仅当其任一投影点（$\boldsymbol{x}_k,\boldsymbol{y}_k$）都可以通过减少投入来提高产出，即 $\exists(\boldsymbol{x}_p,\boldsymbol{y}_p)\in P_{\text{congestion}}$ 且 $\boldsymbol{x}_p\leqslant\boldsymbol{x}_k,\boldsymbol{y}_p\gneqq\boldsymbol{y}_k$，$\mathrm{DMU}_o(\boldsymbol{x}_o,\boldsymbol{y}_o)$ 才存在阻塞效应。换言之，当且仅当 DMU_o 的所有投影点存在阻塞效应，DMU_o 才存在阻塞效应。

当被测 DMU 既对应存在阻塞效应的投影点，又对应不存在阻塞效应的投影点时，该 DMU 可以不改进投入，仅将产出改进到不存在阻塞效应的投影点即可改进到帕累托最优。此时，可以认为造成该 DMU 产出减少的原因在于效率低下，而非阻塞效应。而根据 Mehdiloozad 等（2018）提出的阻塞效应定义，即只要某一投影点存在阻塞效应，被测 DMU 就存在阻塞效应。但如上文所述，由于该 DMU 的阻塞效应无须通过改进投入即可在不减少产出的情况下被消除，所以无法断定该 DMU 的投入是过度的。相较于 Mehdiloozad 等（2018）提出的阻塞效应定义，定义 3.3 通过进一步严格阻塞效应的判定条件，使阻塞效应与过度投入状况建立联系，也就是说存在阻塞效应的 DMU 一定需要改进其投入才能消除阻塞效应。本章通过引用 Sueyoshi 和 Sekitani（2009）中的数值例子（例 3.2）来进一步说明改进阻塞效应定义的必要性。

例 3.1 假设有 4 个 DMU（$\mathrm{DMU}_j,j=1,2,3,4$），每个 DMU 使用两种投入（x_1,x_2）来生产两种产出（y_1,y_2），投入产出数据如表 3-1 所示。

表 3-1 例 3.1 中的投入产出数据

DMU	投入（x_1）	投入（x_2）	产出（y_1）	产出（y_2）
DMU_1	3	2	4	7
DMU_2	4	4	4	6
DMU_3	4	4	5	4
DMU_4	4	4	3	3

在本例中，除 DMU_4 外，其他的 DMU 都是有效率的。可以看出，相较于 DMU_1，DMU_2 是存在阻塞效应的，因为增加投入却减少了产出。根据传统投影点的识别方法，即式（3-2）的最优解（$\boldsymbol{x}_o,\varphi_o^*\boldsymbol{y}_o+\boldsymbol{s}_o^{y*}$）（Tone and Sahoo，2004）或

式(3-3)的最优解($\boldsymbol{x}_o,\boldsymbol{y}_o+\boldsymbol{s}_o^{y*}$)(Wei and Yan,2009),$DMU_2$是$DMU_4$的唯一传统投影点,因为式(3-2)和式(3-3)都最大化了产出改进量。相较于将DMU_4改进到DMU_3共有3单位的产出提升,即从(3,3)改进到(5,4),将DMU_4改进到DMU_2有更多的4单位的产出提升,即从(3,3)改进到(4,6)。所以式(3-2)和式(3-3)只会识别出DMU_2作为DMU_4的唯一投影点,忽略投入相同且有效率的DMU_3,进而将DMU_4识别为存在阻塞效应。

$$\max \varphi_o + \varepsilon \boldsymbol{e}\boldsymbol{s}_o^y$$
$$\text{s. t.} \begin{cases} \sum_{j=1}^{n} \lambda_j \boldsymbol{x}_j = \boldsymbol{x}_o \\ \sum_{j=1}^{n} \lambda_j \boldsymbol{y}_j = \varphi_o \boldsymbol{y}_o + \boldsymbol{s}_o^y \\ \sum_{j=1}^{n} \lambda_j = 1 \\ \lambda_j \geqslant 0(\forall j), \boldsymbol{s}_o^y \geqslant \boldsymbol{0} \end{cases} \tag{3-2}$$

$$\max \boldsymbol{e}\boldsymbol{s}_o^y$$
$$\text{s. t.} \begin{cases} \sum_{j=1}^{n} \lambda_j \boldsymbol{x}_j = \boldsymbol{x}_o \\ \sum_{j=1}^{n} \lambda_j \boldsymbol{y}_j = \boldsymbol{y}_o + \boldsymbol{s}_o^y \\ \sum_{j=1}^{n} \lambda_j = 1 \\ \lambda_j \geqslant 0(\forall j), \boldsymbol{s}_o^y \geqslant \boldsymbol{0} \end{cases} \tag{3-3}$$

然而,将DMU_4识别为存在阻塞效应是有问题的。从过度投入的角度来看,DMU_4的投入不能认为是过度的,因为与其投入相同的DMU_3是帕累托最优的,且DMU_4只需提高产出即可达到帕累托最优。如果DMU_4试图生产5单位的y_1,其(4,4)的投入是必需的。如果将DMU_4识别为存在阻塞效应,其阻塞效应可以通过改进到DMU_3来消除而无须改进投入,这与通过阻塞效应识别来判断过度投入的目的不相符。因此,本章通过提出新投影点定义,将DMU_3定义为DMU_4的投影点，从而将 DMU_4改进到 DMU_3这一改进路径纳入阻塞效应识别的考虑中。

例 3.2 假设有 8 个 DMU（$DMU_j, j=1,2,\cdots,8$），每个 DMU 使用两种投入（x_1, x_2）来生产四种产出（$y_r, r=1,\cdots,4$），投入产出数据如表 3-2 所示。其中，$DMU_1 \sim DMU_7$参考 Sueyoshi 和 Sekitani（2009）中的数值案例，而 DMU_8是本研究新加入的 DMU。

表 3-2 例 3.2 中的投入产出数据

DMU	投入(x_1)	投入(x_2)	产出(y_1)	产出(y_2)	产出(y_3)	产出(y_4)
DMU_1	2	2	2	2	2	2
DMU_2	2	2	2	3	2	2
DMU_3	2	2	2	2	3	2
DMU_4	2	2	2	2	2	3
DMU_5	1	1	2	2.5	3	2
DMU_6	1	3	2	2	2	4
DMU_7	2	1	2	2.5	2.25	3
DMU_8	2	5	2	2	4	2

在例 3.2 中，除 DMU_1外，其他的 DMU 都是有效率的。相较于 DMU_5，DMU_3是存在阻塞效应的；而相较于 DMU_7，DMU_4也是存在阻塞效应的。

在识别 DMU_1是否存在阻塞效应时，$DMU_2 \sim DMU_4$都为 DMU_1的新投影点（或传统投影点），其中 DMU_2不存在阻塞效应，DMU_3和 DMU_4存在阻塞效应。传统的阻塞效应定义（Mehdiloozad et al.,2018）认为 DMU_1存在阻塞效应，但从减少投入的角度看，当 DMU_1试图生产 3 单位的产出 y_2时，其投入(2,2)不能被认为是过度的。从阻塞效应与过度投入相关联的目的出发，本章提出的新的阻塞效应定义将 DMU_1定义为不存在阻塞效应，因为以 DMU_2为目标，DMU_1无须改进其投入即可在不减少产出的情况下达到帕累托最优。

需要说明的是，传统的阻塞效应定义将 DMU_1识别为存在阻塞效应，同样是有意义的，因为我们无法断言 DMU_1产出的减少不受阻塞效应的影响。针对 DMU 对应多个投影点，且投影点的阻塞效应状态不同的情况，目前没有研究能明确将产出效率低下分解为技术效率低下和阻塞效应。传统的阻塞效应定义尽可能将产出效率低下归因于阻塞效应(同 DMU_1),这样做的优势是识别阻塞效应不会有遗漏,缺陷在于识别出的阻塞效应可能无须通过改变投入即可消除,使阻塞效应与过度投入失去关联;而本书中的新阻塞效应定义尽可能将产出效率低下归因于技术效率低下,这样做的优势在于识别出的阻塞效应一定面临过度投入的问题,缺陷则在于可能掩盖部分阻塞效应导致产出下降的问题。

此外,通过在例 3.2 中加入 DMU_8,使 DMU_3增加投入改进到 DMU_8来消除阻塞效应成为可能。因此,用过度投入形容 DMU_3也是不恰当的。为了将阻塞效应与过度投入进一步关联,本章将阻塞效应区分为相对阻塞效应与绝对阻塞效应,并提出如下定义。

定义 3.4(相对阻塞效应)　相对阻塞效应指能够通过增加投入改进消除的阻塞效应。

相对阻塞效应的成因可以解释为某个或某些投入相对于其他投入过多,即投入比例不合理。以种植业为例,在种植面积不变时,一味增加施肥量会导致农作物产量下降,引发阻塞效应。但这种阻塞效应可以同时增加种植面积与施肥量,但需增加更多的种植面积以使种植面积与施肥量达到合适比例,进而消除阻塞效应。

定义 3.5(绝对阻塞效应)　绝对阻塞效应指不能通过增加投入改进消除的阻塞效应。

绝对阻塞效应的成因可以解释为外部因素的限制。同样以种植业为例,当种植面积由于政策因素等外部因素限制无法继续增加时,过多的施肥量引发的阻塞效应无法通过增加种植面积的方式加以消除。此时,消除阻塞效应只能减少施肥量。

根据定义 3.4 和定义 3.5,由于有些阻塞效应可以增加投入加以消除,并不是所有的阻塞效应都意味着过度投入,因此本书将导致阻塞效应的投入称为无效投入,即减少投入消除阻塞效应时需要减少投入的最小量。无论是相对阻塞效应还是绝对阻塞效应都是由无效投入导致的。对应地,本书将消除阻塞效应时必须减少的投入最小量称为过度投入。由于相对阻塞效应可以通过增加投入来消除,所以过度投入只存在于绝对阻塞效应中。需要注意的是,无论是在相对阻塞效应还是在绝对阻塞效应中,无效投入与过度投入都是可能不相等的。无效投入表示阻塞效应的成因,因而能够反映阻塞效应的程度,而过度投入表示消除阻塞效应的方式。

3.2 阻塞效应的识别与测度方法

由于本书提出的方法都是基于松弛变量的,投入产出指标量纲的变动可能会影响计算结果,因此本章参考动态范围(range adjusted measure, RAM)模型(Cooper et al., 1999),在计算前对数据进行标准化,即令 $x_{io} = \dfrac{x'_{io}}{\max\limits_{j=1,\cdots,n}\{x'_{ij}\} - \min\limits_{j=1,\cdots,n}\{x'_{ij}\}}$, $y_{ro} = \dfrac{y'_{ro}}{\max\limits_{j=1,\cdots,n}\{y'_{rj}\} - \min\limits_{j=1,\cdots,n}\{y'_{rj}\}}$,其中 $\boldsymbol{x}'$ 和 $\boldsymbol{y}'$ 表示原始数据,$\boldsymbol{x}$ 和 $\boldsymbol{y}$ 表示标准化后用于计算的数据。

基于3.1节所述新的阻塞效应定义,本章参考 Lozano 和 Khezri(2021)基于 DEA 的最小改进方法提出了新的阻塞效应识别与测度方法。

首先通过计算式(3-4)来识别和测度阻塞效应。

$$
\min \boldsymbol{e}\boldsymbol{s}_o^x
$$

$$
\text{s.t.}\begin{cases}
\sum\limits_{j=1}^{n}\lambda_j\boldsymbol{x}_j = \boldsymbol{x}_o - \boldsymbol{s}_o^x \\
\sum\limits_{j=1}^{n}\lambda_j\boldsymbol{y}_j = \boldsymbol{y}_o + \boldsymbol{s}_o^y \\
\sum\limits_{j=1}^{n}\lambda_j = 1 \\
\boldsymbol{v}\boldsymbol{x}_j - \boldsymbol{u}\boldsymbol{y}_j + \omega \geqslant 0(\forall j) \\
\boldsymbol{v}(\boldsymbol{x}_o - \boldsymbol{s}_o^x) - \boldsymbol{u}(\boldsymbol{y}_o + \boldsymbol{s}_o^y) + \omega = 0 \\
\boldsymbol{e}\boldsymbol{v}^{\mathrm{T}} + \boldsymbol{e}\boldsymbol{u}^{\mathrm{T}} = 1 \\
\lambda_j \geqslant 0(\forall j), \boldsymbol{s}_o^x \geqslant \boldsymbol{0}, \boldsymbol{s}_o^y \geqslant \boldsymbol{0}, \boldsymbol{u} \geqslant \varepsilon\boldsymbol{e}, \boldsymbol{v} \geqslant \boldsymbol{0}^{\mathrm{T}}
\end{cases} \tag{3-4}
$$

式(3-4)的主要思路是在生产可能集中寻找被测 DMU_o 不存在阻塞效应的投影点。式(3-4)中的约束 $\boldsymbol{v}(\boldsymbol{x}_o-\boldsymbol{s}_o^x)-\boldsymbol{u}(\boldsymbol{y}_o+\boldsymbol{s}_o^y)+\omega=0$ 能够保证改进后的活动 $(\boldsymbol{x}_o-\boldsymbol{s}_o^{x*}, \boldsymbol{y}_o+\boldsymbol{s}_o^{y*})$ 位于不存在阻塞效应的生产前沿面上,其中"$*$"表示式(3-4)

的最优解。对应到定义 3.3，当式(3-4)的最优解满足 $\boldsymbol{e}\boldsymbol{s}_o^{x*}=0$ 时，活动($\boldsymbol{x}_o,\boldsymbol{y}_o+\boldsymbol{s}_o^{y*}$)是被测 DMU_o 的投影点，且其产出无法通过增加投入进一步提高，此时 DMU_o 不存在阻塞效应。对应地，如果 $\boldsymbol{e}\boldsymbol{s}_o^{x*}>0$，则意味着生产可能集内搜索不到 DMU_o 不存在阻塞效应的投影点，此时根据定义 3.3，DMU_o 存在阻塞效应。参考 Fukuyama 和 Sekitani(2012)与 Zhu 等(2018)，本章在式(3-4)中添加了标准化约束 $\boldsymbol{e}\boldsymbol{v}^{\mathrm{T}}+\boldsymbol{e}\boldsymbol{u}^{\mathrm{T}}=1$。

本章通过定理 3.1 给出严格证明。

定理 3.1　当且仅当 $\boldsymbol{e}\boldsymbol{s}_o^{x*}>0$，其中"＊"表示式(3-4)的最优解，$\mathrm{DMU}_o$ 存在阻塞效应。

证明

(1)充分性。当 $\boldsymbol{e}\boldsymbol{s}_o^{x*}>0$ 时，DMU_o 存在阻塞效应。假设 $\boldsymbol{e}\boldsymbol{s}_o^{x*}>0$ 且 DMU_o 不存在阻塞效应，根据定义 3.3 可以得出，DMU_o 一定对应至少一个产出无法通过减少投入来增加的投影点($\boldsymbol{x}_k,\boldsymbol{y}_k$)，其中 $\boldsymbol{x}_k=\boldsymbol{x}_o$ 且 $\boldsymbol{y}_k\geqslant\boldsymbol{y}_o$。对于该投影点，根据定义 3.2，其产出在不改变投入的情况下无法继续增加，又由于该投影点的产出也无法通过减少投入来增加，我们一定能得到 $\boldsymbol{e}\boldsymbol{d}_k^{y*}=0$，其中"＊"表示式(3-5)的最优解。

$$
\begin{aligned}
&\max \boldsymbol{e}\boldsymbol{d}_k^{y}\\
&\text{s. t.}\quad \begin{cases}\sum_{j=1}^{n}\lambda_j\boldsymbol{x}_j=\boldsymbol{x}_k-\boldsymbol{d}_k^{x}\\ \sum_{j=1}^{n}\lambda_j\boldsymbol{y}_j=\boldsymbol{y}_k+\boldsymbol{d}_k^{y}\\ \sum_{j=1}^{n}\lambda_j=1,\lambda_j\geqslant 0(\forall j),\boldsymbol{d}_k^{x}\geqslant\boldsymbol{0},\boldsymbol{d}_k^{y}\geqslant\boldsymbol{0}\end{cases}
\end{aligned}
\tag{3-5}
$$

$$
\begin{aligned}
&\min \boldsymbol{v}\boldsymbol{x}_k-\boldsymbol{u}\boldsymbol{y}_k+\omega\\
&\text{s. t.}\quad \begin{cases}\boldsymbol{v}\boldsymbol{x}_j-\boldsymbol{u}\boldsymbol{y}_j+\omega\geqslant 0(\forall j)\\ \boldsymbol{u}\geqslant\boldsymbol{e},\boldsymbol{v}\geqslant\boldsymbol{0}^{\mathrm{T}}\end{cases}
\end{aligned}
\tag{3-6}
$$

式(3-6)是式(3-5)的对偶模型，由于式(3-5)的最优解满足 $\boldsymbol{e}\boldsymbol{d}_k^{y*}=0$，式(3-6)的最优解也一定满足 $\boldsymbol{v}^*\boldsymbol{x}_k-\boldsymbol{u}^*\boldsymbol{y}_k+\omega^*=0$。通过融合式(3-5)和式(3-6)的最优

解,可以构建式(3-4)的可行解($\boldsymbol{\lambda}^*, \boldsymbol{s}_o^x=\boldsymbol{0}, \boldsymbol{s}_o^y=\boldsymbol{y}_k-\boldsymbol{y}_o, \boldsymbol{v}^*, \boldsymbol{u}^*, \omega^*$),其中$\boldsymbol{\lambda}^*$来自式(3-5)的最优解,$\boldsymbol{v}^*$、$\boldsymbol{u}^*$和$\omega^*$来自式(3-6)的最优解。此时$\boldsymbol{s}_o^x=\boldsymbol{0}$,与式(3-4)的最优解满足$\boldsymbol{es}_o^{x*}>0$这一假设相矛盾。因此,当$\boldsymbol{es}_o^{x*}>0$时,$\mathrm{DMU}_o$存在阻塞效应。

(2)必要性。当DMU_o存在阻塞效应时,式(3-4)的最优解满足$\boldsymbol{es}_o^{x*}>0$。假设DMU_o存在阻塞效应且式(3-4)的最优解满足$\boldsymbol{es}_o^{x*}=0$,那么活动($\boldsymbol{x}_o, \boldsymbol{y}_o+\boldsymbol{s}_o^{y*}$)一定无法通过减少投入或维持投入不变来增加产出。因为如果存在另一活动($\boldsymbol{x}_p, \boldsymbol{y}_p$)满足$\boldsymbol{x}_p \leqslant \boldsymbol{x}_o$以及$\boldsymbol{y}_p \gneqq \boldsymbol{y}_o+\boldsymbol{s}_o^{y*}$,由于式(3-4)的最优解满足$\boldsymbol{v}^*(\boldsymbol{x}_o-\boldsymbol{s}_o^{x*})-\boldsymbol{u}^*(\boldsymbol{y}_o+\boldsymbol{s}_o^{y*})+\omega^*=0$这一约束,则一定有$\boldsymbol{v}^*\boldsymbol{x}_p-\boldsymbol{u}^*\boldsymbol{y}_p+\omega^*<0$。然而,因为$(\boldsymbol{x}_p, \boldsymbol{y}_p) \in P_{\mathrm{congestion}}$,所以$(\boldsymbol{x}_p, \boldsymbol{y}_p)$一定能被其他DMU线性表出,即存在$\lambda_j' \geqslant 0$满足$\sum_{j=1}^{n}\lambda_j'\boldsymbol{x}_j=\boldsymbol{x}_p$、$\sum_{j=1}^{n}\lambda_j'\boldsymbol{y}_j=\boldsymbol{y}_p$及$\sum_{j=1}^{n}\lambda_j'=1$。将$(\boldsymbol{x}_p, \boldsymbol{y}_p)$替换为$\left(\sum_{j=1}^{n}\lambda_j'\boldsymbol{x}_j, \sum_{j=1}^{n}\lambda_j'\boldsymbol{y}_j\right)$,可得$\boldsymbol{v}^*\boldsymbol{x}_p-\boldsymbol{u}^*\boldsymbol{y}_p+\omega^*=\sum_{j=1}^{n}\lambda_j'(\boldsymbol{v}^*\boldsymbol{x}_j-\boldsymbol{u}^*\boldsymbol{y}_j+\omega^*)<0$,这与式(3-4)中的约束$\boldsymbol{v}^*\boldsymbol{x}_j-\boldsymbol{u}^*\boldsymbol{y}_j+\omega^* \geqslant 0$相矛盾。因此,活动($\boldsymbol{x}_o, \boldsymbol{y}_o+\boldsymbol{s}_o^{y*}$)一定无法通过减少投入或维持投入不变来增加产出。根据定义3.2,活动($\boldsymbol{x}_o, \boldsymbol{y}_o+\boldsymbol{s}_o^{y*}$)是$\mathrm{DMU}_o$的一个投影点。由于其产出无法通过减少投入进一步改进,根据定义3.3,DMU_o不存在阻塞效应,这与DMU_o存在阻塞效应的假设相矛盾。因此,当DMU_o存在阻塞效应时,式(3-4)的最优解满足$\boldsymbol{es}_o^{x*}>0$。

根据定理3.1,式(3-4)最优解中$\boldsymbol{es}_o^{x*}$的值与阻塞效应状况相对应,即$\boldsymbol{es}_o^{x*}=0$时阻塞效应不存在,$\boldsymbol{es}_o^{x*}>0$时阻塞效应才存在,$\boldsymbol{es}_o^{x*}$的值能够反映导致阻塞效应的无效投入量,并可以用于判断阻塞效应的程度。当$\boldsymbol{es}_o^{x*}$的值越大时,导致阻塞效应的无效投入越多,阻塞效应也就越严重;相反,$\boldsymbol{es}_o^{x*}$的值越小,导致阻塞效应的无效投入越少,阻塞效应越容易被改进消除。

参考Aparicio等(2007),非线性规划模型[式(3-4)]可以被转换为混合整数规划模型[式(3-7)],进而可以转换为有限个线性规划模型。

$$
\begin{aligned}
&\min \boldsymbol{es}_o^x \\
&\text{s. t.} \begin{cases}
\sum_{j=1}^{n} \lambda_j \boldsymbol{x}_j = \boldsymbol{x}_o - \boldsymbol{s}_o^x \\
\sum_{j=1}^{n} \lambda_j \boldsymbol{y}_j = \boldsymbol{y}_o + \boldsymbol{s}_o^y \\
\sum_{j=1}^{n} \lambda_j = 1 \\
\boldsymbol{vx}_j - \boldsymbol{uy}_j + \omega - d_j = 0(\forall j) \\
\boldsymbol{ev}^{\mathrm{T}} + \boldsymbol{eu}^{\mathrm{T}} = 1 \\
\boldsymbol{s}_o^x \geqslant \boldsymbol{0}, \boldsymbol{s}_o^y \geqslant \boldsymbol{0}, \boldsymbol{u} \geqslant \varepsilon \boldsymbol{e}, \boldsymbol{v} \geqslant \boldsymbol{0}^{\mathrm{T}}, d_j \geqslant 0, \lambda_j \geqslant 0 \\
\lambda_j \leqslant Cb_j, d_j \leqslant C(1-b_j), b_j \in \{0,1\}
\end{cases}
\end{aligned}
\tag{3-7}
$$

式中,C 为足够大的实数。

本章给出定理 3.2 来证明式(3-4)与式(3-7)等价。

定理 3.2 当且仅当 $\boldsymbol{es}_o^{x*}>0$,其中“ * ”表示式(3-7)的最优解,DMU_o 存在阻塞效应。

证明

(1)充分性。当 $\boldsymbol{es}_o^{x*}>0$ 时,DMU_o 存在阻塞效应。假设 $\boldsymbol{es}_o^{x*}>0$ 且 DMU_o 不存在阻塞效应,根据定义 3.3 可以得出,DMU_o 一定对应至少一个产出无法通过减少投入来增加的投影点$(\boldsymbol{x}_k, \boldsymbol{y}_k)$,其中 $\boldsymbol{x}_k=\boldsymbol{x}_o$ 且 $\boldsymbol{y}_k \geqslant \boldsymbol{y}_o$。与定理 3.1 类似,式(3-5)的最优解满足 $\boldsymbol{ed}_k^{y*}=0$,式(3-6)的最优解满足 $\boldsymbol{v}^*\boldsymbol{x}_k-\boldsymbol{u}^*\boldsymbol{y}_k+\omega^*=0$。根据互补松弛定理,当 $\boldsymbol{v}^*\boldsymbol{x}_j-\boldsymbol{u}^*\boldsymbol{y}_j+\omega^*>0$ 时,$\lambda_j^*=0$。所以,与定理 3.1 类似,$(\boldsymbol{\lambda}^*, \boldsymbol{s}_o^x=\boldsymbol{0}, \boldsymbol{s}_o^y=\boldsymbol{y}_k-\boldsymbol{y}_o, \boldsymbol{v}^*, \boldsymbol{u}^*, \omega^*)$同样是式(3-7)的可行解,其中 $\boldsymbol{\lambda}^*$ 来自式(3-5)的最优解,$\boldsymbol{v}^*$、$\boldsymbol{u}^*$ 和 ω^* 来自式(3-6)的最优解。此时 $\boldsymbol{s}_o^x=\boldsymbol{0}$,与式(3-7)的最优解满足 $\boldsymbol{es}_o^{x*}>0$ 这一假设相矛盾。因此,当 $\boldsymbol{es}_o^{x*}>0$ 时,DMU_o 存在阻塞效应。

(2)必要性。当 DMU_o 存在阻塞效应时,式(3-7)的最优解满足 $\boldsymbol{es}_o^{x*}>0$。首先不难看出,式(3-7)的最优解同样满足 $\boldsymbol{v}^*(\boldsymbol{x}_o-\boldsymbol{s}_o^{x*})-\boldsymbol{u}^*(\boldsymbol{y}_o+\boldsymbol{s}_o^{y*})+\omega^* = \boldsymbol{v}^*\left(\sum_{j=1}^{n}\lambda_j^*\boldsymbol{x}_j\right)-\boldsymbol{u}^*\left(\sum_{j=1}^{n}\lambda_j^*\boldsymbol{y}_j\right)+\omega^* = \sum_{j=1}^{n}\lambda_j^*(\boldsymbol{v}^*\boldsymbol{x}_j-\boldsymbol{u}^*\boldsymbol{y}_j+\omega^*)=0$。假设

DMU_o 存在阻塞效应且式(3-7)的最优解满足 $\boldsymbol{es}_o^{x*}=0$，与定理 3.1 类似，可以证明活动($\boldsymbol{x}_o$，$\boldsymbol{y}_o+\boldsymbol{s}_o^{y*}$)是 DMU_o 的一个投影点，且其无法通过减少投入或维持投入不变来增加产出。根据定义 3.3，DMU_o 不存在阻塞效应，这与 DMU_o 存在阻塞效应的假设相矛盾。因此，当 DMU_o 存在阻塞效应时，式(3-7)的最优解满足 $\boldsymbol{es}_o^{x*}>0$。

其次，阻塞效应可以根据其是否可以通过增加投入加以改进消除进一步区分为相对阻塞效应和绝对阻塞效应。对于存在阻塞效应的 DMU，其相对阻塞效应与绝对阻塞效应可以通过式(3-8)和式(3-9)进行区分。

$$
\begin{aligned}
&\max \ \boldsymbol{es}_o^y \\
&\text{s. t.}\begin{cases}
\sum_{j=1}^{n}\lambda_j\boldsymbol{x}_j=\boldsymbol{x}_o-\boldsymbol{s}_o^x\\
\sum_{j=1}^{n}\lambda_j\boldsymbol{y}_j=\boldsymbol{y}_o+\boldsymbol{s}_o^y\\
\sum_{j=1}^{n}\lambda_j=1\\
\lambda_j\geqslant 0(\forall j),\boldsymbol{s}_o^x\geqslant \boldsymbol{0},\boldsymbol{s}_o^y\geqslant \boldsymbol{0}
\end{cases}
\end{aligned}
\tag{3-8}
$$

令 $\boldsymbol{es}_o^{y*}$ 表示被测 DMU_o 在式(3-8)中最优解对应的目标函数值。定义集合 E 表示所有位于前沿面上且不存在阻塞效应的 DMU：$E=\{j\mid \boldsymbol{es}_j^{y*}=0\}$。在此基础上，式(3-9)可以用于识别绝对阻塞效应。

$$
\begin{aligned}
&\max \ \boldsymbol{ep}_o^y \\
&\text{s. t.}\begin{cases}
\sum_{j\in E}\lambda_j\boldsymbol{x}_j=\boldsymbol{x}_o+\boldsymbol{p}_o^x\\
\sum_{j\in E}\lambda_j\boldsymbol{y}_j=\boldsymbol{y}_o+\boldsymbol{p}_o^y\\
\sum_{j\in E}\lambda_j=1\\
\lambda_j\geqslant 0(\forall j),\boldsymbol{p}_o^x\geqslant \boldsymbol{0},\boldsymbol{p}_o^y\geqslant \boldsymbol{0}
\end{cases}
\end{aligned}
\tag{3-9}
$$

当 DMU_o 存在相对阻塞效应时，其可以通过增加投入消除阻塞效应。而有效率且不存在阻塞效应的 DMU 与有效率且存在阻塞效应的 DMU 的区别在于在产出导向的 BCC 模型中是否效率为 1（Wei and Yan，2009），即对于根据定义 3.1

有效率的 DMU 来说,产出导向的 BCC 模型中效率为 1 与存在阻塞效应两种情况是互斥的。因此本章通过式(3-9),来探索存在阻塞效应的 DMU 在增加投入且保证产出不减少时能否改进到在规模收益可变假设下的生产前沿面[式(2-5)]上。当式(3-9)有可行解时,意味着 DMU_o 可以通过增加投入和产出,改进为在产出导向的 BCC 模型中效率为 1 的活动,从而消除阻塞效应,此时阻塞效应为相对阻塞效应;当式(3-9)没有可行解时,DMU_o 无法通过增加投入和产出来消除阻塞效应,此时存在绝对阻塞效应。因此,本章给出定理 3.3。

定理 3.3 当且仅当式(3-9)无可行解,DMU_o 存在绝对阻塞效应。

证明

(1)充分性。当式(3-9)无可行解时,DMU_o 存在绝对阻塞效应。假设式(3-9)无可行解且 DMU_o 存在相对阻塞效应,DMU_o 的阻塞效应可以通过增加投入和产出,改进到不存在阻塞效应且有效率的活动($\boldsymbol{x}_k,\boldsymbol{y}_k$),即式(3-8)中的最优解满足 $\boldsymbol{e}\boldsymbol{s}_k^{y*}=0$。假设式(3-8)的最优解为($\boldsymbol{s}_k^{x*},\boldsymbol{s}_k^{y*},\boldsymbol{\lambda}^*$),且 $\lambda_j>0$ 时,$j\in E$,如果 $\exists j\notin E$,可以将参考集 E 中的($\boldsymbol{x}_j,\boldsymbol{y}_j$)替换为产出更多的活动,来进一步增加目标函数值,这与($\boldsymbol{s}_k^{x*},\boldsymbol{s}_k^{y*},\boldsymbol{\lambda}^*$)是最优解相矛盾。此时,($\boldsymbol{p}_o^x=\boldsymbol{x}_k-\boldsymbol{x}_o,\boldsymbol{p}_o^y=\boldsymbol{y}_k-\boldsymbol{y}_o$,$\boldsymbol{\lambda}^*$)是式(3-9)的一个可行解,这与式(3-9)无可行解的假设相矛盾。因此,当式(3-9)无可行解时,DMU_o 存在绝对阻塞效应。

(2)必要性。当 DMU_o 存在绝对阻塞效应时,式(3-9)无解。假设 DMU_o 存在绝对阻塞效应且式(3-9)有最优解($\boldsymbol{p}_o^{x*},\boldsymbol{p}_o^{y*},\boldsymbol{\lambda}^*$),将活动($\hat{\boldsymbol{x}}_o,\hat{\boldsymbol{y}}_o$)=($\boldsymbol{x}_o+\boldsymbol{p}_o^{x*}$,$\boldsymbol{y}_o+\boldsymbol{p}_o^{y*}$)代入式(3-8)中,由于参考集 E 中不存在能够通过减少投入来增加产出的活动,故最优解一定满足 $\boldsymbol{e}\boldsymbol{s}_o^{y*}=0$。所以,活动($\hat{\boldsymbol{x}}_o,\hat{\boldsymbol{y}}_o$)是有效率的且其产出无法通过减少投入来减少,$DMU_o$ 可以通过增加投入和产出到($\hat{\boldsymbol{x}}_o,\hat{\boldsymbol{y}}_o$)以消除阻塞效应,其阻塞效应为相对阻塞效应,这与 DMU_o 存在绝对阻塞效应的假设不符。因此,当 DMU_o 存在绝对阻塞效应时,式(3-9)无解。

识别绝对阻塞效应与相对阻塞效应的流程图如图 3-1 所示。

以例 3.2 为例,计算式(3-4)或式(3-7),计算结果如表 3-3 所示。可以看到,根据定义 3.3,只有 DMU_3 和 DMU_4 存在阻塞效应。

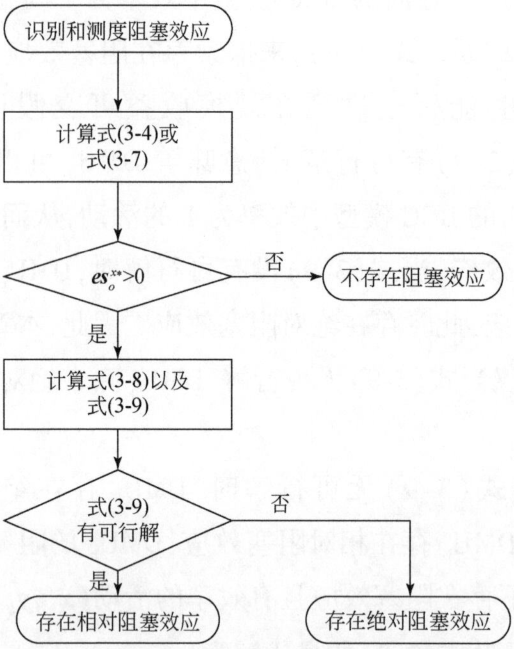

图 3-1　阻塞效应识别流程图

表 3-3　例 3.2 中 DMU 的阻塞效应状况

DMU	式(3-4)或式(3-7)中的最优解 es_o^{x*}	是否存在阻塞效应
DMU_1	0	不存在
DMU_2	0	不存在
DMU_3	5/12	存在
DMU_4	1/6	存在
DMU_5	0	不存在
DMU_6	0	不存在
DMU_7	0	不存在
DMU_8	0	不存在

针对存在阻塞效应的 DMU_3 和 DMU_4，通过计算式(3-8)和式(3-9)，可以判断其阻塞效应是绝对阻塞效应还是相对阻塞效应。式(3-8)和式(3-9)的计算结果如表 3-4 所示。在例 3.2 中，DMU_3 可以参考 DMU_8，增加投入以消除其阻塞效

应,所以 DMU_3 的阻塞效应属于相对阻塞效应。而 DMU_4 的阻塞效应无法通过增加投入加以消除,所以其阻塞效应属于绝对阻塞效应。

表 3-4 例 3.2 中 DMU 的阻塞效应分类

DMU	式(3-9)是否存在可行解	阻塞效应分类
DMU_3	存在	相对阻塞效应
DMU_4	不存在	绝对阻塞效应

3.3 阻塞效应的改进方法

如例 3.2 所示,相对阻塞效应既可以通过减少投入加以消除,也可以通过增加投入,使投入间比例达到合理区间加以消除。而绝对阻塞效应的消除一定伴随着投入的减少。本节将同时讨论消除阻塞效应的两种形式:①减少投入以消除阻塞效应;②尽可能增加投入以消除阻塞效应。与一般的最大化投入减少量以改进效率的方式不同,本节提出的阻塞效应消除方法均为最小化投入变动,以避免不存在阻塞效应的 DMU 的无谓改进。

1) 减少投入以消除阻塞效应

在通过减少投入消除阻塞效应时,最小投入减少量可以由 $\boldsymbol{s}_o^{x*}$ 表示,其中 $\boldsymbol{s}_o^{x*}$ 是式(3-4)或式(3-7)的最优解。根据定理 3.1 和定理 3.2,活动($\boldsymbol{x}_o-\boldsymbol{s}_o^{x*}$,$\boldsymbol{y}_o+\boldsymbol{s}_o^{y*}$)是有效率且不存在阻塞效应的,所以其可以被视为 DMU 减少投入消除阻塞效应的改进目标。此时,投入减少量在式(3-4)和式(3-7)中被最小化。

2) 增加投入以消除阻塞效应

增加投入是消除相对阻塞效应的一种方法。虽然增加投入无法消除绝对阻塞效应,但允许投入增加能将消除绝对阻塞效应需要减少的投入量进一步最小化。在增加投入以消除绝对阻塞效应时依旧需要减少的投入量可以被视为过度投入,因为这些投入是无法被有效利用以增加产出的。

具体地,增加投入消除阻塞效应的改进目标可以通过式(3-10)求得。

$$\min \boldsymbol{e}\boldsymbol{t}_o^x - \varepsilon \boldsymbol{e}\boldsymbol{s}_o^x$$

$$\text{s. t.} \begin{cases} \sum_{j=1}^{n} \lambda_j \boldsymbol{x}_j = \boldsymbol{x}_o - \boldsymbol{s}_o^x \\ \sum_{j=1}^{n} \lambda_j \boldsymbol{y}_j = \boldsymbol{y}_o + \boldsymbol{s}_o^y \\ \sum_{j=1}^{n} \lambda_j = 1 \\ \boldsymbol{v}\boldsymbol{x}_j - \boldsymbol{u}\boldsymbol{y}_j + \omega \geqslant 0(\forall j) \\ \boldsymbol{v}(\boldsymbol{x}_o - \boldsymbol{s}_o^x) - \boldsymbol{u}(\boldsymbol{y}_o + \boldsymbol{s}_o^y) + \omega = 0 \\ \boldsymbol{e}\boldsymbol{v}^{\mathrm{T}} + \boldsymbol{e}\boldsymbol{u}^{\mathrm{T}} = 1 \\ \lambda_j \geqslant 0(\forall j), \boldsymbol{t}_o^x \geqslant \boldsymbol{s}_o^x, \boldsymbol{t}_o^x \geqslant \boldsymbol{0}, \boldsymbol{s}_o^y \geqslant \boldsymbol{0}, \boldsymbol{u} \geqslant \varepsilon \boldsymbol{e}, \boldsymbol{v} \geqslant \boldsymbol{0}^{\mathrm{T}} \end{cases} \tag{3-10}$$

式(3-10)删除了式(3-4)中 $\boldsymbol{s}_o^x \geqslant \boldsymbol{0}$ 的约束,从而允许投入增加来消除阻塞效应。式(3-10)中引入变量 $\boldsymbol{t}_o^x$ 来表示变量 $\boldsymbol{s}_o^x$ 中大于0的元素,首先在允许投入增加的情况下最小化 $\boldsymbol{e}\boldsymbol{t}_o^x$ 以最小化投入减少量,其次最大化 $\boldsymbol{s}_o^x$ 中小于0的元素,使其趋近于0,从而保证不存在阻塞效应的DMU不会被改进。如果只有部分投入指标可以增加,则可加入约束 $s_{io}^x \geqslant 0(i \in U)$,其中 U 表示消除阻塞效应时无法继续增加的投入指标集合。在式(3-10)中,当 $\boldsymbol{e}\boldsymbol{t}_o^x > 0$ 时,阻塞效应无法通过单纯增加投入来消除,消除阻塞效应时减少投入是必要的。详细证明见定理3.4。

定理3.4 当且仅当 $\boldsymbol{e}\boldsymbol{t}_o^{x*} > 0$,其中"*"表示式(3-10)的最优解,$\text{DMU}_o$存在绝对阻塞效应。

证明

(1)充分性。当 $\boldsymbol{e}\boldsymbol{t}_o^{x*} > 0$ 时,DMU_o 存在绝对阻塞效应。假设 $\boldsymbol{e}\boldsymbol{t}_o^{x*} > 0$ 且 DMU_o 不存在绝对阻塞效应,即 DMU_o 的阻塞效应可以通过增加投入来消除。令有效率且不存在阻塞效应的活动$(\boldsymbol{x}_k, \boldsymbol{y}_k)$表示 DMU_o 增加投入消除阻塞效应的改进目标,其中 $\boldsymbol{x}_k \geqslant \boldsymbol{x}_o$ 且 $\boldsymbol{y}_k \geqslant \boldsymbol{y}_o$。与定理3.1类似,$(\boldsymbol{t}_o^x = \boldsymbol{0}, \boldsymbol{s}_o^x = \boldsymbol{x}_o - \boldsymbol{x}_k \leqslant \boldsymbol{0}, \boldsymbol{s}_o^y = \boldsymbol{y}_k - \boldsymbol{y}_o)$ 是式(3-10)的可行解,这与 $\boldsymbol{e}\boldsymbol{t}_o^{x*} > 0$ 的假设相矛盾。因此,当 $\boldsymbol{e}\boldsymbol{t}_o^{x*} > 0$ 时,DMU_o 存在绝对阻塞效应。

(2)必要性。当 DMU_o 存在绝对阻塞效应时,式(3-10)的最优解满足$\boldsymbol{et}_o^{x*}>0$。假设 DMU_o 存在绝对阻塞效应且式(3-10)的最优解满足 $\boldsymbol{et}_o^{x*}=0$,与定理3.1类似,可以推导出$(\boldsymbol{x}_o-\boldsymbol{s}_o^{x*},\boldsymbol{y}_o+\boldsymbol{s}_o^{y*})$是不存在阻塞效应的,由于 $\boldsymbol{t}_o^{x*}$ 表示 $\boldsymbol{s}_o^{x*}$ 中大于0的元素且 $\boldsymbol{et}_o^{x*}=0$,可以得出 $\boldsymbol{s}_o^{x*}\leqslant\boldsymbol{0}$。此时,通过增加投入改进为$(\boldsymbol{x}_o-\boldsymbol{s}_o^{x*},\boldsymbol{y}_o+\boldsymbol{s}_o^{y*})$来消除阻塞效应是可行的,这与 DMU_o 存在绝对阻塞效应的假设相矛盾。因此,当 DMU_o 存在绝对阻塞效应时,式(3-10)的最优解满足 $\boldsymbol{et}_o^{x*}>0$。

与非线性规划模型[式(3-4)]可以被转换为混合整数规划模型[式(3-7)]类似,非线性规划模型[式(3-10)]同样可以被转换为混合整数规划模型[式(3-11)]。

$$
\begin{aligned}
&\min \boldsymbol{et}_o^x-\varepsilon\boldsymbol{es}_o^x\\
&\text{s. t.}\begin{cases}
\sum_{j=1}^{n}\lambda_j\boldsymbol{x}_j=\boldsymbol{x}_o-\boldsymbol{s}_o^x\\
\sum_{j=1}^{n}\lambda_j\boldsymbol{y}_j=\boldsymbol{y}_o+\boldsymbol{s}_o^y\\
\sum_{j=1}^{n}\lambda_j=1\\
\boldsymbol{vx}_j-\boldsymbol{uy}_j+\omega-d_j=0(\forall j)\\
\boldsymbol{ev}^{\mathrm{T}}+\boldsymbol{eu}^{\mathrm{T}}=1\\
\boldsymbol{t}_o^x\geqslant\boldsymbol{s}_o^x,\boldsymbol{t}_o^x\geqslant\boldsymbol{0},\boldsymbol{s}_o^y\geqslant\boldsymbol{0},\boldsymbol{u}\geqslant\varepsilon\boldsymbol{e},\boldsymbol{v}\geqslant\boldsymbol{0}^{\mathrm{T}},d_j\geqslant0,\lambda_j\geqslant0\\
\lambda_j\leqslant Cb_j,d_j\leqslant C(1-b_j),b_j\in\{0,1\}
\end{cases}
\end{aligned}
\tag{3-11}
$$

定理3.5 当且仅当 $\boldsymbol{et}_o^{x*}>0$,其中"*"表示式(3-11)的最优解,DMU_o 存在绝对阻塞效应。

证明 参考定理3.2以及定理3.4。

通过求解式(3-10)或式(3-11),活动$(\boldsymbol{x}_o-\boldsymbol{s}_o^{x*},\boldsymbol{y}_o+\boldsymbol{s}_o^{y*})$可以被视为 DMU_o 增加投入消除阻塞效应时的改进目标。$\boldsymbol{s}_o^{x*}$ 中大于0的元素表示对应的投入指标的减少量,$\boldsymbol{s}_o^{x*}$ 中小于0的元素则表示对应的投入指标的增加量。当仅通过增加投入无法消除阻塞效应时,$\boldsymbol{s}_o^{x*}$ 中存在大于0的元素,即 $\boldsymbol{et}_o^{x*}>0$,此时,存在绝对阻塞效应,而 $\boldsymbol{t}_o^{x*}$ 表示消除阻塞效应时必要的投入减少量,本书称其为过度投入量。3.4 节将以中国高校 R&D 活动为例,展示本节提出的阻塞效应识别与测度方法在评估过度投入状况中的应用。

3.4 实证研究:中国高校 R&D 活动阻塞效应

3.4.1 中国高校 R&D 活动研究背景

改革开放以来,我国凭借大量的资源投入和低成本劳动力的优势,取得了经济发展上的辉煌成就。但是近年来,随着资源环境约束趋紧和劳动力成本上升,中国已经意识到经济发展要摆脱传统的粗放式发展模式,推动经济高质量发展。因此,国家高度重视科学技术发展,力求使我国在新一轮科技革命和产业升级中走在前列。

在科技是第一生产力的共识下,中国促进科学技术发展的投入逐年增加。从中国高校 R&D 活动来看,2018 年中国高校 R&D 经费是 2013 年的 1.7 倍,达到 1457.9 亿元[①②];R&D 全日制研发人员当量 41.1 万人年,约是 2013 年的 1.26 倍[③]。在持续增加的 R&D 活动投入的支持下,中国自 2016 年以来成为发表论文数最多的国家。中国高校在 2018 年发表 SCI 论文约 32 万篇,授权专利 7.5 万件。而在中美竞争日益激烈的背景下,中国政府越来越意识到“核心技术靠化缘是要不来的,只有自力更生”,持续增加 R&D 活动投入势在必行。《国家创新驱动发展战略纲要》中指出,到 2030 年跻身创新型国家前列是中国的发展目标之一,为此设定了 R&D 经费支出在 2030 年要占到国内生产总值 2.8% 的目标,而 2018 年研发支出占国内生产总值的比例仅为 2.19%[①],这意味着 R&D 活动的投入势必将继续增加。

近年来,许多学者对高校绩效开展了研究,教学效率、研究效率、运营效率、

① 国家统计局,科学技术部,财政部. 2018 年全国科技经费投入统计公报. https://www.most.gov.cn/kjbgz/201909/t20190903_148573.html[2022-06-30].

② 国家统计局,科学技术部,财政部. 2013 年全国科技经费投入统计公报. https://www.most.gov.cn/xxgk/xinxifenlei/fdzdgknr/kjtjbg/kjtj2014/201506/t20150603_119846.html[2022-06-30].

③ 《2018 年我国高等学校 R&D 活动统计分析》. https://www.safea.gov.cn/xxgk/xinxifenlei/fdzdgknr/kjtjbg/kjtj2020/202004/P020200426610722656530.pdf[2022-06-30].

财政效率以及合作效率是学者们研究的主要方向。Salas-Velasco(2020)运用DEA方法来评估西班牙科研机构的效率,发现DEA效率能够很好地匹配西班牙高校的排名,因此他认为DEA方法是一个非常有效的绩效评估工具。Duan等(2008)运用多阶段DEA方法研究了政府资助对澳大利亚高校教学效率的影响。Aoki等(2010)运用DEA方法从管理、教学、科研、财务、成果、影响力等方面评估了日本31所大学的绩效。Pranesh等(2013)用DEA方法测度了10所印度科研机构的效率。Monfared和Safi(2013)将伊朗高校活动划分为教学和科研两个阶段,通过网络DEA模型估计了伊朗高校的教学和科研效率。Lee和Worthington(2016)应用网络DEA模型从产出数量和质量两方面测度了澳大利亚高校的效率。Frenken等(2017)通过回归分析发现不同国家大学科研绩效的差异主要是由大学规模、国家定位以及学科方向不同导致的。Guironnet和Peypoch(2018)运用DEA方法对比了美国城市地区与农村地区间、公立大学与私立大学间的教学效率与研究效率。Kuah和Wong(2011)运用DEA方法评估了30所大学的教学效率、研究效率以及综合效率。Moreno-Gómez等(2019)运用DEA方法评估了哥伦比亚高校的效率,发现博士生导师的数量与效率呈正相关关系。Contreras和Lozano(2020)基于科研机构自由协商原则提出了在不同谈判模型下的资源分配方案。Agasisti等(2020)通过DEA方法评估了俄罗斯高校的效率,并探索了俄罗斯的高校合并政策对其高校效率的影响。Contreras和Lozano(2021)探索了西班牙公立大学通过拆分与合并以提高效率的方案。Kounetas等(2011)测度了希腊高校学术部门的绩效,并发现建筑物所有权以及部门设施与绩效呈正相关关系。

学者们也广泛研究了中国高校的绩效水平。Tian和Li(2012)从培养人才、科学研究、服务社会、传承文化四个方面选取投入产出指标评估了中国大学技术效率、纯技术效率以及规模效率。Wu和Yuan(2014)首先通过因子分析整合了投入产出指标,然后通过DEA方法测度了中国高校的科研绩效。Duh等(2014)通过DEA方法测度了台湾高校的运营效率,发现内部控制程度与效率呈负相关关系。Wang等(2015)运用回归分析探索了中国高校学术研究绩效与产学合作的关系,他们发现合作广度与学术研究绩效呈线性相关,合作深度与学术研究绩效之间呈非线性相关。Wang等(2016)进一步研究了中国校企合作与大学教学绩效之间的关系。Wang C 等(2017)运用基于松弛变量的超效率 DEA 模型以及 Malmquist 指数来测度中国研究型大学的绩效,他们发现在 2000~2015 年,中国研究型大学的平均效率呈上升趋势。An 等(2019)将科研活动分为研究开发和研究应用两个阶段,并运用两阶段 DEA 模型评估了中国高校的科研绩效。Hou 等(2019)评估了中国高校的产学合作效率,发现中国高校在知识转移方面的效率比西方国家的高校低。Wang(2019)在绩效评估的基础上提出了一种中国高校资金分配方案。Han(2020)通过在 DEA 方法中引入虚拟 DMU,测度了广西六所高校的财务绩效。Jiang 等(2020)运用 DEA 方法测度了中国高校的效率,他们发现"985"工程高校的效率整体要高于"211"工程高校。

通过综述现有研究可以发现:①高校绩效评估已经成为各国学者共同关注的话题,而 DEA 方法因处理多投入多产出指标的优势,而成了高校绩效评估的主流方法之一;②目前对高校 R&D 活动阻塞效应的相关研究十分匮乏。本节通过识别和测度中国高校 R&D 活动阻塞效应,能够帮助决策者评估中国高校 R&D 活动的过度投入状况,从而提高我国高校 R&D 活动投入的有效性。

3.4.2 中国高校 R&D 活动投入产出指标

结合现有研究的投入产出指标以及数据的可获得性,本节选取 R&D 全时人员、R&D 经费支出为投入指标,选取科技专著、论文、专利授权数、培养研究生、获奖数量为产出指标。R&D 活动示意图如图 3-2 所示。

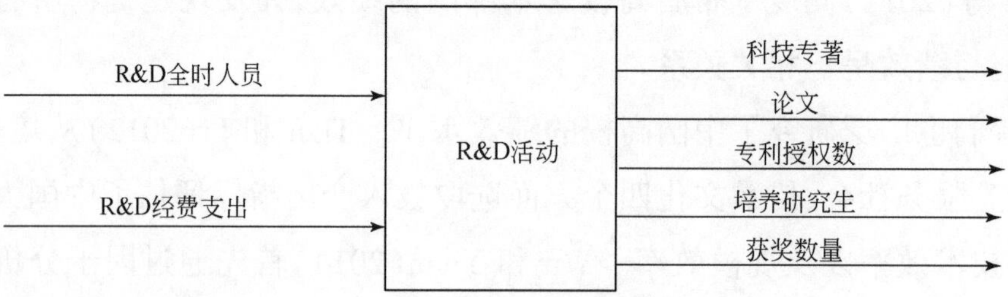

图 3-2 R&D 活动示意图

投入产出指标及其计量单位见表 3-5,各投入产出指标的具体解释如下。

表 3-5 投入产出指标

变量	投入产出指标	类型	计量单位
x_1	R&D 全时人员	投入	位
x_2	R&D 经费支出	投入	万元
y_1	科技专著	产出	本
y_2	论文	产出	篇
y_3	专利授权数	产出	件
y_4	培养研究生	产出	位
y_5	获奖数量	产出	次

(1)R&D 全时人员。R&D 全时人员表示每所大学从事 R&D 活动的专职人员数量,该数据源自《高等学校科技统计资料汇编》(2014 ~2018 年)。

(2)R&D 经费支出。R&D 经费支出包含劳务费、业务费、转拨外单位的经费以及其他费用,该数据来源于《高等学校科技统计资料汇编》(2014 ~2018 年)。在进行分析和计算前,R&D 经费支出根据经济合作与发展组织(Organisation for Economic Co-operation and Development,OECD)公布的消费者价格指数(Consumer Price Index,CPI)以 2015 年为基年进行了平减,CPI 如表 3-6 所示。

表 3-6 以 2015 年为基年的 CPI

指数	2013 年	2014 年	2015 年	2016 年	2017 年
CPI	96.72	98.58	100	102	103.6

资料来源:OECD(2020),Inflation(CPI)(indicator). https://doi.org/10.1787/54a3bf57-en(2020-09-17)[2021-09-20]

(3)科技专著。科技专著指高校每年出版的科技专著数量,该数据源自《高等学校科技统计资料汇编》(2014 ~2018 年)。

(4)论文。论文指高校每年在国际或国内期刊发表的论文数量,该数据源自《高等学校科技统计资料汇编》(2014 ~2018 年)。

(5)专利授权数。专利授权数指每年的有效专利数量,该数据源自《高等学校科技统计资料汇编》(2014 ~2018 年)。

(6)培养研究生。培养研究生指参与过 R&D 活动的在读研究生人数,包括基础研究、应用研究、试验发展、R&D 成果应用以及科技服务相关活动,该数据源自《高等学校科技统计资料汇编》(2014～2018年)。

(7)获奖数量。获奖数量为每年获得国家级重要奖项的次数,奖项包括国家自然科学奖、国家技术发明奖以及国家科技进步奖,该数据源自《高等学校科技统计资料汇编》(2014～2018年)。

各投入产出指标的描述性统计如表3-7所示。图3-3描述了各指标平均值在2013～2017年的变化情况。从各指标平均值的变化趋势可以看出,中国高校平均R&D经费支出持续上涨,平均R&D全时人员在2013～2015年以及2016～2017年上升,而在2015～2016年有所下降。在平均R&D经费支出以及平均R&D全时人员不断增加的支撑下,平均论文、平均培养研究生以及平均专利授权数呈现出上升的趋势。

表3-7　描述性统计

年份	统计指标	R&D全时人员(x_1)/位	R&D经费支出(x_2)/万元	科技专著(y_1)/本	论文(y_2)/篇	专利授权数(y_3)/件	培养研究生(y_4)/位	获奖数量(y_5)/次
2013	最大值	3 497	393 861. 97	102	13 019	2 147	16 620	18
	最小值	27	1 653. 33	0	57	0	93	0
	最大值-最小值	3 470	392 208. 64	102	12 962	2 147	16 527	18
	平均值	831. 265 6	85 251. 43	29. 406 3	3 873. 359 4	447. 140 6	4 726. 312 5	2. 734 4
	中位数	635	63 932. 85	27. 5	3 200. 5	333	3 988	2
	标准差	692. 469 5	73 246. 18	21. 723 9	2 935. 988 1	447. 947 6	3 206. 360 3	3. 275 1
2014	最大值	4 833	38 4394. 10	81	12 850	2 080	15 986	17
	最小值	24	1 540. 98	0	26	0	85	0
	最大值-最小值	4 809	382 853. 12	81	12 824	2 080	15 901	17
	平均值	877. 7656	85 896. 22	28. 25	3 983. 796 9	434. 125	4 875. 718 8	2. 593 8
	中位数	661. 5	62 374. 52	22	2 733	334. 5	4 123. 5	2
	标准差	779. 521 8	75 868. 93	20. 519	2 911. 330 2	383. 507 9	3 357. 406 1	2. 897 8
2015	最大值	5 659	402 168. 40	165	14 087	2 487	16 065	19
	最小值	10	1 655. 50	1	45	0	37	0
	最大值-最小值	5 649	400 512. 90	164	14 042	2 487	16 028	19
	平均值	909. 093 8	90 742. 36	32. 312 5	4 380. 984 4	549. 328 1	4 918. 578 1	2. 828 1
	中位数	696	70 841. 00	26	3 294. 5	399	4 126	2
	标准差	854. 352 5	79 328. 81	28. 842 7	3 235. 364 2	485. 744 7	3 338. 467 4	3. 184 7

续表

年份	统计指标	R&D 全时人员(x_1)/位	R&D 经费支出(x_2)/万元	科技专著(y_1)/本	论文(y_2)/篇	专利授权数(y_3)/件	培养研究生(y_4)/位	获奖数量(y_5)/次
2016	最大值	5 013	389 320. 10	90	14 836	2 338	15 894	22
	最小值	9	1 547. 45	1	56	0	33	0
	最大值-最小值	5 004	387 772. 65	89	14 780	2 338	15 861	22
	平均值	891. 078 1	95 192. 58	32. 078 1	4 543. 531 3	625. 140 6	5 199. 359 4	2. 625
	中位数	678	63 516. 62	24. 5	3 520. 5	475. 5	4 680. 5	2
	标准差	789. 702 6	88 096. 26	21. 743	3 338. 601 7	514. 635 9	3 363. 771 4	3. 351 8
2017	最大值	4 985	406 473. 26	103	13 645	2 404	15 746	18
	最小值	9	1 283. 11	2	78	0	12	0
	最大值-最小值	4 976	405 190. 15	101	13 567	2 404	15 734	18
	平均值	935. 921 9	106 276. 65	31. 093 8	4 777. 531 3	680. 203 1	5 235. 109 4	2. 593 8
	中位数	688	73 113. 37	25	3 876. 5	473	4 468. 5	2
	标准差	810. 432 8	96 816. 02	22. 862 2	3 432. 008 6	550. 168 2	3 272. 480 7	3. 315 3

资料来源:《高等学校科技统计资料汇编》(2014～2018 年)。

注:为表示真实数据,表中人数等数值没有刻意取整

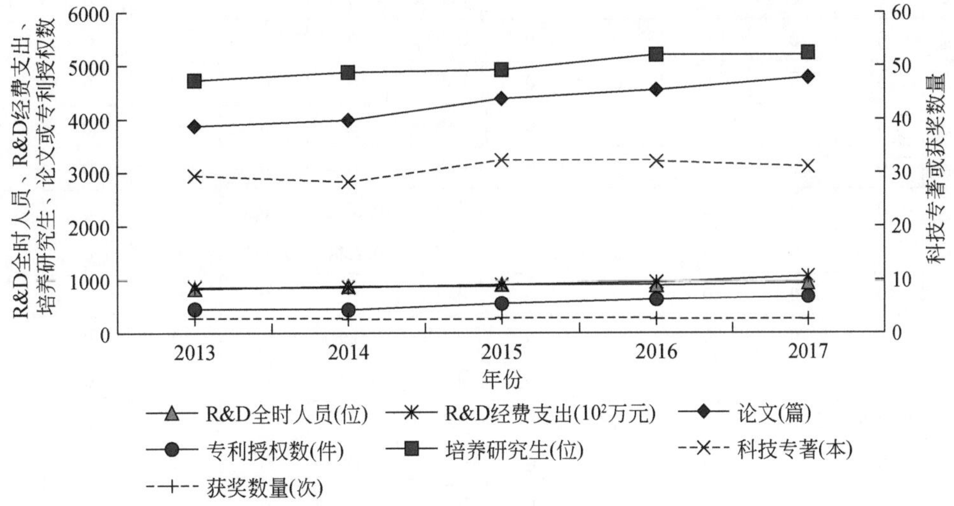

图 3-3　各指标平均值的变化情况

资料来源:《高等学校科技统计资料汇编》(2014～2018 年)

3.4.3　中国高校 R&D 活动阻塞效应情况

中国高校 R&D 活动的阻塞效应程度可以通过式(3-4)或式(3-7)的最优解

es_o^{x*} 来反映。本节使用式(3-7)来进行计算,计算结果如表3-8所示。通过加总各DMU的阻塞效应程度,可以粗略反映阻塞效应程度在2013~2017年的变化趋势(图3-4)。阻塞效应程度总体呈现下降趋势,在2013~2015以及2016~2017年下降,但在2015~2016年有所反弹。从无效投入量来看,阻塞效应程度在2015年达到最低值;而从存在阻塞效应的DMU的数量来看,2017年存在阻塞效应的DMU的数量最少,只有1个存在阻塞效应的DMU。

表3-8　各DMU的阻塞效应程度

DMU	2013年	2014年	2015年	2016年	2017年	DMU	2013年	2014年	2015年	2016年	2017年
DMU_1	0	0	0	0	0	DMU_{27}	0	0	0	0	0
DMU_2	0	0	0	0	0	DMU_{28}	0	0	0	0	0
DMU_3	0	0	0	0	0	DMU_{29}	0	0	0	0	0
DMU_4	0	0	0	0	0	DMU_{30}	0	0	0	0	0
DMU_5	0	0	0	0	0	DMU_{31}	0	0	0	0.0259	0
DMU_6	0	0	0	0	0	DMU_{32}	0.0441	0	0	0	0
DMU_7	0	0	0	0	0	DMU_{33}	0	0	0	0	0
DMU_8	0	0	0	0.0633	0	DMU_{34}	0	0	0	0	0
DMU_9	0	0	0	0	0	DMU_{35}	0	0	0	0	0
DMU_{10}	0	0	0	0	0	DMU_{36}	0	0	0	0	0
DMU_{11}	0	0	0	0	0	DMU_{37}	0	0	0.1566	0	0
DMU_{12}	0	0	0	0	0	DMU_{38}	0	0	0	0	0
DMU_{13}	0	0	0	0	0	DMU_{39}	0	0	0	0	0
DMU_{14}	0	0	0	0	0	DMU_{40}	0.0253	0	0	0	0
DMU_{15}	0	0	0	0	0	DMU_{41}	0.4590	0.2945	0	0	0
DMU_{16}	0	0	0	0	0	DMU_{42}	0	0	0	0	0
DMU_{17}	0	0	0	0	0	DMU_{43}	0.0283	0.0272	0	0	0
DMU_{18}	0	0	0	0	0	DMU_{44}	0	0	0	0	0
DMU_{19}	0.0644	0.0146	0	0.0782	0	DMU_{45}	0	0	0	0	0
DMU_{20}	0	0	0	0	0	DMU_{46}	0	0	0	0	0
DMU_{21}	0.1059	0	0	0.0430	0	DMU_{47}	0	0	0	0	0
DMU_{22}	0.6505	0.7440	0	0	0	DMU_{48}	0.0347	0	0	0	0
DMU_{23}	0	0	0	0	0	DMU_{49}	0	0	0	0	0
DMU_{24}	0	0	0	0	0	DMU_{50}	0	0	0	0	0
DMU_{25}	0.0755	0.0129	0	0.1904	0.3434	DMU_{51}	0	0	0	0	0
DMU_{26}	0.2142	0.0449	0	0.5308	0	DMU_{52}	0.2011	0.2117	0	0	0

续表

DMU	2013 年	2014 年	2015 年	2016 年	2017 年	DMU	2013 年	2014 年	2015 年	2016 年	2017 年
DMU_{53}	0	0	0	0	0	DMU_{59}	0	0	0	0	0
DMU_{54}	0	0	0	0	0	DMU_{60}	0	0	0	0.0248	0
DMU_{55}	0.0264	0	0	0	0	DMU_{61}	0	0	0	0	0
DMU_{56}	0.1498	0	0	0	0	DMU_{62}	0	0	0	0	0
DMU_{57}	0	0	0	0	0	DMU_{63}	0	0	0	0	0
DMU_{58}	0	0	0	0	0	DMU_{64}	0	0	0.0882	0	0

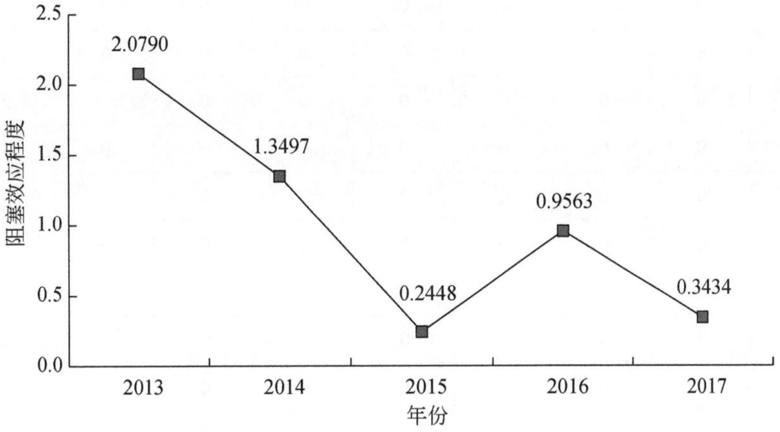

图 3-4 阻塞效应程度变化趋势

表 3-9 列出了还原标准化数据后各 DMU 的无效投入量，而表 3-10 展示了各 DMU 在 2013～2017 年的无效投入量之和，可以看出，无效的 R&D 全时人员在 2013～2014 年增加，在 2014 年达到峰值后逐渐减少；而无效的 R&D 经费支出在 2013～2015 年以及 2016～2017 年逐渐减少，但在 2015～2016 年有所增加，并在 2016 年到达峰值。

各年份无效投入占当年投入的比例如图 3-5 所示，在不考虑减少 R&D 全时人员以及减少 R&D 经费支出在消除阻塞效应时的替代作用时，在 2013～2015 年，无效的 R&D 全时人员占比高于无效的 R&D 经费支出占比，而在 2016～2017 年，无效的 R&D 经费支出占比高于无效的 R&D 全时人员占比。

表 3-9　各 DMU 的无效投入量

DMU	2013 年		2014 年		2015 年		2016 年		2017 年	
	R&D 全时人员/位	R&D 经费支出/万元	R&D 全时人员/位	R&D 经费支出/万元	R&D 全时人员/位	R&D 经费支出/万元	R&D 全时人员/位	R&D 经费支出/万元	R&D 全时人员/位	R&D 经费支出/万元
DMU_1	0	0	0	0	0	0	0	0	0	0
DMU_2	0	0	0	0	0	0	0	0	0	0
DMU_3	0	0	0	0	0	0	0	0	0	0
DMU_4	0	0	0	0	0	0	0	0	0	0
DMU_5	0	0	0	0	0	0	0	0	0	0
DMU_6	0	0	0	0	0	0	0	0	0	0
DMU_7	0	0	0	0	0	0	0	0	0	0
DMU_8	0	0	0	0	0	0	0	24 541. 51	0	0
DMU_9	0	0	0	0	0	0	0	0	0	0
DMU_{10}	0	0	0	0	0	0	0	0	0	0
DMU_{11}	0	0	0	0	0	0	0	0	0	0
DMU_{12}	0	0	0	0	0	0	0	0	0	0
DMU_{13}	0	0	0	0	0	0	0	0	0	0
DMU_{14}	0	0	0	0	0	0	0	0	0	0
DMU_{15}	0	0	0	0	0	0	0	0	0	0
DMU_{16}	0	0	0	0	0	0	0	0	0	0
DMU_{17}	0	0	0	0	0	0	0	0	0	0
DMU_{18}	0	0	0	0	0	0	0	0	0	0
DMU_{19}	0	25 268. 25	0	5 580. 43	0	0	0	30 316. 55	0	0
DMU_{20}	0	0	0	0	0	0	0	0	0	0
DMU_{21}	0	41 520. 74	0	0	0	0	0	16 658. 32	0	0
DMU_{22}	2 257. 112 0	0	3 577. 710 7	0	0	0	0	0	0	0
DMU_{23}	0	0	0	0	0	0	0	0	0	0
DMU_{24}	0	0	0	0	0	0	0	0	0	0
DMU_{25}	0	29 618. 22	0	4 922. 20	0	0	0	73 828. 35	0	1 391. 537 2
DMU_{26}	0	83 998. 73	0	17 177. 71	0	0	0	205 827. 60	0	0
DMU_{27}	0	0	0	0	0	0	0	0	0	0
DMU_{28}	0	0	0	0	0	0	0	0	0	0

续表

DMU	2013 年		2014 年		2015 年		2016 年		2017 年	
	R&D 全时人员/位	R&D 经费支出/万元	R&D 全时人员/位	R&D 经费支出/万元	R&D 全时人员/位	R&D 经费支出/万元	R&D 全时人员/位	R&D 经费支出/万元	R&D 全时人员/位	R&D 经费支出/万元
DMU_{29}	0	0	0	0	0	0	0	0	0	0
DMU_{30}	0	0	0	0	0	0	0	0	0	0
DMU_{31}	0	0	0	0	0	0	0	10 044. 96	0	0
DMU_{32}	0	17 307. 74	0	0	0	0	0	0	0	0
DMU_{33}	0	0	0	0	0	0	0	0	0	0
DMU_{34}	0	0	0	0	0	0	0	0	0	0
DMU_{35}	0	0	0	0	0	0	0	0	0	0
DMU_{36}	0	0	0	0	0	0	0	0	0	0
DMU_{37}	0	0	0	0	88 454. 43	0	0	0	0	0
DMU_{38}	0	0	0	0	0	0	0	0	0	0
DMU_{39}	0	0	0	0	0	0	0	0	0	0
DMU_{40}	0	9 918. 42	0	0	0	0	0	0	0	0
DMU_{41}	1 592. 646 6	0	1 416. 318 8	0	0	0	0	0	0	0
DMU_{42}	0	0	0	0	0	0	0	0	0	0
DMU_{43}	98. 074 2	0	130. 864 3	0	0	0	0	0	0	0
DMU_{44}	0	0	0	0	0	0	0	0	0	0
DMU_{45}	0	0	0	0	0	0	0	0	0	0
DMU_{46}	0	0	0	0	0	0	0	0	0	0
DMU_{47}	0	0	0	0	0	0	0	0	0	0
DMU_{48}	0	13 615. 49	0	0	0	0	0	0	0	0
DMU_{49}	0	0	0	0	0	0	0	0	0	0
DMU_{50}	0	0	0	0	0	0	0	0	0	0
DMU_{51}	0	0	0	0	0	0	0	0	0	0
DMU_{52}	697. 699 9	0	1 017. 983 0	0	0	0	0	0	0	0
DMU_{53}	0	0	0	0	0	0	0	0	0	0
DMU_{54}	0	0	0	0	0	0	0	0	0	0
DMU_{55}	91. 546 9	0	0	0	0	0	0	0	0	0
DMU_{56}	519. 647 8	0	0	0	0	0	0	0	0	0

续表

DMU	2013 年		2014 年		2015 年		2016 年		2017 年	
	R&D 全时人员/位	R&D 经费支出/万元	R&D 全时人员/位	R&D 经费支出/万元	R&D 全时人员/位	R&D 经费支出/万元	R&D 全时人员/位	R&D 经费支出/万元	R&D 全时人员/位	R&D 经费支出/万元
DMU_{57}	0	0	0	0	0	0	0	0	0	0
DMU_{58}	0	0	0	0	0	0	0	0	0	0
DMU_{59}	0	0	0	0	0	0	0	0	0	0
DMU_{60}	0	0	0	0	0	0	0	9 615. 14	0	0
DMU_{61}	0	0	0	0	0	0	0	0	0	0
DMU_{62}	0	0	0	0	0	0	0	0	0	0
DMU_{63}	0	0	0	0	0	0	0	0	0	0
DMU_{64}	0	0	0	0	498. 296 8	0	0	0	0	0

注：为表示真实数据，表中表示人数等数值没有刻意取整

表 3-10　各年份的无效投入量之和

年份	R&D 全时人员/位	R&D 经费支出/万元
2013	5 256. 727 3	221 247. 59
2014	6 142. 876 8	27 680. 34
2015	1 382. 841 1	0
2016	0	370 832. 43
2017	0	139 153. 72

注：为表示真实数据，表中表示人数等数值没有刻意取整

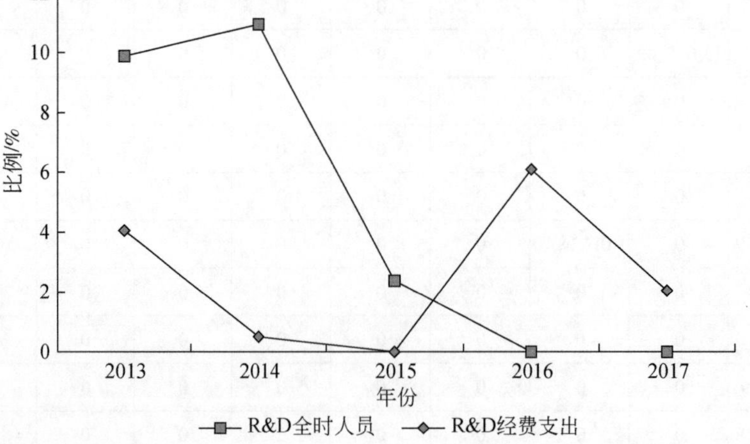

图 3-5　中国高校 R&D 活动无效投入占比

然而，在消除阻塞效应时，减少 R&D 全时人员与减少 R&D 经费支出可能存在替代作用。因此，仅通过求解式(3-7)还不足以判断导致阻塞效应的主要原因是无效的 R&D 全时人员还是无效的 R&D 经费支出。更进一步地，通过替换式(3-7)的目标函数，即①先最小化 R&D 全时人员的减少量，再最小化 R&D 经费支出的减少量；或者②先最小化 R&D 经费支出的减少量，再最小化 R&D 全时人员的减少量，无论采用哪种目标函数，无效投入量占比都与图 3-5 一致。因此，可以得出结论，2013 ~ 2015 年，阻塞效应的成因主要源自无效的 R&D 全时人员，而 2016 ~ 2017 年，阻塞效应的成因转变为无效的 R&D 经费支出。

如 3. 3 节所述，增加投入同样是消除阻塞效应的途径之一，2013 ~ 2017 年中国高校 R&D 活动存在阻塞效应并不意味着过度投入。通过求解式(3-11)，本章更进一步分析了中国高校 R&D 活动中的过度投入量。表 3-11 为各 DMU 增加投入消除阻塞效应时的最少投入减少量，其中负值表示该项投入需要增加。不难发现，绝大多数阻塞效应都属于相对阻塞效应，即可以通过增加投入加以消除。绝对阻塞效应只存在于 2013 年与 2014 年的 DMU_{22} 中。2013 年，DMU_{22} 约有 786 位过度投入的 R&D 全时人员，这一数字在 2014 年上升至 2039 位。由于 2015 ~ 2017 年不存在绝对阻塞效应，因此可以认为中国高校 R&D 投入整体上是不过度的，继续增加投入以鼓励 R&D 产出是可行的，但是 R&D 全时人员与 R&D 经费支出的投入比例还有进一步优化的空间。

表 3-11　各 DMU 增加投入消除阻塞效应时的最少投入减少量

DMU	2013 年		2014 年		2015 年		2016 年		2017 年	
	R&D 全时人员/位	R&D 经费支出/万元	R&D 全时人员/位	R&D 经费支出/万元	R&D 全时人员/位	R&D 经费支出/万元	R&D 全时人员/位	R&D 经费支出/万元	R&D 全时人员/位	R&D 经费支出/万元
DMU_1	0	0	0	0	0	0	0	0	0	0
DMU_2	0	0	0	0	0	0	0	0	0	0
DMU_3	0	0	0	0	0	0	0	0	0	0
DMU_4	0	0	0	0	0	0	0	0	0	0
DMU_5	0	0	0	0	0	0	0	0	0	0
DMU_6	0	0	0	0	0	0	0	0	0	0
DMU_7	0	0	0	0	0	0	0	0	0	0

续表

DMU	2013 年		2014 年		2015 年		2016 年		2017 年	
	R&D 全时人员/位	R&D 经费支出/万元	R&D 全时人员/位	R&D 经费支出/万元	R&D 全时人员/位	R&D 经费支出/万元	R&D 全时人员/位	R&D 经费支出/万元	R&D 全时人员/位	R&D 经费支出/万元
DMU_8	0	0	0	0	0	0	-116. 579 6	0	0	0
DMU_9	0	0	0	0	0	0	0	0	0	0
DMU_{10}	0	0	0	0	0	0	0	0	0	0
DMU_{11}	0	0	0	0	0	0	0	0	0	0
DMU_{12}	0	0	0	0	0	0	0	0	0	0
DMU_{13}	0	0	0	0	0	0	0	0	0	0
DMU_{14}	0	0	0	0	0	0	0	0	0	0
DMU_{15}	0	0	0	0	0	0	0	0	0	0
DMU_{16}	0	0	0	0	0	0	0	0	0	0
DMU_{17}	0	0	0	0	0	0	0	0	0	0
DMU_{18}	0	0	0	0	0	0	0	0	0	0
DMU_{19}	-198. 533 2	0	-45. 543 9	0	0	0	-72. 009 2	0	0	0
DMU_{20}	0	0	0	0	0	0	0	0	0	0
DMU_{21}	-320. 865 5	0	0	0	0	0	-75. 990 7	0	0	0
DMU_{22}	786. 863 1	-263 816. 91	2 039	-251 355. 04	0	0	0	0	0	0
DMU_{23}	0	0	0	0	0	0	0	0	0	0
DMU_{24}	0	0	0	0	0	0	0	0	0	0
DMU_{25}	-69. 143 3	0	-14. 944 7	0	0	0	-264. 617 4	0	-519. 373 5	0
DMU_{26}	-659. 98	0	-140. 193 4	0	0	0	-849. 308 3	0	0	0
DMU_{27}	0	0	0	0	0	0	0	0	0	0
DMU_{28}	0	0	0	0	0	0	0	0	0	0
DMU_{29}	0	0	0	0	0	0	0	0	0	0
DMU_{30}	0	0	0	0	0	0	0	0	0	0
DMU_{31}	0	0	0	0	0	0	-38. 469	0	0	0
DMU_{32}	-124. 137	0	0	0	0	0	0	0	0	0
DMU_{33}	0	0	0	0	0	0	0	0	0	0
DMU_{34}	0	0	0	0	0	0	0	0	0	0
DMU_{35}	0	0	0	0	0	0	0	0	0	0
DMU_{36}	0	0	0	0	0	0	0	0	0	0

续表

DMU	2013 年		2014 年		2015 年		2016 年		2017 年	
	R&D 全时人员/位	R&D 经费支出/万元	R&D 全时人员/位	R&D 经费支出/万元	R&D 全时人员/位	R&D 经费支出/万元	R&D 全时人员/位	R&D 经费支出/万元	R&D 全时人员/位	R&D 经费支出/万元
DMU_{37}	0	0	0	0	0	-28 849. 24	0	0	0	0
DMU_{38}	0	0	0	0	0	0	0	0	0	0
DMU_{39}	0	0	0	0	0	0	0	0	0	0
DMU_{40}	-77. 929 3	0	0	0	0	0	0	0	0	0
DMU_{41}	0	-294 548. 54	0	-228 839. 94	0	0	0	0	0	0
DMU_{42}	0	0	0	0	0	0	0	0	0	0
DMU_{43}	0	-9 428. 02	0	-13 280. 83	0	0	0	0	0	0
DMU_{44}	0	0	0	0	0	0	0	0	0	0
DMU_{45}	0	0	0	0	0	0	0	0	0	0
DMU_{46}	0	0	0	0	0	0	0	0	0	0
DMU_{47}	0	0	0	0	0	0	0	0	0	0
DMU_{48}	-23. 541 1	0	0	0	0	0	0	0	0	0
DMU_{49}	0	0	0	0	0	0	0	0	0	0
DMU_{50}	0	0	0	0	0	0	0	0	0	0
DMU_{51}	0	0	0	0	0	0	0	0	0	0
DMU_{52}	0	-85 854. 53	0	-112 590. 57	0	0	0	0	0	0
DMU_{53}	0	0	0	0	0	0	0	0	0	0
DMU_{54}	0	0	0	0	0	0	0	0	0	0
DMU_{55}	0	-8 800. 54	0	0	0	0	0	0	0	0
DMU_{56}	0	-124 660. 62	0	0	0	0	0	0	0	0
DMU_{57}	0	0	0	0	0	0	0	0	0	0
DMU_{58}	0	0	0	0	0	0	0	0	0	0
DMU_{59}	0	0	0	0	0	0	0	0	0	0
DMU_{60}	0	0	0	0	0	0	-31. 264 2	0	0	0
DMU_{61}	0	0	0	0	0	0	0	0	0	0
DMU_{62}	0	0	0	0	0	0	0	0	0	0
DMU_{63}	0	0	0	0	0	0	0	0	0	0
DMU_{64}	0	0	0	0	0	-9 721. 50	0	0	0	0

注：负值表示在消除阻塞效应时该项投入需要增加。为表示真实数据，表中表示人数等数值没有刻意取整

表3-12与表3-13分别列出了减少投入以及增加投入两种阻塞效应消除方法对应的产出增加比例。不难看出,大部分增加投入消除阻塞效应对应的产出增加比例要高于减少投入消除阻塞效应对应的产出增加比例,这意味着在中国高校R&D活动中持续增加投入以增加产出是可行的。

表3-12　减少投入消除阻塞效应时的投入产出增加比例　　(单位:%)

年份	R&D全时人员减少比例	R&D经费支出减少比例	科技专著增加比例	论文增加比例	专利授权数增加比例	培养研究生增加比例	获奖数量增加比例
2013	9.88	4.06	43.55	22.35	24.50	19.54	46.87
2014	10.93	0.50	38.74	23.10	18.13	19.09	37.64
2015	2.38	0	48.72	16.00	25.06	21.90	23.88
2016	0	6.09	26.75	9.28	29.13	10.25	33.73
2017	0	2.05	34.13	12.61	28.69	12.79	38.86

表3-13　增加投入消除阻塞效应时的投入产出增加比例　　(单位:%)

年份	R&D全时人员减少比例	R&D经费支出减少比例	科技专著增加比例	论文增加比例	专利授权数增加比例	培养研究生增加比例	获奖数量增加比例
2013	−1.29	−14.43	49.31	30.18	34.62	26.90	71.97
2014	3.27	−11.02	38.77	26.35	25.21	17.93	59.16
2015	0	−0.66	61.05	17.86	24.64	22.46	21.66
2016	−2.54	0	25.77	10.82	37.06	14.88	35.68
2017	−0.87	0	33.13	12.64	28.48	13.47	46.10

注:负值表示在消除阻塞效应时该项投入需要增加

3.4.4　主要发现

通过对中国高校R&D活动阻塞效应的实证研究,可以总结出以下三点发现。

(1)中国高校R&D活动中存在的阻塞效应的程度整体呈现下降趋势,在2013~2015年以及2016~2017年呈下降趋势,但在2015~2016年有所反弹。

(2)2015年之前,中国高校R&D活动阻塞效应的主要成因是无效的R&D全时人员;2016~2017年,中国高校R&D活动阻塞效应的主要成因转变为无效的R&D经费支出。

(3)中国高校 R&D 活动中存在的阻塞效应大部分属于相对阻塞效应,可以通过增加投入来消除。2015～2017 年,中国高校 R&D 活动中不存在绝对阻塞效应。

根据上述发现,本章提出以下政策建议。

(1)2015 年以后,中国高校 R&D 活动中不存在绝对阻塞效应,这意味着继续增加中国高校 R&D 活动的投入来增加成果产出是可行的。因此,中国政府可以继续加大对中国高校 R&D 活动的支持力度,并鼓励企业加强与高校在 R&D 活动方面的合作。

(2)虽然 2015～2017 年不存在绝对阻塞效应,即中国高校 R&D 活动不存在过度投入的情况,但相对阻塞效应依旧存在。根据消除阻塞效应时产出的增加比例,加大对中国高校 R&D 活动的投入可以更好地促进 R&D 活动的发展。

(3)中国高校在增加 R&D 全时人员和 R&D 经费支出的过程中,需要增加更多的 R&D 全时人员,使 R&D 全时人员与 R&D 经费支出的比例处于合适区间。因此,中国高校应更加重视人才引进,以便充分发挥 R&D 经费对中国高校 R&D 活动的促进作用。

3.5　本章小结

首先,基于现有的阻塞效应识别与测度方法识别出的阻塞效应与过度投入状况不匹配的问题,本章提出了新的阻塞效应相关定义,并通过将阻塞效应区分为相对阻塞效应和绝对阻塞效应,进一步明晰了阻塞效应与过度投入的关系。其次,根据新提出的阻塞效应定义,本章提出了阻塞效应新的识别与测度方法,并提出了最小化投入减少量前提下的减少投入与增加投入两种阻塞效应消除方式。最后,本章以中国高校 R&D 活动为例,展示了阻塞效应新的识别与测度方法在分析过度投入状况时的应用场景,同时梳理了中国高校 R&D 活动中的阻塞效应状况以及过度投入状况。

第 4 章　考虑非期望产出的阻塞效应

4.1　考虑非期望产出的阻塞效应研究现状

4.1.1　DEA 中的非期望产出处理方法

随着世界各国对环境问题关注度的持续升高，经济发展的可持续性逐渐成为反映经济发展状况的重要指标，学术界关于能源效率、环境效率等绩效指标评估的研究也逐渐增多，非期望产出也区别于期望产出被纳入环境效率等绩效指标的评估中。目前，DEA 方法中对非期望产出的处理方法主要分为 5 种，包括直接将非期望产出视为投入，通过数据转换将非期望产出转换为期望产出，假设期望产出与非期望产出间的关联弱可处置性，基于物料守恒的（materials balance condition）的弱可处置性，以及独立期望产出与非期望产出生产过程（Hampf，2018；程开明等，2021）。

4.1.2　考虑非期望产出的阻塞效应识别方法综述

已有学者开展了对考虑非期望产出的阻塞效应的研究。Sueyoshi 和 Goto（2012）将阻塞效应分为期望阻塞效应与非期望阻塞效应，其中期望阻塞效应指过度的投入导致非期望产出的减少，而非期望阻塞效应指过度的投入导致期望产出的减少。Sueyoshi 和 Goto（2016）进一步改进了对期望产出与非期望产出的考察，将期望阻塞效应定义为投入增加会导致期望产出的增加和非期望产出的减少，而非期望阻塞效应则被定义为过度投入导致期望产出的减少以及非期望产出的增加。Fang（2015）则将阻塞效应分为强阻塞效应和弱阻塞效应，其中强阻塞效应指对于有效率的 DMU 来说，等比例减少所有投入会导致所有期望产出的等比例增加与所有非期望产出的等比例减少；弱阻塞效应指对于有效率的DMU来说，减少某个或某些投入会导致某个或某些期望产出的增加与某个或某些非期望产出的减少。

现有的考虑非期望产出的阻塞效应识别与测度方法主要分为两种：一种是直接通过数据转换将非期望产出转换为期望产出的方法（Wu et al.，2013；Chen et al.，2016，2019）；另一种则是基于支撑超平面性质的方法（Sueyoshi and Goto，2012，2014a，2016；Fang，2015；Sueyoshi and Yuan，2016；Sueyoshi and Wang，2018；Hajaji et al.，2019）。本小节将依次介绍Sueyoshi和Goto（2012）、Sueyoshi和Goto（2016）以及Fang（2015）提出的方法。

4.1.2.1　Sueyoshi和Goto（2012）提出的方法

假设共有 n 个DMU（DMU_j，$j=1,\cdots,n$），每个DMU使用 m 个投入（x_{ij}，$i=1,\cdots,m$）来生产 s 个期望产出（y_{rj}，$r=1,\cdots,s$）以及 h 个非期望产出（b_{fj}，$f=1,\cdots,h$）。Sueyoshi和Goto（2012）将考虑非期望产出的阻塞效应区分为期望阻塞效应与非期望阻塞效应，其中期望阻塞效应指过度的投入导致非期望产出的减少，如图4-1所示，此时支撑超平面 $-\boldsymbol{v}\boldsymbol{x}-\boldsymbol{u}\boldsymbol{y}+\boldsymbol{w}\boldsymbol{b}+\omega=0$ 在阴影部分满足 $\frac{\partial b}{\partial x}<0$；而对于非期望阻塞效应来说，在减少期望产出的同时非期望产出会增加，如图4-2所示，此时支撑超平面 $\boldsymbol{v}\boldsymbol{x}-\boldsymbol{u}\boldsymbol{y}+\boldsymbol{w}\boldsymbol{b}+\omega=0$ 阴影部分满足 $\frac{\partial y}{\partial x}<0$。

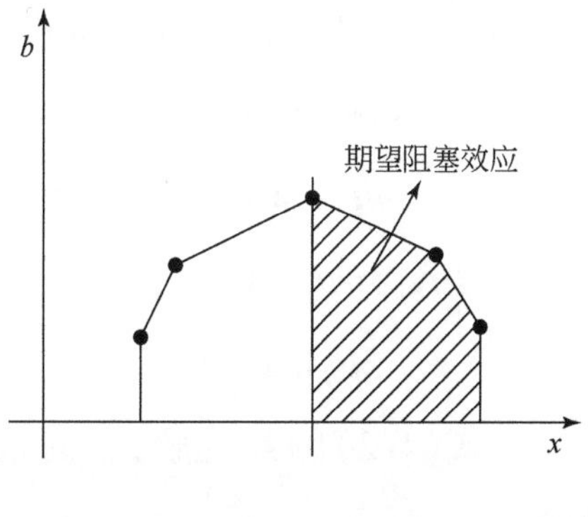

图4-1　Sueyoshi和Goto（2012）中的期望阻塞效应示意图

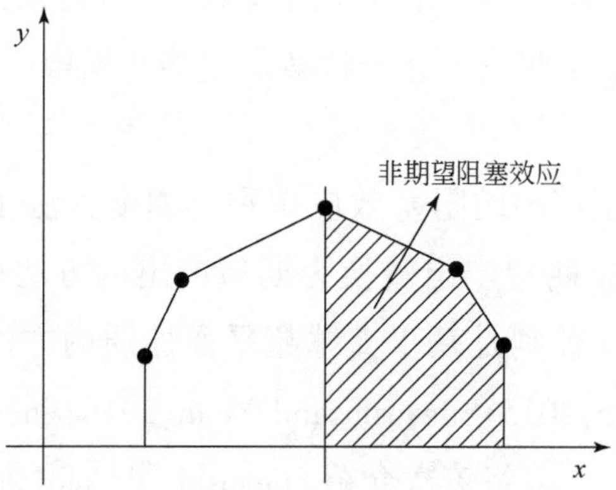

图 4-2　Sueyoshi 和 Goto(2012)中的非期望阻塞效应示意图

对于期望阻塞效应,Sueyoshi 和 Goto(2012)提出了如下识别方法:

$$\min -\boldsymbol{v}\boldsymbol{x}_o-\boldsymbol{u}\boldsymbol{y}_o+\boldsymbol{w}\boldsymbol{b}_o+\omega$$
$$\text{s. t.}\quad \begin{cases} -\boldsymbol{v}\boldsymbol{x}_j-\boldsymbol{u}\boldsymbol{y}_j+\boldsymbol{w}\boldsymbol{b}_j+\omega\geqslant 0\ (\forall j) \\ \boldsymbol{u}\boldsymbol{y}_o+\boldsymbol{w}\boldsymbol{b}_o=1 \\ \boldsymbol{u}\geqslant\varepsilon\boldsymbol{e},\boldsymbol{w}\geqslant\varepsilon\boldsymbol{e} \end{cases} \tag{4-1}$$

式中,$\boldsymbol{x}_j$ 为 DMU_j 的投入向量$[x_{1j},\cdots,x_{mj}]^{\mathrm{T}}$;$\boldsymbol{y}_j$ 为 DMU_j 的期望产出向量$[y_{1j},\cdots,y_{sj}]^{\mathrm{T}}$;$\boldsymbol{b}_j$ 为 DMU_j的非期望产出向量$[b_{1j},\cdots,b_{hj}]^{\mathrm{T}}$。

令$(\boldsymbol{v}^*,\boldsymbol{u}^*,\boldsymbol{w}^*,\omega^*)$表示式(4-1)的最优解,当向量 $\boldsymbol{v}^*$存在元素 $v_i^*\leqslant 0$ 时,DMU_o 存在期望阻塞效应。

对于非期望阻塞效应,Sueyoshi 和 Goto(2012)提出了如下识别方法:

$$\min \boldsymbol{v}\boldsymbol{x}_o-\boldsymbol{u}\boldsymbol{y}_o+\boldsymbol{w}\boldsymbol{b}_o+\omega$$
$$\text{s. t.}\quad \begin{cases} \boldsymbol{v}\boldsymbol{x}_j-\boldsymbol{u}\boldsymbol{y}_j+\boldsymbol{w}\boldsymbol{b}_j+\omega\geqslant 0\ (\forall j) \\ \boldsymbol{u}\boldsymbol{y}_o+\boldsymbol{w}\boldsymbol{b}_o=1 \\ \boldsymbol{u}\geqslant\varepsilon\boldsymbol{e},\boldsymbol{w}\geqslant\varepsilon\boldsymbol{e} \end{cases} \tag{4-2}$$

令$(\boldsymbol{v}^*,\boldsymbol{u}^*,\boldsymbol{w}^*,\omega^*)$表示式(4-2)的最优解,当向量 $\boldsymbol{v}^*$存在元素 $v_i^*\leqslant 0$ 时,DMU_o 存在非期望阻塞效应。

由于支撑前沿面可能不唯一,Sueyoshi 和 Goto(2012)提出的方法在识别阻塞效应时可能存在误差,具体见例 4.1。

例 4.1 假设有 4 个 DMU($DMU_j, j=1,2,3,4$),每个 DMU 使用一种投入(x)来生产一种期望产出(y)以及一种非期望产出(b),投入产出数据如表 4-1 所示。

表 4-1 例 4.1 中的投入产出数据

DMU	投入(x)	期望产出(y)	非期望产出(b)
DMU_1	2	2	2
DMU_2	3	3	1
DMU_3	4	1	4
DMU_4	5	1	1

在例 4.1 中,DMU_2相较于 DMU_1通过增加投入提高了期望产出并减少了非期望产出,符合期望阻塞效应的定义;DMU_3相较于 DMU_1通过增加投入减少了期望产出并且增加了非期望产出,符合非期望阻塞效应的定义。

表 4-2 列出了 Sueyoshi 和 Goto(2012)提出的方法在例 4.1 中的计算结果。不难发现,式(4-1)最优解中的 v^* 与式(4-2)最优解中的 v^* 互为相反数,这也就意味着被测 DMU 一定存在期望阻塞效应或者非期望阻塞效应,这显然是不符合识别阻塞效应的预期的。

表 4-2 Sueyoshi 和 Goto(2012)提出的方法在例 4.1 中的计算结果

DMU	式(4-1)的最优解 v^*	是否存在期望阻塞效应	式(4-2)的最优解 v^*	是否存在非期望阻塞效应
DMU_1	−1/2	存在	1/2	不存在
DMU_2	0	存在	0	存在
DMU_3	0	存在	0	存在
DMU_4	1/7	不存在	−1/7	存在

4.1.2.2 Sueyoshi 和 Goto(2016)提出的方法

Sueyoshi 和 Goto(2016)改进了 Sueyoshi 和 Goto(2012)提出的阻塞效应识别方法。对于期望阻塞效应来说,在增加期望产出的同时非期望产出会减少,如

图 4-3所示，此时支撑超平面$-\boldsymbol{vx}-\boldsymbol{uy}+\boldsymbol{wb}+\omega=0$ 阴影部分满足$\frac{\partial b}{\partial y}<0$；而对于非期望阻塞效应来说，在减少期望产出的同时非期望产出会增加，如图 4-4 所示，此时支撑超平面 $\boldsymbol{vx}-\boldsymbol{uy}+\boldsymbol{wb}+\omega=0$ 阴影部分满足$\frac{\partial y}{\partial b}<0$。

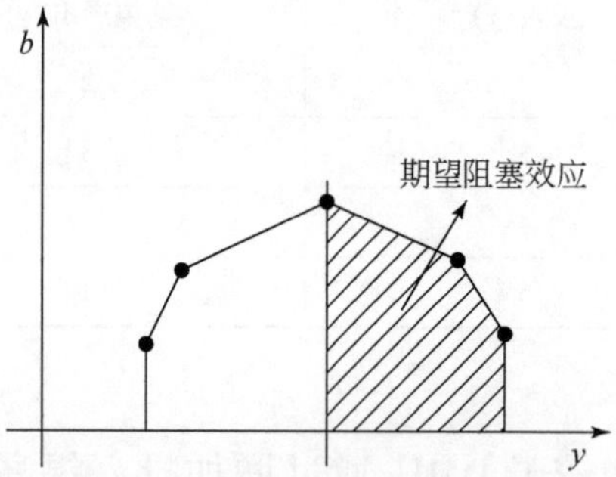

图 4-3　Sueyoshi 和 Goto(2016)中的期望阻塞效应示意图

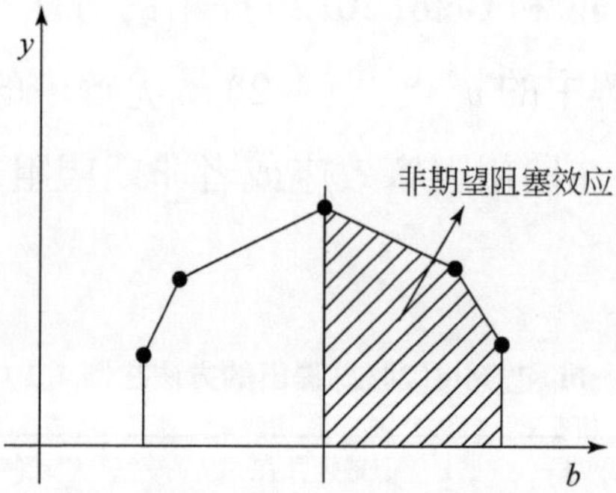

图 4-4　Sueyoshi 和 Goto(2016)中的非期望阻塞效应示意图

对于期望阻塞效应，Sueyoshi 和 Goto(2016)提出了如下识别方法：

$$\min\ -\boldsymbol{vx}_o-\boldsymbol{uy}_o+\boldsymbol{wb}_o+\omega$$

$$\text{s. t.}\quad\begin{cases}-\boldsymbol{vx}_j-\boldsymbol{uy}_j+\boldsymbol{wb}_j+\omega\geqslant 0(\ \forall j)\\ \boldsymbol{uy}_o+\boldsymbol{wb}_o=1\\ \boldsymbol{v}\geqslant\varepsilon\boldsymbol{e},\boldsymbol{w}\geqslant\varepsilon\boldsymbol{e}\end{cases}\tag{4-3}$$

令$(\boldsymbol{v}^*,\boldsymbol{u}^*,\boldsymbol{w}^*,\omega^*)$表示式(4-3)的最优解，当向量 $\boldsymbol{u}^*$ 存在元素 $u_r^*\leqslant 0$ 时，DMU_o 存在期望阻塞效应。

对于非期望阻塞效应,Sueyoshi 和 Goto(2016)提出了如下识别方法:

$$\min \boldsymbol{v}\boldsymbol{x}_o-\boldsymbol{u}\boldsymbol{y}_o+\boldsymbol{w}\boldsymbol{b}_o+\omega$$

$$\text{s. t.}\quad \begin{cases} \boldsymbol{v}\boldsymbol{x}_j-\boldsymbol{u}\boldsymbol{y}_j+\boldsymbol{w}\boldsymbol{b}_j+\omega \geqslant 0\ (\ \forall j) \\ \boldsymbol{u}\boldsymbol{y}_o+\boldsymbol{w}\boldsymbol{b}_o=1 \\ \boldsymbol{v}\geqslant \varepsilon \boldsymbol{e},\boldsymbol{u}\geqslant \varepsilon \boldsymbol{e} \end{cases} \tag{4-4}$$

令$(\boldsymbol{v}^*,\boldsymbol{u}^*,\boldsymbol{w}^*,\omega^*)$表示式(4-4)的最优解,当向量$\boldsymbol{w}^*$存在元素$w_f^*\leqslant 0$时,$\text{DMU}_o$存在非期望阻塞效应。

Sueyoshi 和 Goto(2016)提出的方法是基于支撑前沿面的,因此对于某些位于前沿面的活动来说,其支撑前沿面可能不唯一,这可能导致对期望阻塞效应或非期望阻塞效应的误判,例 4.1 同样可以用于说明该问题。

表 4-3 列出了 Sueyoshi 和 Goto(2016)提出的方法在例 4.1 中的计算结果,该方法将DMU_3认定为存在期望阻塞效应,但相较于DMU_1来说,其增加投入导致了期望产出的下降以及非期望产出的上升,根据定义应属于非期望阻塞效应;类似地,DMU_1被认为存在非期望阻塞效应,但没有其过度投入导致期望产出减少且非期望产出增加的证据。因此,Sueyoshi 和 Goto(2016)提出的阻塞效应识别与测度方法依旧不能准确识别其定义的期望阻塞效应或非期望阻塞效应。

表 4-3 Sueyoshi 和 Goto(2016)提出的方法在例 4.1 中的计算结果

DMU	式(4-3)的最优解$\boldsymbol{u}^*$	是否存在期望阻塞效应	式(4-4)的最优解w^*	是否存在非期望阻塞效应
DMU_1	1/2	不存在	0	存在
DMU_2	1/3	不存在	1	不存在
DMU_3	0	存在	1/4	不存在
DMU_4	1/7	不存在	1	不存在

4.1.2.3 Fang(2015)提出的方法

Fang(2015)定义考虑非期望产出的阻塞效应为有效率的活动通过减少投入能够增加期望产出且减少非期望产出的现象。Fang(2015)将阻塞效应区分为强阻塞效应和弱阻塞效应。对于有效率的 DMU 来说,强阻塞效应指减少所有投入会导致其所有期望产出的增加以及所有非期望产出的减少，而弱阻塞效应指减少某个或某些投入会导致至少一种期望产出的增加与至少一种非期望产出的减少。与 Sueyoshi 和 Goto（2012）、Sueyoshi 和 Goto（2016）类似，Fang（2015）同样提出了基于支撑前沿面边际产出的阻塞效应识别方法。具体如式（4-5）和式（4-6）所示。

$$\max \alpha$$

$$\text{s. t.}\begin{cases}\sum_{j=1}^{n}\lambda_j \boldsymbol{x}_j \leqslant \boldsymbol{x}_o - \delta \boldsymbol{x}_o \\ \sum_{j=1}^{n}\lambda_j \boldsymbol{y}_j \geqslant \boldsymbol{y}_o + \delta \boldsymbol{y}_o \\ \sum_{j=1}^{n}\lambda_j \boldsymbol{b}_j = \boldsymbol{b}_o - \delta \boldsymbol{b}_o \\ \boldsymbol{v}\boldsymbol{x}_o - \boldsymbol{u}\boldsymbol{y}_o + \boldsymbol{w}\boldsymbol{b}_o = \delta \\ \boldsymbol{v}\boldsymbol{x}_j - \boldsymbol{u}\boldsymbol{y}_j + \boldsymbol{w}\boldsymbol{b}_j \geqslant 0(\forall j) \\ \boldsymbol{v}\boldsymbol{x}_o + \boldsymbol{u}\boldsymbol{y}_o + \boldsymbol{w}\boldsymbol{b}_o = 1 \\ w_f - \alpha \geqslant 0(\forall f) \\ \lambda_j \geqslant 0(\forall j), \boldsymbol{v} \geqslant \boldsymbol{0}^{\mathrm{T}}, \boldsymbol{u} \geqslant \boldsymbol{0}^{\mathrm{T}}\end{cases} \tag{4-5}$$

令（$\boldsymbol{\lambda}^*, \delta^*, \boldsymbol{v}^*, \boldsymbol{u}^*, \boldsymbol{w}^*, \alpha^*$）表示式（4-5）的最优解，如果 $\alpha^* < 0$，活动（$\boldsymbol{x}_o - \delta^* \boldsymbol{x}_o, \boldsymbol{y}_o + \delta^* \boldsymbol{y}_o, \boldsymbol{b}_o - \delta^* \boldsymbol{b}_o$）存在强阻塞效应；如果 $\alpha^* > 0$，活动（$\boldsymbol{x}_o - \delta^* \boldsymbol{x}_o, \boldsymbol{y}_o + \delta^* \boldsymbol{y}_o, \boldsymbol{b}_o - \delta^* \boldsymbol{b}_o$）不存在阻塞效应。如果 $\alpha^* = 0$，则需要求解式（4-6）。

$$\max \beta$$

$$\text{s. t.}\begin{cases}\sum_{j=1}^{n}\lambda_j \boldsymbol{x}_j \leqslant \boldsymbol{x}_o - \delta^* \boldsymbol{x}_o - \boldsymbol{t}^x \\ \sum_{j=1}^{n}\lambda_j \boldsymbol{y}_j \geqslant \boldsymbol{y}_o + \delta^* \boldsymbol{y}_o + \boldsymbol{t}^y \\ \sum_{j=1}^{n}\lambda_j \boldsymbol{b}_j \leqslant \boldsymbol{b}_o - \delta^* \boldsymbol{b}_o \\ \boldsymbol{e}\boldsymbol{t}^x - \beta \geqslant 0 \\ \boldsymbol{e}\boldsymbol{t}^y - \beta \geqslant 0 \\ \lambda_j \geqslant 0(\forall j)\end{cases} \tag{4-6}$$

式中,δ^*为式(4-5)的最优解。令($\boldsymbol{\lambda}^*,\boldsymbol{t}^{x*},\boldsymbol{t}^{y*},\beta^*$)表示式(4-6)的最优解,当$\beta^*>0$时,活动($\boldsymbol{x}_o-\delta^*\boldsymbol{x}_o,\boldsymbol{y}_o+\delta^*\boldsymbol{y}_o,\boldsymbol{b}_o-\delta^*\boldsymbol{b}_o$)存在弱阻塞效应;否则,阻塞效应不存在。

运用Fang(2015)提出的方法能够提高识别支撑前沿面上DMU阻塞效应的准确度。然而,Fang(2015)提出的方法仍存在问题,即识别阻塞效应针对的是活动($\boldsymbol{x}_o-\delta^*\boldsymbol{x}_o,\boldsymbol{y}_o+\delta^*\boldsymbol{y}_o,\boldsymbol{b}_o-\delta^*\boldsymbol{b}_o$),无法反映被测DMU($\boldsymbol{x}_o,\boldsymbol{y}_o,\boldsymbol{b}_o$)当前的投入是否过度。以例4.1为例,表4-4展示了Fang(2015)提出方法的计算结果。对于效率低下的DMU_3以及DMU_4,由于其改进后的活动(1.6,1.6,1.6)以及活动(1.5,1.5,0.5)不存在阻塞效应,Fang(2015)提出方法得出DMU_3与DMU_4不存在阻塞效应的结果,但其不能得到当投入增加到4或5时是否会出现阻塞效应的结论。

表4-4　Fang(2015)提出的方法在例4.1中的计算结果

DMU	式(4-5)的最优解α^*	式(4-6)的最优解β^*	是否存在阻塞效应
DMU_1	0	0	不存在
DMU_2	0.5	—	不存在
DMU_3	0	0	不存在
DMU_4	0.75	—	不存在

注:"—"表示未计算

4.2　考虑非期望产出的阻塞效应的定义

通过综述现有的考虑非期望产出的阻塞效应方法,不难发现现有的主要方法都没有充分考虑非期望产出副产品的特性,而只是简单地通过非期望产出的弱可处置性假设来限制非期望产出的自由变动。本章参考Kuosmanen(2005)提出的生产可能集,在识别阻塞效应生产可能集[式(3-1)]的基础上加入了非期望产出与期望产出的关联弱可处置性假设,即减少非期望产出会使期望产出等比例减少,来体现非期望产出的副产品属性。考虑非期望产出的生产可能集可以表示为

$$P^{\mathrm{u}}_{\text{congestion}}=\left\{(\boldsymbol{x},\boldsymbol{y},\boldsymbol{b})\left|\begin{array}{l}\sum_{j=1}^{n}\lambda_j\boldsymbol{x}_j=\boldsymbol{x},\sum_{j=1}^{n}\lambda_j\theta_j\boldsymbol{y}_j\geqslant\boldsymbol{y},\sum_{j=1}^{n}\lambda_j\theta_j\boldsymbol{b}_j=\boldsymbol{b}\\ \sum_{j=1}^{n}\lambda_j=1,\lambda_j\geqslant 0(\forall j),0\leqslant\theta_j\leqslant 1(\forall j)\end{array}\right.\right\} \tag{4-7}$$

参考 Kuosmanen(2005),该生产可能集可以通过令 $p_j=\lambda_j\theta_j, q_j=(1-\theta_j)\lambda_j$ 转换为线性规划[式(4-8)]。

$$P^{\mathrm{u}}_{\text{congestion}}=\left\{(\boldsymbol{x},\boldsymbol{y},\boldsymbol{b})\left|\begin{array}{l}\sum_{j=1}^{n}(p_j+q_j)\boldsymbol{x}_j=\boldsymbol{x},\sum_{j=1}^{n}p_j\boldsymbol{y}_j\geqslant\boldsymbol{y},\sum_{j=1}^{n}p_j\boldsymbol{b}_j=\boldsymbol{b}\\ \sum_{j=1}^{n}(p_j+q_j)=1,p_j\geqslant 0(\forall j),q_j\geqslant 0(\forall j)\end{array}\right.\right\} \tag{4-8}$$

当考虑非期望产出时,决策者增加投入的目的主要可以分为两种,一种是增加期望产出,另一种是减少非期望产出。当增加投入会导致最大可能期望产出的减少以及最小可能非期望产出的增加时,可以认为增加的投入没能发挥出其预期中的作用,因此本章将这种情况认定为存在阻塞效应。具体地,在生产可能集[式(4-8)]的基础上,考虑非期望产出时的阻塞效应的相关定义表述如下。

定义 4.1(效率) 对于 $\mathrm{DMU}_o(\boldsymbol{x}_o,\boldsymbol{y}_o,\boldsymbol{b}_o)$ 来说,如果在生产可能集 $P^{\mathrm{u}}_{\text{congestion}}$ 中不存在期望产出更多或非期望产出更少的活动,即不存在 $(\boldsymbol{x}_o,\boldsymbol{y}_k,\boldsymbol{b}_k)\in P^{\mathrm{u}}_{\text{congestion}}$ 满足 $\boldsymbol{y}_k\gneqq\boldsymbol{y}_o,\boldsymbol{b}_k\leqslant\boldsymbol{b}_o$ 或 $\boldsymbol{y}_k\geqslant\boldsymbol{y}_o,\boldsymbol{b}_k\lneqq\boldsymbol{b}_o$,则 DMU_o 是有效率的。反之,如果生产可能集 $P^{\mathrm{u}}_{\text{congestion}}$ 中存在期望产出更多或非期望产出更少的活动,则 DMU_o 是效率低下的。

定义 4.2(投影点) 对于 $\mathrm{DMU}_o(\boldsymbol{x}_o,\boldsymbol{y}_o,\boldsymbol{b}_o)$ 来说,当且仅当活动 $(\boldsymbol{x}_k,\boldsymbol{y}_k,\boldsymbol{b}_k)$ 是有效率的且满足 $\boldsymbol{x}_k=\boldsymbol{x}_o,\boldsymbol{y}_k\geqslant\boldsymbol{y}_o,\boldsymbol{b}_k\leqslant\boldsymbol{b}_o$,活动 $(\boldsymbol{x}_k,\boldsymbol{y}_k,\boldsymbol{b}_k)$ 才是 DMU_o 用于识别和测度阻塞效应的投影点。

定义 4.3(阻塞效应) 当且仅当 $\mathrm{DMU}_o(\boldsymbol{x}_o,\boldsymbol{y}_o,\boldsymbol{b}_o)$ 的任一投影点 $(\boldsymbol{x}_k,\boldsymbol{y}_k,\boldsymbol{b}_k)$ 都可以通过减少投入在不减少期望产出和增加非期望产出的前提下提高期望产出或减少非期望产出,即 $\exists(\boldsymbol{x}_p,\boldsymbol{y}_p,\boldsymbol{b}_p)\in P^{\mathrm{u}}_{\text{congestion}}$ 满足 $\boldsymbol{x}_p\leqslant\boldsymbol{x}_k,\boldsymbol{y}_p\gneqq\boldsymbol{y}_k,\boldsymbol{b}_p\leqslant\boldsymbol{b}_k$ 或 $\boldsymbol{x}_p\leqslant\boldsymbol{x}_k,\boldsymbol{y}_p\geqslant\boldsymbol{y}_k,\boldsymbol{b}_p\lneqq\boldsymbol{b}_k$,$\mathrm{DMU}_o(\boldsymbol{x}_o,\boldsymbol{y}_o,\boldsymbol{b}_o)$ 存在阻塞效应。

增加投入导致的最大期望产出与最小非期望产出的变动可以分为三种情况：①增加投入能够增加某个或某些期望产出；②增加投入能够减少某个或某些非期望产出；③增加投入会减少某个或某些期望产出并增加某个或某些非期望产出，且不会增加其他期望产出或减少其他非期望产出。本书提出的阻塞效应定义（定义 4.3）与 Fang（2015）中的阻塞效应定义相似，都属于第 3 种情况。而对于第 1 种或第 2 种情况，决策者为了增加某个或某些期望产出或者减少某个或某些非期望产出而增加投入的决策在许多情况下是合理的，因此本书中不再区分 Sueyoshi 和 Goto（2012，2016）提出的期望阻塞效应以及非期望阻塞效应的定义，因为期望阻塞效应指增加投入导致的期望产出的增加以及非期望产出的减少，从过度投入的角度来看，无法认为存在期望阻塞效应的 DMU 的投入是过度的。

在考虑非期望产出时，阻塞效应同样可以被分类为相对阻塞效应和绝对阻塞效应。

定义 4.4（相对阻塞效应）　考虑非期望产出时的相对阻塞效应指能够通过增加投入改进消除的阻塞效应。

相对阻塞效应的成因同样可以被解释为某个或某些投入相对于其他投入过多，即投入比例不合理。当在增加投入的过程中将投入间比例改进到合理区间后，相对阻塞效应能够被消除。

定义 4.5（绝对阻塞效应）　考虑非期望产出时的绝对阻塞效应指不能通过增加投入改进消除的阻塞效应。

绝对阻塞效应的成因同样可以解释为外部因素的限制。当受到外部因素限制，无法通过增加投入调整投入间比例来消除阻塞效应时，绝对阻塞效应存在。此时，减少投入就成了消除阻塞效应的唯一方法。

与第 3 章类似，本章将通过减少投入消除阻塞效应时需要减少的投入最小量视为无效投入，无效投入可以被解释为相对阻塞效应与绝对阻塞效应的成因。而过度投入由消除阻塞效应时最小投入减少量表示，代表着消除阻塞效应的方式。

4.3 考虑非期望产出的阻塞效应的识别与测度方法

参考 RAM 模型,在进行计算之前,需要对原始数据进行标准化处理以消除量纲变动对结果的影响,即令 $x_{io}=\dfrac{x'_{io}}{\max\limits_{j=1,\cdots,n}\{x'_{ij}\}-\min\limits_{j=1,\cdots,n}\{x'_{ij}\}}$, $y_{ro}=\dfrac{y'_{ro}}{\max\limits_{j=1,\cdots,n}\{y'_{rj}\}-\min\limits_{j=1,\cdots,n}\{y'_{rj}\}}$ 以及 $b_{fo}=\dfrac{b'_{fo}}{\max\limits_{j=1,\cdots,n}\{b'_{fj}\}-\min\limits_{j=1,\cdots,n}\{b'_{fj}\}}$,其中 $\boldsymbol{x}',\boldsymbol{y}',\boldsymbol{b}'$ 表示原始数据;$\boldsymbol{x},\boldsymbol{y},\boldsymbol{b}$ 表示标准化后用于计算的数据。

基于生产可能集[式(4-8)]以及定义 4.3,本书提出了如下考虑非期望产出的阻塞效应识别与测度方法。

首先,计算式(4-9)以识别阻塞效应是否存在。

$$
\begin{aligned}
&\min \boldsymbol{e}\boldsymbol{s}_o^x\\
&\text{s. t.}\begin{cases}
\sum\limits_{j=1}^{n}(p_j+q_j)\boldsymbol{x}_j=\boldsymbol{x}_o-\boldsymbol{s}_o^x\\
\sum\limits_{j=1}^{n}p_j\boldsymbol{y}_j=\boldsymbol{y}_o+\boldsymbol{s}_o^y\\
\sum\limits_{j=1}^{n}p_j\boldsymbol{b}_j=\boldsymbol{b}_o-\boldsymbol{s}_o^b\\
\sum\limits_{j=1}^{n}(p_j+q_j)=1\\
\boldsymbol{v}(\boldsymbol{x}_o-\boldsymbol{s}_o^x)-\boldsymbol{u}(\boldsymbol{y}_o+\boldsymbol{s}_o^y)+\boldsymbol{w}(\boldsymbol{b}_o-\boldsymbol{s}_o^b)+\omega=0\\
\boldsymbol{v}\boldsymbol{x}_j-\boldsymbol{u}\boldsymbol{y}_j+\boldsymbol{w}\boldsymbol{b}_j+\omega\geqslant 0(\forall j)\\
\boldsymbol{v}\boldsymbol{x}_j+\omega\geqslant 0(\forall j)\\
\boldsymbol{e}\boldsymbol{v}^{\mathrm{T}}+\boldsymbol{e}\boldsymbol{u}^{\mathrm{T}}+\boldsymbol{e}\boldsymbol{w}^{\mathrm{T}}=1\\
p_j\geqslant 0(\forall j),q_j\geqslant 0(\forall j),\boldsymbol{v}\geqslant \boldsymbol{0}^{\mathrm{T}},\boldsymbol{u}\geqslant \varepsilon\boldsymbol{e},\boldsymbol{w}\geqslant \varepsilon\boldsymbol{e}\\
\boldsymbol{s}_o^x\geqslant \boldsymbol{0},\boldsymbol{s}_o^y\geqslant \boldsymbol{0},\boldsymbol{s}_o^b\geqslant \boldsymbol{0}
\end{cases}
\end{aligned}
\tag{4-9}
$$

式(4-9)的思路与式(3-4)相似,是在生产可能集[式(4-8)]中为$\mathrm{DMU}_o(\boldsymbol{x}_o,\boldsymbol{y}_o,\boldsymbol{b}_o)$寻找无法通过减少投入来增加期望产出或减少非期望产出的投影点,即不存在阻塞效应的投影点。当式(4-9)的最优解满足 $es_o^{x*}=0$ 时,活动($x_o,y_o+s_o^{y*},b_o-s_o^{b*}$)是 DMU_o 的投影点之一,且其无法通过减少投入在不减少期望产出与增加非期望产出的前提下增加期望产出或减少非期望产出,根据定义 4.3,DMU_o 不存在阻塞效应。相对地,$es_o^{x*}>0$ 意味着找不到符合上述条件的投影点,此时 DMU_o 存在阻塞效应。通过定理 4.1 可以严格证明该命题。

定理 4.1 当且仅当式(4-9)的最优解满足 $es_o^{x*}>0$,DMU_o 存在阻塞效应。

证明

(1)充分性。当 $es_o^{x*}>0$ 时,DMU_o 存在阻塞效应。假设 $es_o^{x*}>0$ 且 DMU_o 不存在阻塞效应,根据定义 4.3,DMU_o 一定对应至少一个投影点(x_k,y_k,b_k)$\in P^{\mathrm{u}}_{\mathrm{congestion}}$,且任意满足 $x_p\leqslant x_k,y_p\gneqq y_k,b_p\leqslant b_k$ 或 $x_p\leqslant x_k,y_p\geqslant y_k,b_p\lneqq b_k$ 的活动(x_p,y_p,b_p)$\notin P^{\mathrm{u}}_{\mathrm{congestion}}$。对于该投影点($x_k,y_k,b_k$),根据定义 4.2,在不改变投入的情况下,其期望产出无法进一步增加或非期望产出无法进一步减少。因此,在式(4-10)中,代入该投影点的最优解满足 $ed_k^{y*}+ed_k^{b*}=0$。

$$\max\ \boldsymbol{ed}_k^y+\boldsymbol{ed}_k^b$$

$$\text{s.t.}\begin{cases}\sum_{j=1}^{n}(p_j+q_j)\boldsymbol{x}_j=\boldsymbol{x}_k-\boldsymbol{d}_k^x\\ \sum_{j=1}^{n}p_j\boldsymbol{y}_j=\boldsymbol{y}_k+\boldsymbol{d}_k^y\\ \sum_{j=1}^{n}p_j\boldsymbol{b}_j=\boldsymbol{b}_k-\boldsymbol{d}_k^b\\ \sum_{j=1}^{n}(p_j+q_j)=1\\ p_j\geqslant 0(\forall j),q_j\geqslant 0(\forall j),\boldsymbol{d}_k^x\geqslant\boldsymbol{0},\boldsymbol{d}_k^y\geqslant\boldsymbol{0},\boldsymbol{d}_k^b\geqslant\boldsymbol{0}\end{cases}\tag{4-10}$$

$$\min\ \boldsymbol{vx}_k-\boldsymbol{uy}_k+\boldsymbol{wb}_k+\omega$$

$$\text{s.t.}\begin{cases}\boldsymbol{vx}_j-\boldsymbol{uy}_j+\boldsymbol{wb}_j+\omega\geqslant 0(\forall j)\\ \boldsymbol{vx}_j+\omega\geqslant 0(\forall j)\\ \boldsymbol{v}\geqslant\boldsymbol{0}^{\mathrm{T}},\boldsymbol{u}\geqslant\boldsymbol{e},\boldsymbol{w}\geqslant\boldsymbol{e}\end{cases}\tag{4-11}$$

式(4-11)是式(4-10)的对偶模型,因为式(4-10)的最优解满足 $ed_k^{y*}+ed_k^{b*}=0$,

Identifying and measuring congestion in DEA

所以式(4-11)的最优解也一定满足 $\boldsymbol{v}^*\boldsymbol{x}_k-\boldsymbol{u}^*\boldsymbol{y}_k+\boldsymbol{w}^*\boldsymbol{b}_k+\omega^*=0$。通过融合式(4-10)以及式(4-11)的最优解,可以构建($\boldsymbol{p}^*,\boldsymbol{q}^*,\boldsymbol{s}_o^x=\boldsymbol{0},\boldsymbol{s}_o^y=\boldsymbol{y}_k-\boldsymbol{y}_o,\boldsymbol{s}_o^b=\boldsymbol{b}_o-\boldsymbol{b}_k$, $\boldsymbol{v}^*,\boldsymbol{u}^*,\boldsymbol{w}^*,\omega^*$)作为式(4-9)的可行解,其中 $\boldsymbol{p}^*$ 和 $\boldsymbol{q}^*$ 来自式(4-10)的最优解, $\boldsymbol{v}^*$、$\boldsymbol{u}^*$、$\boldsymbol{w}^*$ 和 ω^* 来自式(4-11)的最优解。由于此时可行解满足 $\boldsymbol{s}_o^x=\boldsymbol{0}$,这与式(4-9)的最优解满足 $\boldsymbol{e}\boldsymbol{s}_o^{x*}>0$ 相矛盾,因此当 $\boldsymbol{e}\boldsymbol{s}_o^{x*}>0$ 时,DMU_o 存在阻塞效应。

(2)必要性。当 DMU_o 存在阻塞效应时,式(4-9)的最优解满足 $\boldsymbol{e}\boldsymbol{s}_o^{x*}>0$。假设 DMU_o 存在阻塞效应且式(4-9)的最优解满足 $\boldsymbol{e}\boldsymbol{s}_o^{x*}=0$,那么活动($\boldsymbol{x}_o,\boldsymbol{y}_o+\boldsymbol{s}_o^{y*}$, $\boldsymbol{b}_o-\boldsymbol{s}_o^{b*}$)一定是有效率的,且减少其投入无法增加其期望产出或减少其非期望产出。因为如果存在活动($\boldsymbol{x}_p,\boldsymbol{y}_p,\boldsymbol{b}_p$) $\in P^{\mathrm{u}}_{\mathrm{congestion}}$ 满足 $\boldsymbol{x}_p\leqslant\boldsymbol{x}_o,\boldsymbol{y}_p\gneqq\boldsymbol{y}_o+\boldsymbol{s}_o^{y*},\boldsymbol{b}_p\leqslant\boldsymbol{b}_o-\boldsymbol{s}_o^{b*}$ 或 $\boldsymbol{x}_p\leqslant\boldsymbol{x}_o,\boldsymbol{y}_p\geqslant\boldsymbol{y}_o+\boldsymbol{s}_o^{y*},\boldsymbol{b}_p\lneqq\boldsymbol{b}_o-\boldsymbol{s}_o^{b*}$,由于式(4-9)的最优解满足 $\boldsymbol{v}^*(\boldsymbol{x}_o-\boldsymbol{s}_o^{x*})-\boldsymbol{u}^*(\boldsymbol{y}_o+\boldsymbol{s}_o^{y*})+\boldsymbol{w}^*(\boldsymbol{b}_o-\boldsymbol{s}_o^{b*})+\omega^*=0$ 这一约束且 $\boldsymbol{u}\geqslant\varepsilon\boldsymbol{e},\boldsymbol{w}\geqslant\varepsilon\boldsymbol{e}$,可得 $\boldsymbol{v}^*\boldsymbol{x}_p-\boldsymbol{u}^*\boldsymbol{y}_p+\boldsymbol{w}^*\boldsymbol{b}_p+\omega^*<0$。由于($\boldsymbol{x}_p,\boldsymbol{y}_p,\boldsymbol{b}_p$) $\in P^{\mathrm{u}}_{\mathrm{congestion}}$,存在 $p_j'\geqslant0$ 以及 $q_j'\geqslant0$,满足 $\sum_{j=1}^{n}(p_j'+q_j')\boldsymbol{x}_j=\boldsymbol{x}_p$, $\sum_{j=1}^{n}p_j'\boldsymbol{y}_j\geqslant\boldsymbol{y}_p$, $\sum_{j=1}^{n}p_j'\boldsymbol{b}_j=\boldsymbol{b}_p$ 以及 $\sum_{j=1}^{n}(p_j'+q_j')=1$。将其代入式(4-9)的最优解可得

$$
\begin{aligned}
&\boldsymbol{v}^*\boldsymbol{x}_p-\boldsymbol{u}^*\boldsymbol{y}_p+\boldsymbol{w}^*\boldsymbol{b}_p+\omega^*\\
&\geqslant\boldsymbol{v}^*\left[\sum_{j=1}^{n}(p_j'+q_j')\boldsymbol{x}_j\right]-\boldsymbol{u}^*\left(\sum_{j=1}^{n}p_j'\boldsymbol{y}_j\right)+\boldsymbol{w}^*\left(\sum_{j=1}^{n}p_j'\boldsymbol{b}_j\right)\\
&\quad+\left(\sum_{j=1}^{n}p_j'+\sum_{j=1}^{n}q_j'\right)\omega^* \qquad (4\text{-}12)\\
&=\sum_{j=1}^{n}p_j'(\boldsymbol{v}^*\boldsymbol{x}_j-\boldsymbol{u}^*\boldsymbol{y}_j+\boldsymbol{w}^*\boldsymbol{b}_j+\omega^*)+\sum_{j=1}^{n}q_j'(\boldsymbol{v}^*\boldsymbol{x}_j+\omega^*)\\
&\geqslant0
\end{aligned}
$$

这与 $\boldsymbol{v}^*\boldsymbol{x}_p-\boldsymbol{u}^*\boldsymbol{y}_p+\boldsymbol{w}^*\boldsymbol{b}_p+\omega^*<0$ 相矛盾。因此,活动($\boldsymbol{x}_o,\boldsymbol{y}_o+\boldsymbol{s}_o^{y*},\boldsymbol{b}_o-\boldsymbol{s}_o^{b*}$)一定是有效率的,是 DMU_o 对应的投影点之一,且减少其投入无法增加其期望产出或减少其非期望产出。根据定义 4.3,DMU_o 不存在阻塞效应,这与 DMU_o 存在阻塞效应的假设相矛盾。因此,当 DMU_o 存在阻塞效应时,式(4-9)的最优解满足 $\boldsymbol{e}\boldsymbol{s}_o^{x*}>0$。

与式(3-4)可以转换为式(3-7)类似,参考 Aparicio 等(2007),非线性规划模型[式(4-9)]可以被转换为混合整数规划模型[式(4-13)]。

$$
\min \boldsymbol{es}_o^x
$$

$$
\text{s.t.}\begin{cases}
\sum_{j=1}^{n}(p_j+q_j)\boldsymbol{x}_j=\boldsymbol{x}_o-\boldsymbol{s}_o^x\\
\sum_{j=1}^{n}p_j\boldsymbol{y}_j=\boldsymbol{y}_o+\boldsymbol{s}_o^y\\
\sum_{j=1}^{n}p_j\boldsymbol{b}_j=\boldsymbol{b}_o-\boldsymbol{s}_o^b\\
\sum_{j=1}^{n}(p_j+q_j)=1\\
\boldsymbol{vx}_j-\boldsymbol{uy}_j+\boldsymbol{wb}_j+\omega-\alpha_j=0(\forall j)\\
\boldsymbol{vx}_j+\omega-\beta_j=0(\forall j)\\
\boldsymbol{ev}^{\mathrm{T}}+\boldsymbol{eu}^{\mathrm{T}}+\boldsymbol{ew}^{\mathrm{T}}=1\\
\boldsymbol{v}\geqslant\boldsymbol{0}^{\mathrm{T}},\boldsymbol{u}\geqslant\varepsilon\boldsymbol{e},\boldsymbol{w}\geqslant\varepsilon\boldsymbol{e}\\
p_j\leqslant C\zeta_j(\forall j),\alpha_j\leqslant C(1-\zeta_j)(\forall j)\\
q_j\leqslant C\eta_j(\forall j),\beta_j\leqslant C(1-\eta_j)(\forall j)\\
\zeta_j,\eta_j=\{0,1\},\alpha_j\geqslant0(\forall j),\beta_j\geqslant0(\forall j)\\
p_j\geqslant0(\forall j),q_j\geqslant0(\forall j),\boldsymbol{s}_o^x\geqslant\boldsymbol{0},\boldsymbol{s}_o^y\geqslant\boldsymbol{0},\boldsymbol{s}_o^b\geqslant\boldsymbol{0}
\end{cases}
\tag{4-13}
$$

式中,C 为足够大的实数。

本章给出定理 4. 2 来证明式(4-9)与式(4-13)等价。

定理 4. 2　当且仅当 $\boldsymbol{es}_o^{x*}>0$,其中"＊"表示式(4-13)的最优解,DMU_o 存在阻塞效应。

证明

(1)充分性。当 $\boldsymbol{es}_o^{x*}>0$ 时,DMU_o 存在阻塞效应。假设 $\boldsymbol{es}_o^{x*}>0$ 且 DMU_o 不存在阻塞效应,DMU_o 一定对应至少一个投影点$(\boldsymbol{x}_k,\boldsymbol{y}_k,\boldsymbol{b}_k)\in P_{\text{congestion}}^{\mathrm{u}}$,且任意满足 $\boldsymbol{x}_p\leqslant\boldsymbol{x}_k,\boldsymbol{y}_p\gneqq\boldsymbol{y}_k,\boldsymbol{b}_p\leqslant\boldsymbol{b}_k$ 或 $\boldsymbol{x}_p\leqslant\boldsymbol{x}_k,\boldsymbol{y}_p\geqslant\boldsymbol{y}_k,\boldsymbol{b}_p\lneqq\boldsymbol{b}_k$ 的活动$(\boldsymbol{x}_p,\boldsymbol{y}_p,\boldsymbol{b}_p)\notin P_{\text{congestion}}^{\mathrm{u}}$。与定理 4. 1 类似,式(4-10)的最优解满足 $\boldsymbol{ed}_k^{y*}+\boldsymbol{ed}_k^{b*}=0$,式(4-11)的最优解也一

定满足 $\boldsymbol{v}^*\boldsymbol{x}_k-\boldsymbol{u}^*\boldsymbol{y}_k+\boldsymbol{w}^*\boldsymbol{b}_k+\omega^*=0$。根据互补松弛定理，可得 $[p_1^*,p_2^*,\cdots,p_n^*]\cdot[\boldsymbol{v}^*\boldsymbol{x}_1-\boldsymbol{u}^*\boldsymbol{y}_1+\boldsymbol{w}^*\boldsymbol{b}_1+\omega,\cdots,\boldsymbol{v}^*\boldsymbol{x}_n-\boldsymbol{u}^*\boldsymbol{y}_n+\boldsymbol{w}^*\boldsymbol{b}_n+\omega^*]^{\mathrm{T}}=0$ 以及 $[q_1^*,q_2^*,\cdots,q_n^*]\cdot[\boldsymbol{v}^*\boldsymbol{x}_1+\omega,\cdots,\boldsymbol{v}^*\boldsymbol{x}_n+\omega^*]^{\mathrm{T}}=0$，因此，与定理 4.1 类似，$(\boldsymbol{p}^*,\boldsymbol{q}^*,\boldsymbol{s}_o^x=\boldsymbol{0},\boldsymbol{s}_o^y=\boldsymbol{y}_k-\boldsymbol{y}_o,\boldsymbol{s}_o^b=\boldsymbol{b}_o-\boldsymbol{b}_k,\boldsymbol{v}^*,\boldsymbol{u}^*,\boldsymbol{w}^*,\omega^*)$ 是式(4-13)的一个可行解，其中 $\boldsymbol{p}^*$ 和 $\boldsymbol{q}^*$ 来自式(4-10)的最优解，$\boldsymbol{v}^*$、$\boldsymbol{u}^*$、$\boldsymbol{w}^*$ 和 ω^* 来自式(4-11)的最优解，此时可行解满足 $\boldsymbol{es}_o^x=0$，这与式(4-9)的最优解满足 $\boldsymbol{es}_o^{x*}>0$ 相矛盾。因此，当 $\boldsymbol{es}_o^{x*}>0$ 时，DMU_o 存在阻塞效应。

(2)必要性。当 DMU_o 存在阻塞效应时，式(4-13)的最优解满足 $\boldsymbol{es}_o^{x*}>0$。首先，由于式(4-13)约束 p_j^* 与 $\boldsymbol{v}^*\boldsymbol{x}_j-\boldsymbol{u}^*\boldsymbol{y}_j+\boldsymbol{w}^*\boldsymbol{b}_j+\omega^*$ 不能同时大于 0，q_j^* 与 $\boldsymbol{v}^*\boldsymbol{x}_j+\omega^*$ 不能同时大于 0，可得如下等式：

$$
\begin{aligned}
&\boldsymbol{v}^*(\boldsymbol{x}_o-\boldsymbol{s}_o^{x*})-\boldsymbol{u}^*(\boldsymbol{y}_o+\boldsymbol{s}_o^{y*})+\boldsymbol{w}^*(\boldsymbol{b}_o-\boldsymbol{s}_o^{b*})+\omega^*\\
&=\boldsymbol{v}^*\left[\sum_{j=1}^{n}(p_j^*+q_j^*)\boldsymbol{x}_j\right]-\boldsymbol{u}^*\left(\sum_{j=1}^{n}p_j^*\boldsymbol{y}_j\right)+\boldsymbol{w}^*\left(\sum_{j=1}^{n}p_j^*\boldsymbol{b}_j\right)\\
&\quad+\left(\sum_{j=1}^{n}p_j^*+\sum_{j=1}^{n}q_j^*\right)\omega^* \qquad (4\text{-}14)\\
&=\sum_{j=1}^{n}p_j^*(\boldsymbol{v}^*\boldsymbol{x}_j-\boldsymbol{u}^*\boldsymbol{y}_j+\boldsymbol{w}^*\boldsymbol{b}_j+\omega^*)+\sum_{j=1}^{n}q_j^*(\boldsymbol{v}^*\boldsymbol{x}_j+\omega^*)\\
&=0
\end{aligned}
$$

假设 DMU_o 存在阻塞效应且式(4-13)的最优解满足 $\boldsymbol{es}_o^{x*}=0$，与定理 4.1 类似，可以证明活动 $(\boldsymbol{x}_o,\boldsymbol{y}_o+\boldsymbol{s}_o^{y*},\boldsymbol{b}_o-\boldsymbol{s}_o^{b*})$ 是 DMU_o 的一个投影点，且减少投入无法增加期望产出或减少非期望产出。根据定义 4.3，DMU_o 不存在阻塞效应，这与 DMU_o 存在阻塞效应的假设相矛盾。因此，当 DMU_o 存在阻塞效应时，式(4-13)的最优解满足 $\boldsymbol{es}_o^{x*}>0$。

其次，对于存在阻塞效应的 DMU，计算式(4-15)以区分相对阻塞效应以及绝对阻塞效应。

$$\min \boldsymbol{et}_o^x - \varepsilon \boldsymbol{es}_o^x$$

$$\text{s. t.} \begin{cases} \sum_{j=1}^{n} (p_j + q_j)\boldsymbol{x}_j = \boldsymbol{x}_o - \boldsymbol{s}_o^x \\ \sum_{j=1}^{n} p_j \boldsymbol{y}_j = \boldsymbol{y}_o + \boldsymbol{s}_o^y \\ \sum_{j=1}^{n} p_j \boldsymbol{b}_j = \boldsymbol{b}_o - \boldsymbol{s}_o^b \\ \sum_{j=1}^{n} (p_j + q_j) = 1 \\ \boldsymbol{v}(\boldsymbol{x}_o - \boldsymbol{s}_o^x) - \boldsymbol{u}(\boldsymbol{y}_o + \boldsymbol{s}_o^y) + \boldsymbol{w}(\boldsymbol{b}_o - \boldsymbol{s}_o^b) + \omega = 0 \\ \boldsymbol{vx}_j - u\boldsymbol{y}_j + \boldsymbol{wb}_j + \omega \geqslant 0(\forall j) \\ \boldsymbol{vx}_j + \omega \geqslant 0(\forall j) \\ \boldsymbol{ev}^{\mathrm{T}} + \boldsymbol{eu}^{\mathrm{T}} + \boldsymbol{ew}^{\mathrm{T}} = 1 \\ p_j \geqslant 0(\forall j), q_j \geqslant 0(\forall j), \boldsymbol{v} \geqslant \boldsymbol{0}^{\mathrm{T}}, \boldsymbol{u} \geqslant \varepsilon \boldsymbol{e}, \boldsymbol{w} \geqslant \varepsilon \boldsymbol{e} \\ \boldsymbol{t}_o^x \geqslant \boldsymbol{s}_o^x, \boldsymbol{t}_o^x \geqslant \boldsymbol{0}, \boldsymbol{s}_o^y \geqslant \boldsymbol{0}, \boldsymbol{s}_o^b \geqslant \boldsymbol{0} \end{cases} \tag{4-15}$$

式(4-15)删除了式(4-9)中 $\boldsymbol{s}_o^x \geqslant \boldsymbol{0}$ 的约束,引入变量 $\boldsymbol{t}_o^x$ 来表示变量 $\boldsymbol{s}_o^x$ 中大于 0 的元素,从而测度在投入允许增加时消除阻塞效应需要最少减少的投入量。式(4-15)首先最小化 $\boldsymbol{et}_o^x$ 以最小化消除阻塞效应时的投入减少量,其次最大化 $\boldsymbol{s}_o^x$ 中小于 0 的元素,使其趋近于 0,从而保证不存在阻塞效应的 DMU 不会被改进。当式(4-15)的最优解满足 $\boldsymbol{et}_o^{x*} > 0$ 时,被测 DMU_o 存在的阻塞效应一定需要通过减少投入才能改进消除,此时存在绝对阻塞效应;当式(4-15)的最优解满足 $\boldsymbol{et}_o^{x*} = 0$ 时,被测 DMU_o 存在的阻塞效应通过增加投入即可消除而无须减少投入,因此存在的阻塞效应为相对阻塞效应。本研究通过定理4.3 给出严格证明。

定理 4.3　当且仅当 $\boldsymbol{et}_o^{x*} > 0$,其中“ * ”表示式(4-15)的最优解,$\mathrm{DMU}_o$ 存在绝对阻塞效应。

证明

(1)充分性。当 $\boldsymbol{et}_o^{x*} > 0$ 时,DMU_o 存在绝对阻塞效应。假设 $\boldsymbol{et}_o^{x*} > 0$ 且 DMU_o 不存在绝对阻塞效应,即 DMU_o 的阻塞效应可以通过增加投入来消除。设 DMU_o

可以通过增加投入改进到有效率的活动($\boldsymbol{x}_k,\boldsymbol{y}_k,\boldsymbol{b}_k$)以消除阻塞效应,其中 $\boldsymbol{x}_k \geqslant \boldsymbol{x}_o,\boldsymbol{y}_k \geqslant \boldsymbol{y}_o,\boldsymbol{b}_k \leqslant \boldsymbol{b}_o$。根据定理 4.1,将活动($\boldsymbol{x}_k,\boldsymbol{y}_k,\boldsymbol{b}_k$)代入式(4-9)或式(4-13)可得最优解 $\boldsymbol{es}_k^{x*}=0$,将最优解代入式(4-15)中有可行解($\boldsymbol{t}_o^x=\boldsymbol{0},\boldsymbol{s}_o^x=\boldsymbol{x}_o-\boldsymbol{x}_k \leqslant \boldsymbol{0},\boldsymbol{s}_o^y=\boldsymbol{y}_k-\boldsymbol{y}_o,\boldsymbol{s}_o^b=\boldsymbol{b}_o-\boldsymbol{b}_k,\boldsymbol{p}^*,\boldsymbol{q}^*,\boldsymbol{v}^*,\boldsymbol{u}^*,\boldsymbol{w}^*,\omega^*$),此时 $\boldsymbol{et}_o^x=0$,这与 $\boldsymbol{et}_o^{x*}>0$ 的假设相矛盾。因此,当 $\boldsymbol{et}_o^{x*}>0$ 时,DMU$_o$ 存在绝对阻塞效应。

(2)必要性。当 DMU$_o$ 存在绝对阻塞效应时,式(4-15)的最优解满足 $\boldsymbol{et}_o^{x*}>0$。假设 DMU$_o$ 存在绝对阻塞效应且式(4-15)的最优解满足 $\boldsymbol{et}_o^{x*}=0$,参考定理 4.1,可得($\boldsymbol{x}_o-\boldsymbol{s}_o^{x*},\boldsymbol{y}_o+\boldsymbol{s}_o^{y*},\boldsymbol{b}_o-\boldsymbol{s}_o^{b*}$)是有效率的且不存在阻塞效应,此时 $\boldsymbol{x}_o-\boldsymbol{s}_o^{x*} \geqslant \boldsymbol{x}_o$,通过增加投入来消除阻塞效应是可行的,这与 DMU$_o$ 存在绝对阻塞效应的假设相矛盾。因此,当 DMU$_o$ 存在绝对阻塞效应时,式(4-15)的最优解满足 $\boldsymbol{et}_o^{x*}>0$。

非线性规划模型[式(4-15)]同样可以被转换为混合整数规划模型[式(4-16)]。

$$
\min \boldsymbol{et}_o^x - \varepsilon \boldsymbol{es}_o^x
$$

$$
\text{s. t.} \begin{cases}
\sum_{j=1}^{n}(p_j+q_j)\boldsymbol{x}_j=\boldsymbol{x}_o-\boldsymbol{s}_o^x \\
\sum_{j=1}^{n}p_j\boldsymbol{y}_j=\boldsymbol{y}_o+\boldsymbol{s}_o^y \\
\sum_{j=1}^{n}p_j\boldsymbol{b}_j=\boldsymbol{b}_o-\boldsymbol{s}_o^b \\
\sum_{j=1}^{n}(p_j+q_j)=1 \\
\boldsymbol{vx}_j-\boldsymbol{uy}_j+\boldsymbol{wb}_j+\omega-\alpha_j=0(\forall j) \\
\boldsymbol{vx}_j+\omega-\beta_j=0(\forall j) \\
\boldsymbol{ev}^{\mathrm{T}}+\boldsymbol{eu}^{\mathrm{T}}+\boldsymbol{ew}^{\mathrm{T}}=1 \\
\boldsymbol{v}\geqslant\boldsymbol{0}^{\mathrm{T}},\boldsymbol{u}\geqslant\varepsilon\boldsymbol{e},\boldsymbol{w}\geqslant\varepsilon\boldsymbol{e} \\
p_j\leqslant C\zeta_j(\forall j),\alpha_j\leqslant C(1-\zeta_j)(\forall j) \\
q_j\leqslant C\eta_j(\forall j),\beta_j\leqslant C(1-\eta_j)(\forall j) \\
\zeta_j,\eta_j=\{0,1\},\alpha_j\geqslant0(\forall j),\beta_j\geqslant0(\forall j) \\
p_j\geqslant0(\forall j),q_j\geqslant0(\forall j),\boldsymbol{t}_o^x\geqslant\boldsymbol{s}_o^x,\boldsymbol{t}_o^x\geqslant\boldsymbol{0},\boldsymbol{s}_o^y\geqslant\boldsymbol{0},\boldsymbol{s}_o^b\geqslant\boldsymbol{0}
\end{cases} \tag{4-16}
$$

定理 4.4　当且仅当 $et_o^{x*}>0$，其中“ * ”表示式(4-16)的最优解，DMU_o存在绝对阻塞效应。

证明　参考定理 4.2 以及定理 4.3。

识别绝对阻塞效应与相对阻塞效应的流程图如图 4-5 所示。通过例 4.1 以及例 4.2 可以进一步说明识别和测度阻塞效应的流程。

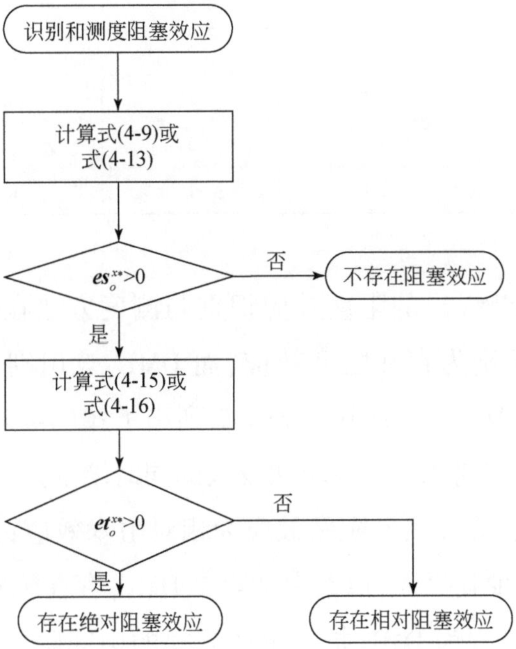

图 4-5　考虑非期望产出的阻塞效应识别流程图

例 4.2　假设有 4 个 DMU(DMU_j,$j=1,2,3,4$)，每个 DMU 使用两种投入(x_1,x_2)来生产两种期望产出(y_1,y_2)以及一种非期望产出(b_1)，投入产出数据如表4-5 所示。在例 4.2 中，除 DMU_4外，所有 DMU 都是有效率的。相较于DMU_1，DMU_3存在阻塞效应，因为其增加投入导致了非期望产出的增加且没有增加期望产出。DMU_6相较于DMU_2来说增加投入导致了期望产出的减少与非期望产出的增加，因此 DMU_6同样存在阻塞效应。DMU_2与 DMU_3同为 DMU_4的投影点，其中 DMU_2不存在阻塞效应，而 DMU_3存在阻塞效应，根据定义 4.3，DMU_4应当被认为不存在阻塞效应，因为无法判断 DMU_4的投入是否导致了期望产出的减少与非期望产出的增多。如果将 DMU_4识别为存在阻塞效应，其可以通过改

进到 DMU_2,无须改进投入即可消除阻塞效应,这与通过识别和测度阻塞效应来判断投入是否过度的目的不相符。

表 4-5　例 4.2 中的投入产出数据

DMU	投入(x_1)	投入(x_2)	期望产出(y_1)	期望产出(y_2)	非期望产出(b_1)
DMU_1	2	1	2	3	2
DMU_2	3	3	3	2	1
DMU_3	3	3	2	3	3
DMU_4	3	3	1	1	5
DMU_5	6	5	3	3	3
DMU_6	7	4	1	1	4

表 4-6 列出了本节提出的阻塞效应识别与测度方法在例 4.2 中的结果,其中 DMU_3 与 DMU_6 被识别为存在阻塞效应,而 DMU_4 被识别为不存在阻塞效应。对于存在阻塞效应的 DMU_3 与 DMU_6,表 4-7 列出了式(4-15)或式(4-16)的计算结果,其中 DMU_3 可以参考 DMU_5 在增加投入的同时增加期望产出到(3,3),进而消除阻塞效应,根据定义 4.4,其阻塞效应为相对阻塞效应;而消除 DMU_6 存在的阻塞效应一定需要减少其投入,根据定义 4.5,DMU_6 存在绝对阻塞效应。相对阻塞效应(DMU_3)可以被视为 DMU 扩大生产规模的中间阶段,其投入量可能是合理的,但对于绝对阻塞效应(DMU_6),减少投入是使其达到帕累托最优的唯一手段,而消除阻塞效应时的最小投入减少量可以被视为过度投入。

表 4-6　例 4.2 中 DMU 的阻塞效应状况

DMU	式(4-9)或式(4-13)的最优解 es_o^{x*}	是否存在阻塞效应
DMU_1	0	不存在
DMU_2	0	不存在
DMU_3	1	存在
DMU_4	0	不存在
DMU_5	0	不存在
DMU_6	2	存在

表 4-7　例 4.2 中 DMU 的阻塞效应归类

DMU	式(4-15)或式(4-16)的最优解 $\boldsymbol{et}_o^{x*}$	阻塞效应分类
DMU_3	0	相对阻塞效应
DMU_6	1	绝对阻塞效应

4.4　考虑非期望产出的阻塞效应的改进方法

如例 4.2 所示，考虑非期望产出的阻塞效应同样可以分为相对阻塞效应以及绝对阻塞效应，其中相对阻塞效应既可以通过减少投入来消除，也可以通过增加投入来消除，而在消除绝对阻塞效应时一定需要减少投入。相较于减少投入消除绝对阻塞效应需要减少的投入量，增加投入消除绝对阻塞效应需要减少的投入量更小，因此增加投入消除绝对阻塞效应时的最小投入减少量更能代表过度投入量。本小节将考虑非期望产出的阻塞效应的改进方法同样分为减少投入消除阻塞效应以及增加投入消除阻塞效应两种方法。

4.4.1　减少投入消除阻塞效应

在减少投入消除阻塞效应时，最小投入减少量可以视为造成阻塞效应的原因，即该部分投入没有发挥其预期中增加期望产出或减少非期望产出的作用，所以减少投入消除阻塞效应时的最小投入减少量可以称为无效投入。该最小投入减少量可以由式(4-9)或式(4-13)最优解中的 $\boldsymbol{s}_o^{x*}$ 表示，根据定理 4.1 和定理 4.2，活动($\boldsymbol{x}_o-\boldsymbol{s}_o^{x*}$，$\boldsymbol{y}_o+\boldsymbol{s}_o^{y*}$，$\boldsymbol{b}_o-\boldsymbol{s}_o^{b*}$)是有效率且不存在阻塞效应的，可以看作在最小化投入减少量时消除阻塞效应并提升效率的改进目标。

以例 4.2 为例，表 4-8 列出了各 DMU 消除阻塞效应后的投入产出值。在减少投入消除阻塞效应时，DMU_3最少需要减少 1 单位的无效投入 x_2，而 DMU_6最少需要减少 2 单位的无效投入 x_1。将 DMU_6改进到 DMU_1，减少 5 单位的投入 x_1 以及 3 单位的投入 x_2 以消除阻塞效应虽然是可行的，但不能将从(2，1)增加到(5，4)的投入均视为无效的，因为其增加了期望产出。因此，本书将减少投入消除阻塞效应时的最小投入减少量称为无效投入。

表 4-8　例 4.2 中减少投入消除阻塞效应后的投入产出值

DMU	投入(x_1)	投入(x_2)	期望产出(y_1)	期望产出(y_2)	非期望产出(b_1)
DMU_1	2	1	2	3	2
DMU_2	3	3	3	2	1
DMU_3	3	2	9/4	3	9/4
DMU_4	3	3	3	2	1
DMU_5	6	5	3	3	3
DMU_6	5	4	11/4	3	11/4

4.4.2　增加投入消除阻塞效应

相对阻塞效应可以通过增加投入加以消除,但当投入可以增加时,消除绝对阻塞效应依旧需要减少投入。该部分需要减少的投入可以视为过度投入,即消除阻塞效应并达到帕累托最优时必要的投入减少量。虽然单纯增加投入无法消除绝对阻塞效应,但允许投入增加能进一步最小化过度投入量。

表 4-9 列出了例 4.2 中各 DMU 增加投入消除阻塞效应后的投入产出值。DMU_3存在的相对阻塞效应可以通过增加投入加以消除。相较于减少投入消除阻塞效应,允许增加投入消除阻塞效应需要减少的投入量进一步降低,如消除DMU_6存在的绝对阻塞效应至少需要减少 1 单位的投入 x_1,并伴随着 1 单位投入x_2的增加,这 1 单位的投入 x_1可以被视为过度投入。

表 4-9　例 4.2 中允许投入增加时消除阻塞效应后的投入产出值

DMU	投入(x_1)	投入(x_2)	期望产出(y_1)	期望产出(y_2)	非期望产出(b_1)
DMU_1	2	1	2	3	2
DMU_2	3	3	3	2	1
DMU_3	4	3	5/2	3	5/2
DMU_4	3	3	3	2	1
DMU_5	6	5	3	3	3
DMU_6	6	5	3	3	3

4.5　实证研究：中国银行业阻塞效应

4.5.1　中国银行业研究背景

作为中国金融体系的主体，银行业在我国经济的快速发展中发挥着重要作用，对企业融资和社会资本配置有重要影响。改革开放以来，中国政府致力于推进金融体制改革，通过发展国有商业银行以外的其他类型银行，促进行业良性竞争，提高金融效率。在改革的推动下，在资产、资本以及利润方面，中国银行业影响力都有了较大的提升。在美国金融杂志《环球金融》发布的2020年度全球按总资产排名最大的50家银行榜单中，中国工商银行、中国建设银行、中国农业银行和中国银行包揽了前四名。

受疫情变化以及地区冲突的影响，世界经济的发展仍面临诸多不确定性。2021年中央经济工作会议指出，“我国经济发展面临需求收缩、供给冲击、预期转弱三重压力。世纪疫情冲击下，百年变局加速演进，外部环境更趋复杂严峻和不确定”。防范系统性金融风险的发生已经成为我国金融工作的重中之重。我国银行业作为重要的金融机构，在测度其绩效时纳入不良贷款等风险评估指标极为必要。

学者们对银行业在风险管理、政策制定等方面开展了广泛的研究（Middleton and Ziderman，1997；Demirguc-Kunt and Huizinga，2009；Odonkor et al.，2011；Haq et al.，2014；Williams，2016；Ashraf et al.，2020；Siarka，2021；Muhfiatun，2016），对银行业的绩效评估也成了学者们关注的研究方向之一（de Abreu et al.，2019）。基于DEA方法在处理多产出指标、无须预设参数与生产函数上的优势，DEA方法已经成了银行业绩效评估的主流方法之一（Berger and Humphrey，1997）。Sherman和Gold（1985）运用DEA方法测度了伊朗一家银行30个分支机构的相对效率。Seiford和Zhu（1999）从盈利能力和市场开拓能力两方面运用DEA方法测度了美国排名前55的商业银行的效率。Paradi等（2011）分两个阶段测度了加拿大一家银行816个分支机构的绩效。他们首先运用DEA方法从人力、盈利能力、借贷能力三个方面测度了各分支机构的相对效率，然后运用只有产出的

DEA 模型将三方面的效率融合为最终绩效。Drake 和 Hall(2003)运用 DEA 方法测度了日本银行业的技术效率与规模效率,并发现了不良贷款对效率有较大影响。Drake 等(2006)基于 DEA 方法评估了中国香港银行业的效率,通过 Tobit 回归,发现影响中国香港银行业效率的主要因素是宏观经济和房地产市场因素。Barros 等(2012)运用 DEA 方法分析了日本银行业在 2000 ~ 2007 年的技术效率,他们认为日本银行业需要进一步整合重组。Fukuyama 和 Weber(2015)运用动态两阶段 DEA 模型评估了日本商业银行的绩效,同时将最小化不良贷款等非期望产出纳入考量。Noor 和 Ahmad(2012)运用 DEA 方法测度了 78 家伊斯兰银行的效率,他们发现效率高的银行大多位于高收入国家。Akther 等(2013)基于网络 DEA 方法测度了孟加拉国 19 家私人商业银行和两家国有银行在2005 ~ 2008 年的绩效情况。Titko 等(2014)运用 DEA 方法评估了拉脱维亚的银行效率,并探讨了投入产出指标选择问题。Wanke 等(2016)开发了一种模糊 DEA 模型来应对绩效评估中的潜在不确定性,并将其应用于莫桑比克银行效率评估中。Zhou 等(2019)运用网络 DEA 模型从多时期多阶段的视角评估了中国上市商业银行 2014 ~ 2016 年的效率。Matthews(2013)运用网络 DEA 方法评估了中国银行业的风险管理情况。Partovi 和 Matousek(2019)运用基于方向距离函数的 DEA 方法分析了土耳其银行业的效率,他们发现股权结构对土耳其银行的效率有显著影响。

通过综述现有对银行业的研究可以发现,银行业绩效评估已经成为重要且热门的研究课题之一,而 DEA 方法是银行业绩效评估的重要方法。然而,我国银行业阻塞效应的研究相对匮乏。通过识别和测度我国银行业阻塞效应状况,本节一方面进一步说明前文提出方法的应用场景,另一方面对我国银行业过度投入状况进行分析评估,为我国银行业高效稳健发展提供参考。

4.5.2 中国银行业投入产出指标

综合已有研究常用投入产出指标以及数据的可获得性,本节选取固定资产、存款总额以及员工总数作为投入指标,选取净利润作为期望产出指标,并选取不良贷款余额作为非期望产出指标。本节收集了我国 43 家银行在 2012 ~ 2018 年的数据,其中包括城市商业银行 23 家、股份制商业银行 9 家、国有商业银行 5 家以及农村商业银行6家。我国银行业活动示意图如图4-6所示,投入产出指标如表4-10所示。

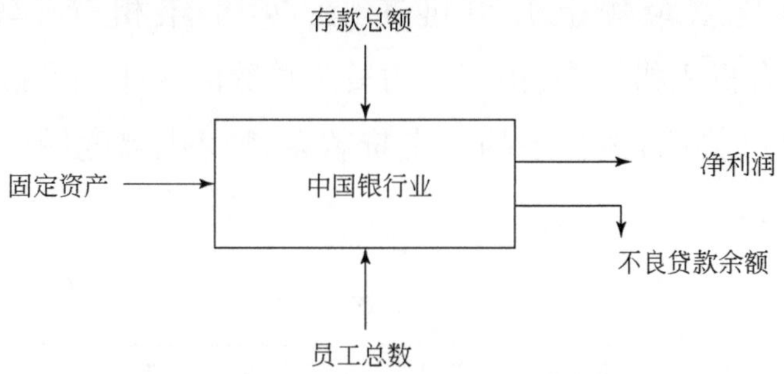

图4-6　中国银行业活动示意图

表4-10　投入产出指标

变量	投入产出指标	类型	计量单位	数据来源
x_1	固定资产	投入	亿元	中国研究数据服务平台
x_2	存款总额	投入	亿元	中国研究数据服务平台
x_3	员工总数	投入	人	中国研究数据服务平台
y_1	净利润	期望产出	亿元	中国研究数据服务平台
b_1	不良贷款余额	非期望产出	亿元	中国研究数据服务平台

(1)固定资产。固定资产指为长期使用而购入的资产。固定资产主要包括土地、设备等。该数据源自中国研究数据服务平台。

(2)存款总额。存款总额主要包括活期存款和定期存款,还包括从邮局和储蓄账户转移的定期存款。该数据源自中国研究数据服务平台。

(3)员工总数。员工总数指参与银行经营活动的人员数。该数据源自中国研究数据服务平台。

(4)净利润。净利润是指银行利润总额减去所得税后的金额,即银行的税后利润。该数据源自中国研究数据服务平台。

(5)不良贷款余额。不良贷款余额主要包括次级类贷款、可疑类贷款、不可收回类贷款等。该数据源自中国研究数据服务平台。

各投入产出指标的描述性统计如表4-11所示。图4-7描述了各指标平均值在2012~2018年的变化情况。银行平均固定资产、平均存款总额以及平均员工总数在2018年相较于2012年分别上升了75.92%、64.93%以及10.95%，不断增加的投入使银行平均净利润在2018年相较于2012年上升了41.04%，但与此同时，平均不良贷款余额上升更迅速，在2018年相较于2012年增长了219.06%。在所有投入指标中，银行平均员工总数的变化幅度最小，并在2017～2018年呈现下降趋势；而银行平均不良贷款余额变化幅度最大，但增长趋势在2015年后逐渐放缓。

表4-11　描述性统计

统计指标		2012年	2013年	2014年	2015年	2016年	2017年	2018年
固定资产/亿元	平均值	165.188 39	189.616 90	215.931 14	238.237 36	263.988 34	276.032 02	290.595 95
	标准差	388.014 22	436.320 39	489.050 09	527.512 29	571.110 35	585.170 82	614.437 10
	最大值	1 503.240 00	1 607.040 00	1 962.380 00	2 215.020 00	2 436.190 00	2 456.870 00	2 535.250 00
	最小值	1.667 31	1.910 30	1.893 49	2.021 18	1.807 70	1.921 39	1.410 13
	中位数	15.693 66	17.852 70	18.932 39	25.962 71	30.457 01	37.271 95	31.490 20
存款总额/亿元	平均值	15 638.435	17 270.285	18 626.103	20 178.477	22 319.153	23 713.275	25 792.566
	标准差	32 496.736	35 131.512	37 292.192	39 620.865	43 793.123	46 780.661	50 688.193
	最大值	136 429.10	146 208.25	155 566.01	162 819.39	178 253.02	192 263.49	214 089.34
	最小值	200.026	234.854	237.919	261.479	292.459	317.107	340.689
	中位数	2 013.162	2 462.139	2 796.806	3 120.465	3 654.710	3 578.576	3 522.923
员工总数/人	平均值	49 282.19	51 845.07	53 757.07	54 793.19	54 816.09	55 646.30	54 678.86
	标准差	113 677.67	117 893.68	121 098.80	121 992.57	120 771.88	121 220.05	117 416.50
	最大值	460 638	478 476	492 999	502 360	495 910	495 848	473 691
	最小值	680	866	842	883	953	1 004	1 045
	中位数	5 106	5 770	6 197	6 275	6 660	7 242	7 756
净利润/亿元	平均值	252.353 28	285.043 43	307.492 20	313.576 03	323.347 79	338.263 53	355.912 97
	标准差	530.311 64	590.560 27	627.365 24	631.222 73	639.217 56	661.165 84	690.747 78
	最大值	2 386.91	2 629.65	2 762.86	2 777.20	2 791.06	2 874.51	2 987.23
	最小值	3.064 85	2.544 24	2.649 45	0.709 37	2.613 10	3.328 55	3.056 20
	中位数	26.366 75	34.349 49	35.523 48	37.052 13	40.445 86	43.335 37	46.535 26
不良贷款余额/亿元	平均值	98.832 53	117.466 95	163.113 74	241.760 01	281.925 23	293.590 93	315.333 24
	标准差	215.938 56	245.069 36	333.399 47	501.388 45	560.192 69	556.765 70	576.060 72
	最大值	858.48	936.89	1 249.70	2 128.67	2 308.34	2 209.88	2 350.84
	最小值	0.444 84	1.157 80	0.802 79	2.885 75	3.560 00	4.415 20	3.953 77
	中位数	9.062 69	13.867 82	18.628 30	23.616 11	28.725 00	28.385 54	39.379 36

资料来源：中国研究数据服务平台。

注：为表示真实数据，表中表示人数的数值没有刻意取整

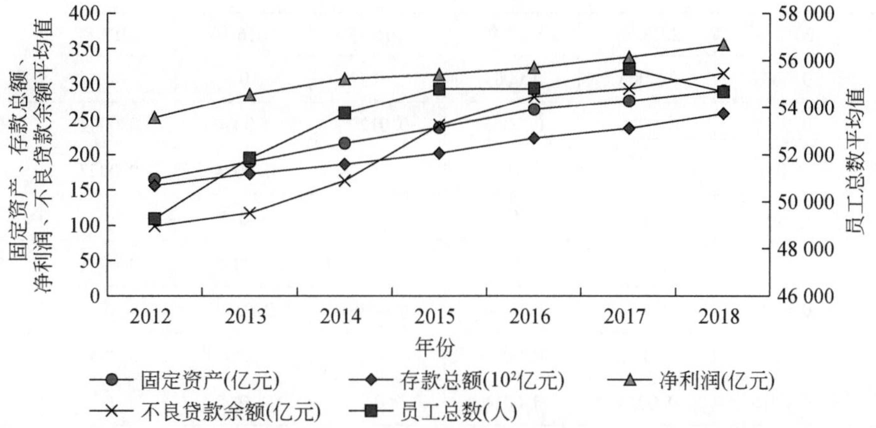

图 4-7　各指标平均值的变化情况

资料来源：中国研究数据服务平台

4.5.3　中国银行业阻塞效应状况

通过计算式(4-13)，各 DMU 在各年份的阻塞效应程度可以由最优解 $\boldsymbol{es}_o^{x*}$ 表示，计算结果如表 4-12 所示。

表 4-12　各 DMU 的阻塞效应程度

DMU	2012 年	2013 年	2014 年	2015 年	2016 年	2017 年	2018 年
DMU_1	0	0	0	0	0.0167	0.0238	0.0311
DMU_2	0.0002	0.0021	0.0013	0.0014	0.0023	0.0062	0
DMU_3	0	0	0.0013	0.0004	0.0030	0.0106	0.0063
DMU_4	0.0026	0	0.0011	0	0.0046	0.0051	0.0013
DMU_5	0.0021	0.0057	0.0049	0.0022	0.0023	0.0022	0.0004
DMU_6	0.0007	0.0009	0.0032	0	0.0030	0.0006	0.0009
DMU_7	0.1116	0.1453	0.1801	0.2431	0.3124	0.2952	0.3649
DMU_8	0.0024	0.0001	0	0	0	0	0
DMU_9	0.0047	0.0005	0.0051	0	0	0	0
DMU_{10}	0.0557	0	0	0	0.0549	0.0559	0.0054
DMU_{11}	0.0134	0.0157	0.0112	0.0132	0.0075	0.0040	0.0006
DMU_{12}	0	0	0	0	0	0	0.0014

续表

DMU	2012 年	2013 年	2014 年	2015 年	2016 年	2017 年	2018 年
DMU_{13}	0. 0033	0. 0005	0. 0005	0	0	0	0
DMU_{14}	0. 0072	0. 0070	0. 0056	0. 0120	0. 0082	0. 0064	0. 0085
DMU_{15}	0	0	0	0	0. 0024	0. 0027	0
DMU_{16}	0	0	0	0	0	0	0
DMU_{17}	0	0. 0004	0	0	0. 0035	0. 0071	0. 0048
DMU_{18}	0. 0192	0	0. 0008	0. 0038	0. 0551	0	0
DMU_{19}	0	0	0. 0011	0	0	0. 0033	0. 0073
DMU_{20}	0. 0016	0. 0034	0. 0014	0	0	0	0
DMU_{21}	0	0	0	0	0	0	0
DMU_{22}	0. 0206	0	0. 0079	0. 0002	0. 0220	0. 0099	0
DMU_{23}	0. 1346	0. 1317	0	0	0	0	0
DMU_{24}	0	0	0. 0894	0. 0767	0. 0889	0. 0655	0. 0320
DMU_{25}	0. 5315	0. 4111	0. 2062	0. 1789	0. 2374	0. 2762	0. 2845
DMU_{26}	0. 4917	0. 3411	0. 2072	0. 1314	0. 2037	0. 1488	0. 2568
DMU_{27}	0. 0018	0	0. 0144	0. 0632	0. 0936	0. 0243	0. 0236
DMU_{28}	0. 0369	0. 0374	0	0. 0286	0	0. 0256	0. 0184
DMU_{29}	0. 0001	0. 0007	0. 0027	0	0	0	0
DMU_{30}	0. 0111	0. 0017	0. 0072	0. 0214	0. 0230	0. 0277	0. 0117
DMU_{31}	0	0	0	0	0	0	0
DMU_{32}	0	0. 0067	0	0. 0045	0. 0016	0. 0003	0. 0020
DMU_{33}	0	0	0	0	0	0	0
DMU_{34}	0	0	0	0	0	0	0. 0009
DMU_{35}	0	0	0	0. 0014	0. 0003	0	0
DMU_{36}	0. 0003	0. 0002	0	0	0	0. 0005	0. 0006
DMU_{37}	0. 0007	0. 0014	0. 0009	0. 0008	0. 0006	0. 0010	0. 0021
DMU_{38}	0	0	0	0	0. 0020	0. 0005	0. 0005
DMU_{39}	0	0	0	0	0. 0037	0. 0023	0. 0015
DMU_{40}	0. 0108	0. 0118	0. 0113	0. 0061	0. 0050	0. 0040	0. 0029
DMU_{41}	0. 0126	0. 0129	0. 0143	0	0	0	0
DMU_{42}	0	0	0	0	0	0	0. 0013
DMU_{43}	0	0. 0004	0. 0004	0	0	0	0

各年份的阻塞效应程度可以通过加总当年所有 DMU 的阻塞效应程度获得。各年份的阻塞效应程度以及存在阻塞效应的 DMU 数量如图 4-8 所示。从图 4-8 中不难发现,2012 ~ 2018 年存在阻塞效应的 DMU 数量在 25 个附近上下波动,在 2015 年达到了最低值,只有 18 个 DMU 存在阻塞效应。从阻塞效应程度来看, 2012 ~ 2018 年,其总体呈现下降趋势,具体地,阻塞效应程度在 2012 ~ 2014 年与 2016 ~ 2017 年降低,但在 2014 ~ 2016 年以及 2017 ~ 2018 年有所上升。

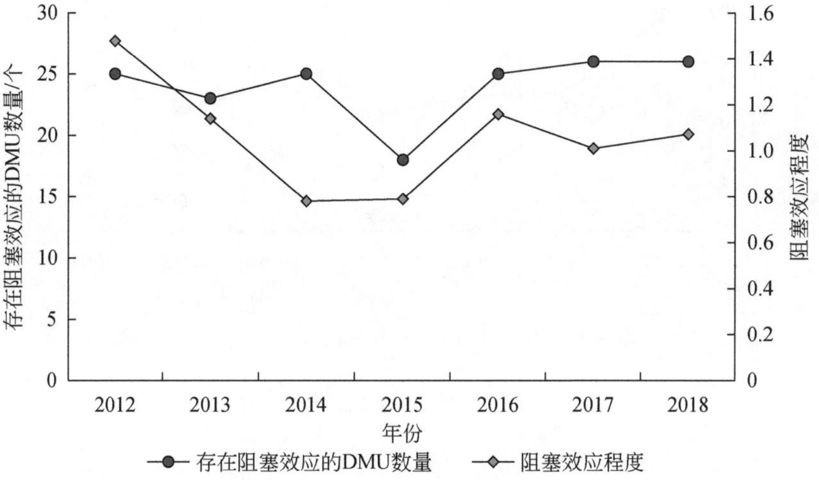

图 4-8　中国银行业阻塞效应状况

表 4-13 列出了还原标准化数据后 2012 ~ 2018 年所有 DMU 的无效投入量总和。图 4-9 直观地展示了各年份无效投入的占比变化情况,在最小化三种投入指标优先级相同的情况下,导致我国银行业阻塞效应的主要原因依次是无效的固定资产、无效的员工总数以及无效的存款总额。

表 4-13　各年份的无效投入量之和

年份	固定资产/亿元	存款总额/亿元	员工总数/人
2012	1 362. 600 75	3 378. 835	250 713. 79
2013	1 014. 695 02	62. 348	241 788. 67
2014	1 118. 338 87	1 079. 172	99 498. 39
2015	1 058. 542 15	11 744. 671	119 692. 40
2016	1 466. 865 16	39 253. 591	165 540. 27

续表

年份	固定资产/亿元	存款总额/亿元	员工总数/人
2017	1 302. 676 67	26 922. 625	167 555. 14
2018	1 623. 455 08	39 464. 265	116 366. 89

注:为表示真实数据,表中表示人数等数值没有刻意取整

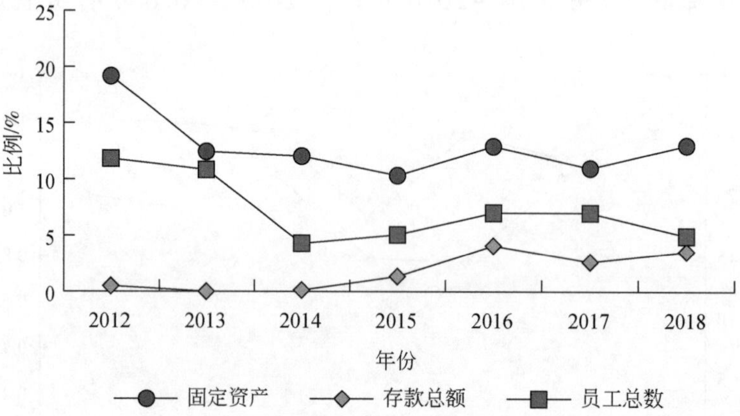

图 4-9　中国银行业无效投入占比

当分别优先最小化无效的固定资产、无效的存款总额以及无效的员工总数时,各年份无效投入的占比变化情况如图 4-10 ~ 图 4-12 所示。虽然在减少投入消除阻塞效应时减少的固定资产、存款总额以及员工总数可以互相替代,但总体而言无效的固定资产占比最大,而无效的存款总额占比最小,无效的固

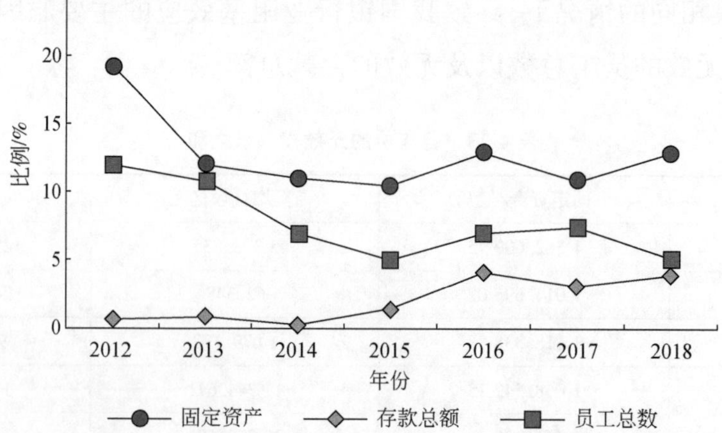

图 4-10　优先最小化无效的固定资产时的无效投入占比

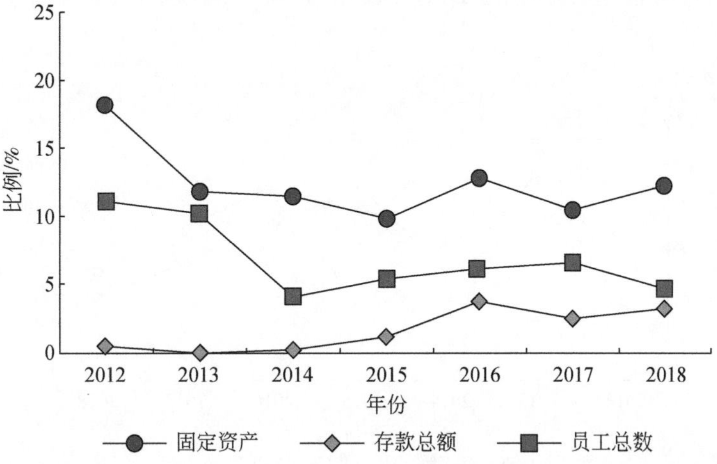

图 4-11　优先最小化无效的存款总额时的无效投入占比

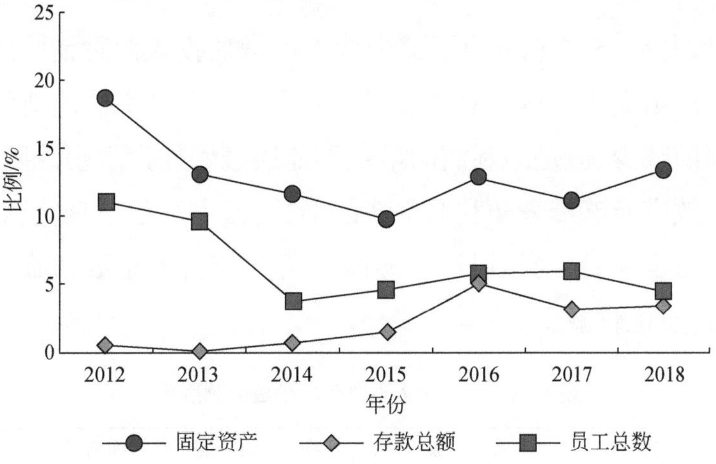

图 4-12　优先最小化无效的员工总数时的无效投入占比

定资产、无效的员工总数以及无效的存款总额仍依次是导致阻塞效应发生的主要原因。

存在的阻塞效应中，部分阻塞效应属于相对阻塞效应，其阻塞效应可以通过增加投入加以改进消除，而部分阻塞效应属于绝对阻塞效应，对应着过度投入的情况。图 4-13 展示了存在绝对阻塞效应的 DMU 数量以及绝对阻塞效应在所有阻塞效应中的占比。绝对阻塞效应状况在 2012～2018 年有所波动，其中 2016～

2018 年,存在绝对阻塞效应的 DMU 数量呈现下降趋势,但仍高于 2012 年的水平。

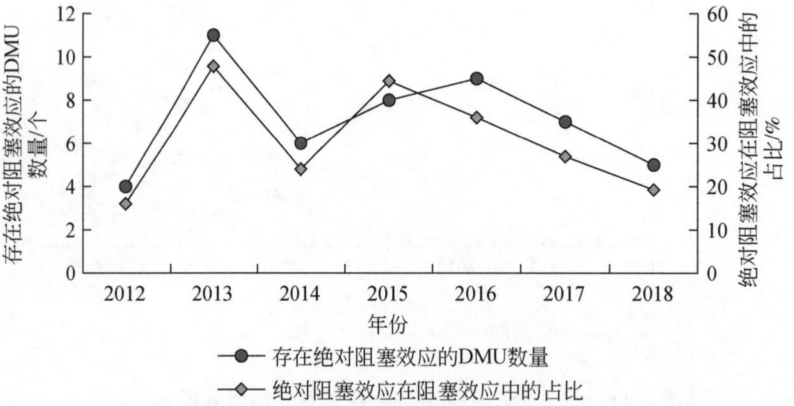

图 4-13　中国银行业绝对阻塞效应状况

表 4-14 和表 4-15 分别列出了减少投入和增加投入两种消除阻塞效应的方式对应的投入产出变化比例。总体上,减少投入消除阻塞效应能够带来更多的不良贷款余额的减少,但是净利润的增长不如通过增加投入消除阻塞效应;增加投入消除阻塞效应能够带来净利润更多的增长,但不利于不良贷款余额的减少。从过度投入的角度来看,我国银行业的固定资产与员工总数面临着过度投入的问题,需要进一步优化减少。

表 4-14　减少投入消除阻塞效应的改进目标　　(单位:%)

年份	固定资产减少占比	存款总额减少占比	员工总数减少占比	净利润增加占比	不良贷款余额减少占比
2012	19. 18	0. 50	11. 83	9. 52	19. 05
2013	12. 44	0. 01	10. 85	9. 64	10. 65
2014	12. 04	0. 13	4. 30	8. 99	8. 60
2015	10. 33	1. 35	5. 08	9. 23	9. 25
2016	12. 92	4. 09	7. 02	7. 53	7. 16
2017	10. 98	2. 64	7. 00	7. 97	6. 05
2018	12. 99	3. 56	4. 95	9. 81	9. 64

表 4-15 允许投入增加时消除阻塞效应的改进目标 （单位：%）

年份	固定资产减少占比	存款总额减少占比	员工总数减少占比	净利润增加占比	不良贷款余额减少占比
2012	3.93	-16.69	-5.78	28.37	7.07
2013	3.42	-8.04	2.06	18.42	3.19
2014	-0.10	-9.42	-3.43	18.93	2.48
2015	-0.52	-5.40	-0.14	17.18	5.28
2016	-0.37	-3.68	-1.61	18.12	3.17
2017	6.49	-1.45	1.91	12.78	2.60
2018	7.88	-0.70	0.53	14.39	6.08

注：负值表示在消除阻塞效应时该项投入需要增加的比例

4.5.4 主要发现

通过中国银行业实证研究，可以总结出以下三点发现。

(1)总体来看，2012～2018 年中国银行业存在阻塞效应的 DMU 数量变化不大，导致我国银行业阻塞效应的主要原因依次是无效的固定资产、无效的员工总数以及无效的存款总额。

(2)2012～2018 年，绝对阻塞效应一直存在于中国银行业当中，这意味着中国银行业存在过度投入状况，过度投入集中在固定资产以及员工总数两个指标。

(3)在中国银行业中，减少投入消除阻塞效应能够带来较多的不良贷款余额减少以及较少的净利润增加；对应地，增加投入消除阻塞效应能够带来更多的净利润增加以及更少的不良贷款余额减少。

4.6 本章小结

本章首先梳理了现有文献对非期望产出的处理方式，综述了考虑非期望产出的阻塞效应相关研究，并具体介绍了 Sueyoshi 和 Goto(2012)、Sueyoshi 和 Goto(2016)以及 Fang(2015)提出的三种考虑非期望产出的阻塞效应识别方法。其次，本章明确了考虑非期望产出的阻塞效应相关定义，并基于新定义开发了考虑非期望产出阻塞效应的识别与测度方法。在例 4.2 中，考虑非期望产出时，部分阻塞效应同样可以通过增加投入加以改进消除，因此相对阻塞效应与绝对阻塞效应的分类方法在考虑非期望产出时同样有助于帮助决策者识别和测度无效投入以及过度投入。最后，本章将考虑非期望产出的阻塞效应识别与测度新方法应用于中国银行业中，在丰富新提出的考虑非期望产出的阻塞效应识别与测度方法应用场景的同时，梳理了我国银行业的阻塞效应状况以及过度投入状况。

第 5 章　多阶段 DEA 中的阻塞效应

5.1　多阶段 DEA 中的阻塞效应的研究现状

传统的 DEA 方法将生产过程作为一个“黑箱”来进行整体的效率测度，忽略了生产过程的内部结构。然而，在多阶段的生产过程中，打开“黑箱”能够带来更为准确的绩效评估。例如，Wang 等(1997)认为，银行的经营活动实际上可以分为集资与投入两个环节，而信息技术仅应当作为集资环节的投入；Kao 和 Hwang(2010)指出，将生产过程作为一个“黑箱”的整体效率比另一 DMU 更高并不意味着各子阶段效率都比另一 DMU 高；Hwang 和 Kao(2006)以及 Kao 和 Hwang(2008)指出，分别测度各子阶段的效率有可能带来不合理的改进目标，而运用多阶段 DEA 方法计算的改进目标则不存在该问题。因此，学者们逐渐将生产过程的子阶段纳入考量，开发出网络 DEA 模型用于处理多个生产子阶段的情况。

生产过程子阶段的结构大致可以分为串联结构、并联结构及动态结构，这些结构的组合称为网络结构，相应的效率测度 DEA 方法统称为网络 DEA 方法(Färe and Grosskopf，2000a)。其中，串联结构指上一子阶段的产出是下一子阶段的投入，如图 5-1 所示，代表性研究包括 Seiford 和 Zhu(1999)、Zhu(2000)、Kao(2008)；并联结构指各子阶段使用总投入的一部分并产出总产出的一部分，如图 5-2 所示，代表性研究包括 Kao(2009)；动态结构额外考虑了时间因素，即上一时间段的产出作为下一时间段的投入，如图 5-3 所示，代表性研究包括 Tone

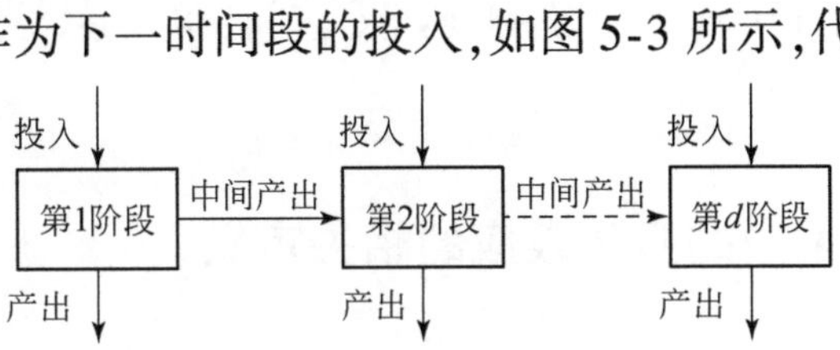

图 5-1　串联结构示意图

和 Tsutsui(2010,2014)。

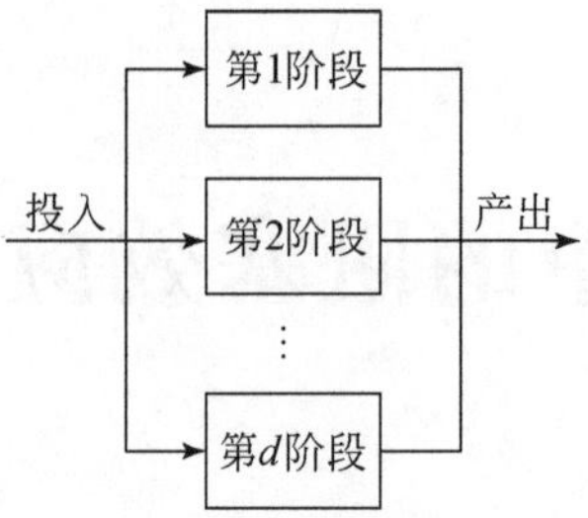

图 5-2 并联结构示意图

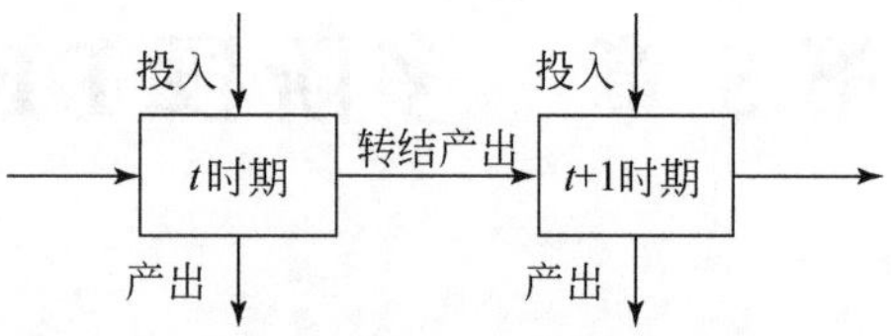

图 5-3 动态结构示意图

网络 DEA 的效率测度模型同样可以分为乘数模型与包络模型。乘数模型从投入产出比的角度出发,在规模收益不变假设下,总效率可以被分解为各子阶段效率之积(Kao,2008;Kao and Hwang,2008)或各子阶段的效率加权和(Chen et al.,2009;Cook et al.,2010;Ang and Chen,2016),但乘数模型难以给出各 DMU 的效率改进目标。包络模型则从生产可能集的角度出发,分别构建各子阶段的生产可能集,并分别计算各子阶段的效率以及总体效率(Färe and Grosskopf, 1996;Tone and Tsutsui,2010,2014)。包络模型相较于乘数模型能够更好地给出 DMU 在各阶段的改进目标,但是包络模型计算的总体效率难以分解为各子阶段效率,即总体效率难以通过各子阶段效率计算得出。

目前,针对多阶段 DEA 中的阻塞效应的研究还不够充分。Sharma 和 Yu (2013)基于 FGL 方法提出了多阶段 DEA 的阻塞效应识别与测度方法,但一方面 FGL 方法难以准确识别和测度阻塞效应,另一方面 Sharma 和 Yu(2013)提出的方法没有反映网络结构的生产过程。Khoveyni 等(2019b)开发了两阶段阻塞效应识别方法,但没有考虑第一阶段存在阻塞效应的情况。本章将基于第 3 章的阻塞效应新定义,探索串联结构下多阶段 DEA 中阻塞效应的定义、识别与测度方法。

5.2 两阶段 DEA 中的阻塞效应定义、识别与测度方法

5.2.1 两阶段 DEA 中的阻塞效应的相关定义

在基础的两阶段生产过程中,即每个 DMU 在第一阶段的产出全部投入第二

阶段的生产过程中,生产函数可以用 $y=g[f(x)]$ 表示,其中 $z=f(x)$ 表示第一阶段的生产函数,而 $y=g(z)$ 表示第二阶段的生产函数。该生产函数的规模弹性满足 $\rho=\dfrac{\partial g/\partial x}{g[f(x)]/x}=\dfrac{\dfrac{\partial g}{\partial f}\times\dfrac{\partial f}{\partial x}}{g[f(x)]/x}=\dfrac{\dfrac{\partial g}{\partial f}\times\dfrac{\partial f}{\partial x}}{g[f(x)]/f(x)\times f(x)/x}=\rho_1\times\rho_2$,其中 $\rho_1=\dfrac{\partial f/\partial x}{f(x)/x}$ 表示第一阶段生产函数的规模弹性,$\rho_2=\dfrac{\partial g/\partial z}{g(z)/z}$ 表示第二阶段生产函数的规模弹性。整体生产函数上的规模收益可以表示为两阶段规模弹性之积,根据各阶段的规模弹性,生产函数可以分为四个部分。

第一部分:$\rho_1\geqslant 0$ 且 $\rho_2\geqslant 0$,此时有 $\rho\geqslant 0$,即增加投入 x 时中间产出 z 和最终产出 y 都不会减少。

第二部分:$\rho_1>0$ 且 $\rho_2<0$,此时 $\rho<0$,即增加投入 x 可以增加中间产出 z,但会降低最终产出 y。

第三部分:$\rho_1\leqslant 0$ 且 $\rho_2\leqslant 0$,此时 $\rho\geqslant 0$,即增加投入 x 时中间产出 z 不会增加,而最终产出 y 不会减少。

第四部分:$\rho_1<0$ 且 $\rho_2>0$,此时 $\rho<0$,即增加投入 x 会减少中间产出 z 并减少最终产出 y。

图 5-4 简单展示了两阶段生产函数的四个部分。当然,并不是所有的两阶段生产函数都由这四部分组成,若生产的第一阶段不存在阻塞效应而生产的第二阶段存在阻塞效应,则两阶段生产函数只由第一部分和第二部分组成,若生产的第一阶段和第二阶段都不存在阻塞效应,则两阶段生产函数只包含第一部分。

在两阶段生产函数的第一部分中,即当 $\rho_1\geqslant 0$ 且 $\rho_2\geqslant 0$ 时,可以用最少的投入 x 生产最大可能最终产出 y,而在其他三部分中,虽然投入更多,但生产的最终产出不可能大于第一阶段中的最大可能最终产出。因此,本章将两阶段生产函数的第二至四部分认定为过度投入状况,相应地,本章将两阶段阻塞效应定义为任一生产阶段存在阻塞效应。

需要注意,当考虑规模弹性为负的情况时,两阶段生产函数 $y=g[f(x)]$ 不再能表示当前投入的最大可能最终产出,即投入对应的产出可能大于 $g[f(x)]$。在图 5-4 中,当 DMU 的投入大于 A 点且小于 C 点时,其最大可能产出如虚线 AC 所

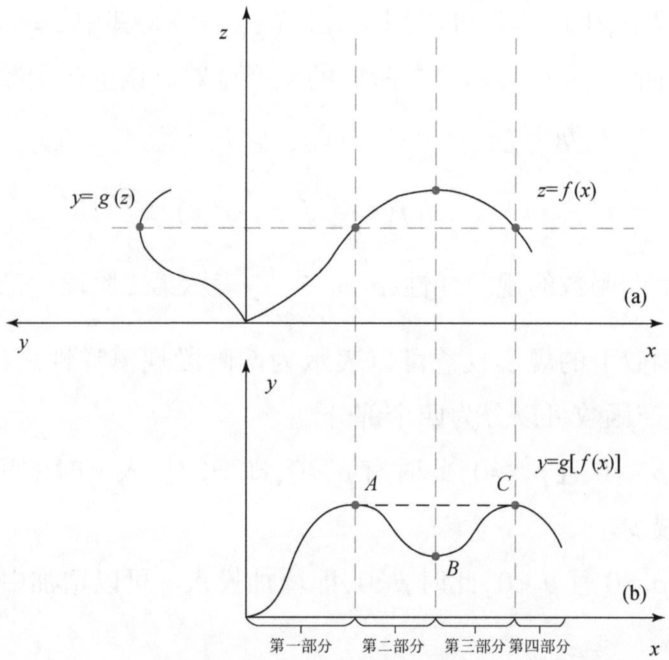

图 5-4　两阶段生产函数示意图

(a)子阶段生产函数;(b)生产函数在投入与最终产出的投影

示,DMU 可以通过降低第一阶段或第二阶段的生产效率,从而避免阻塞效应的影响并达到最大可能最终产出。

在基础两阶段 DEA 模型中,假设共有 n 个 DMU,所有 DMU(DMU_j, $j=1,\cdots,n$)的生产过程都可以分为两个阶段,在第一阶段,每个 DMU 使用 m 个投入($x_{ij}, i=1,\cdots,m$)来生产 l 个中间产出($z_{cj}, c=1,\cdots,l$),在第二阶段,中间产出用来生产 s 个最终产出($y_{rj}, r=1,\cdots,s$)。两阶段 DEA 生产可能集可以表示为

$$P_{\text{congestion}}^{\text{Two-Stage}} = \left\{ (\boldsymbol{x},\boldsymbol{z},\boldsymbol{y}) \left| \begin{array}{l} \sum_{j=1}^{n} \lambda_j^{(1)} \boldsymbol{x}_j = \boldsymbol{x}, \sum_{j=1}^{n} \lambda_j^{(1)} \boldsymbol{z}_j \geqslant \boldsymbol{z}, \sum_{j=1}^{n} \lambda_j^{(1)} = 1, \lambda_j^{(1)} \geqslant 0(\forall j) \\ \sum_{j=1}^{n} \lambda_j^{(1)} \boldsymbol{z}_j = \sum_{j=1}^{n} \lambda_j^{(2)} \boldsymbol{z}_j, \sum_{j=1}^{n} \lambda_j^{(2)} \boldsymbol{y}_j \geqslant \boldsymbol{y} \\ \sum_{j=1}^{n} \lambda_j^{(2)} = 1, \lambda_j^{(2)} \geqslant 0(\forall j) \end{array} \right. \right\} \tag{5-1}$$

式中,$\boldsymbol{x}_j$ 为 DMU_j 的投入向量$[x_{1j},\cdots,x_{mj}]^{\mathrm{T}}$;$\boldsymbol{z}_j$ 为 DMU_j 的中间产出向量$[z_{1j},\cdots,z_{lj}]^{\mathrm{T}}$;$\boldsymbol{y}_j$ 为 DMU_j 的最终产出向量$[y_{1j},\cdots,y_{sj}]^{\mathrm{T}}$。

该生产可能集去除了投入以及中间产出的可处置性假设，从而分别构建了规模弹性可以为负的各阶段生产前沿面。用于测度阻塞效应的两阶段生产可能集及生产前沿面如图 5-5 所示。

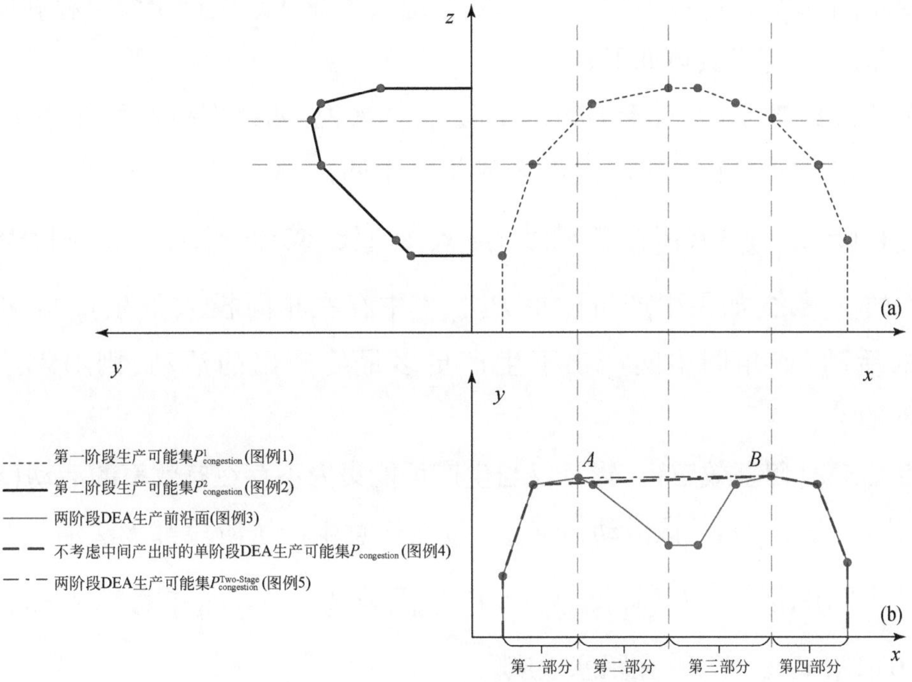

图 5-5　两阶段 DEA 生产可能集示意图

(a) 子阶段生产可能集；(b) 两阶段生产可能集

在图 5-5(a) 中，右侧虚线(图例 1)表示第一阶段的生产前沿面，在去除投入可处置性假设的情况下，规模弹性或边际产出允许为负，左侧点线表示第二阶段的生产前沿面，同样由于去除了中间产出的可处置性假设，生产前沿面的规模弹性或边际产出可以为负。通过组合两个阶段的生产前沿面，两阶段 DEA 中的生产前沿面如图 5-5(b) 中的灰色实线(图例 3)所示，与图 5-4 类似，由于第一阶段和第二阶段都出现了规模弹性或边际产出为负的生产前沿面，两阶段 DEA 中的生产前沿面同样可以分为四个部分。当投入大于 *A* 点小于 *B* 点时，DMU 可以通过降低第一阶段的生产效率以达到最大可能最终产出，此时最大可能最终产出如虚线 *AB* 所示。灰色实线(图例 3)及灰色虚线(图例 5)之下的区域构成了两阶段 DEA 的生产可能集，由于两阶段生产过程相关信息的加入，两阶段 DEA 生产可能集与点线之下的单阶段 DEA 生产可能集并不完全重合。

从图5-4以及图5-5可以看出，除两阶段生产函数或生产前沿面的第一部分外，DMU都面临着过度投入的问题，且过度投入可以通过改进到第一部分加以消除。换言之，超出第一部分的投入导致了中间产出的减少或者最终产出的减少。因此，本章将两阶段DEA的阻塞效应定义为在任意生产子阶段存在阻塞效应的情况，相关定义具体如下。

定义5.1（效率） 对于$\mathrm{DMU}_o(\boldsymbol{x}_o,\boldsymbol{z}_o,\boldsymbol{y}_o)$来说，如果在生产可能集$P_{\text{congestion}}^{\text{Two-Stage}}$中不存在相同投入下中间产出更多或相同中间产出下最终产出更多的活动，即不存在$(\boldsymbol{x}_k,\boldsymbol{z}_k,\boldsymbol{y}_k)\in P_{\text{congestion}}^{\text{Two-Stage}}$满足$\boldsymbol{x}_k=\boldsymbol{x}_o,\boldsymbol{z}_k\gneqq\boldsymbol{z}_o$或$\boldsymbol{z}_k=\boldsymbol{z}_o,\boldsymbol{y}_k\gneqq\boldsymbol{y}_o$，则$\mathrm{DMU}_o$是有效率的。反之，如果生产可能集$P_{\text{congestion}}^{\text{Two-Stage}}$中存在相同投入下生产更多中间产出的活动，或相同中间产出下生产更多最终产出的活动，则DMU_o是效率低下的。

定义5.2（阻塞效应） 当且仅当生产可能集内不存在有效率的活动$(\boldsymbol{x}_k,\boldsymbol{z}_k,\boldsymbol{y}_k)$满足$\boldsymbol{x}_k=\boldsymbol{x}_o,\boldsymbol{y}_k\geqslant\boldsymbol{y}_o$，该活动$(\boldsymbol{x}_k,\boldsymbol{z}_k,\boldsymbol{y}_k)$在任意生产子阶段都无法通过减少投入来提高产出，即不存在$(\boldsymbol{x}_p,\boldsymbol{z}_p,\boldsymbol{y}_p)\in P_{\text{congestion}}^{\text{Two-Stage}}$满足$\boldsymbol{x}_p\leqslant\boldsymbol{x}_k,\boldsymbol{z}_p\gneqq\boldsymbol{z}_k$或$\boldsymbol{z}_p\leqslant\boldsymbol{z}_k,\boldsymbol{y}_p\gneqq\boldsymbol{y}_k$，则$\mathrm{DMU}_o(\boldsymbol{x}_o,\boldsymbol{z}_o,\boldsymbol{y}_o)$存在阻塞效应。

通过例5.1可以更直观地展示两阶段DEA中的阻塞效应。

例5.1 假设有12个DMU（$\mathrm{DMU}_j,j=1,\cdots,12$），每个DMU在第一阶段使用一种投入（$x_1$）来生产一种中间产出（$z_1$），该中间产出被用作第二阶段的投入来生产一种最终产出（y_1）。投入产出数据如表5-1所示。

表5-1 例5.1中的投入产出数据

DMU	投入（x_1）	中间产出（z_1）	最终产出（y_1）
DMU_1	4	10	8
DMU_2	8	22	20
DMU_3	16	30	20
DMU_4	26	32	12
DMU_5	30	32	12
DMU_6	35	30	20
DMU_7	40	28	21

续表

DMU	投入(x_1)	中间产出(z_1)	最终产出(y_1)
DMU_8	46	22	20
DMU_9	50	12	10
DMU_{10}	46	20	8
DMU_{11}	20	30	20
DMU_{12}	32.5	31	12

图5-6展示了例5.1中两阶段DEA及各子阶段的生产可能集，其中黑色圆点D^dj表示第d阶段的DMU_j，白色圆点D^dj'表示与DMU_j投入相同且有效率的活动在第d阶段的投入产出。在例5.1中，DMU_{10}在第一阶段与第二阶段都是效率低下的，DMU_{11}只在第一阶段效率低下，而DMU_{12}只在第二阶段效率低下。根据定义5.2，除DMU_1和DMU_2外，其余DMU都是存在阻塞效应的。与单阶段DEA

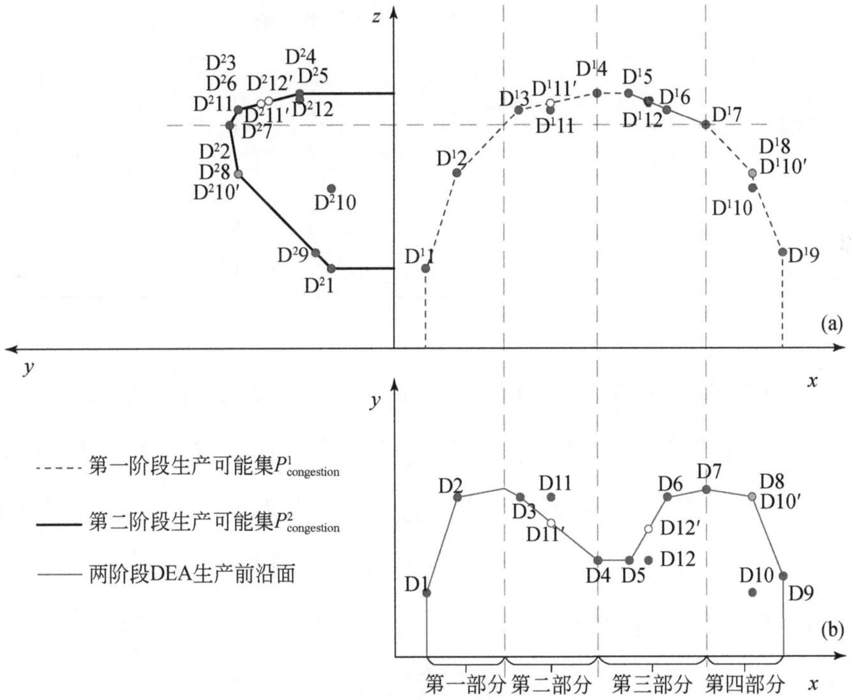

图5-6　例5.1生产可能集示意图

(a)子阶段生产可能集；(b)两阶段生产前沿面。灰色圆点为黑色圆点与白色圆点重合

不同的是，对于两阶段 DEA 中与 DMU 投入相同且有效率的活动，其最终产出可能小于 DMU 观测到的最终产出（如 DMU_{11}），但在消除阻塞效应的过程中，DMU_{11}的最终产出可以被改进为大于或等于其观测值。

在两阶段 DEA 中，阻塞效应同样可以被分为相对阻塞效应和绝对阻塞效应（见例 5.2）。

定义 5.3（相对阻塞效应） 两阶段 DEA 中的相对阻塞效应指能够通过增加投入改进消除的阻塞效应。

定义 5.4（绝对阻塞效应） 两阶段 DEA 中的绝对阻塞效应指不能通过增加投入改进消除的阻塞效应。

例 5.2 假设有 4 个 DMU（$DMU_j, j=1,2,3,4$），每个 DMU 在第一阶段使用两种投入（x_1, x_2）来生产一种中间产出（z_1），该中间产出被用作第二阶段的投入来生产一种最终产出（y_1）。投入产出数据如表 5-2 所示。

表 5-2 例 5.2 中的投入产出数据

DMU	投入（x_1）	投入（x_2）	中间产出（z_1）	最终产出（y_1）
DMU_1	3	2	5	5
DMU_2	4	4	4	4
DMU_3	6	5	6	6
DMU_4	7	4	4	4

在例 5.2 中，阻塞效应只存在于生产的第一阶段，其中 DMU_2与 DMU_4 相较于 DMU_1 投入更多但最大可能中间产出更少，所以根据定义 5.2，DMU_2与 DMU_4 存在阻塞效应。DMU_2的阻塞效应可以通过增加投入到（6,5）来改进消除，属于相对阻塞效应，其阻塞效应的成因同样可以被解释为投入比例的不合理。然而，要消除 DMU_4 的阻塞效应必须减少其投入，根据定义 5.4，DMU_4 存在绝对阻塞效应，消除 DMU_4 的阻塞效应需要减少的投入量可以视为过度投入。

5.2.2 两阶段 DEA 中的阻塞效应识别与测度方法

与第 3 章和第 4 章类似，本章在计算前需要先标准化数据，即令

$$x_{io}=\frac{x'_{io}}{\max\limits_{j=1,\cdots,n}\{x'_{ij}\}-\min\limits_{j=1,\cdots,n}\{x'_{ij}\}}$$
$$z_{co}=\frac{z'_{co}}{\max\limits_{j=1,\cdots,n}\{z'_{cj}\}-\min\limits_{j=1,\cdots,n}\{z'_{cj}\}} \tag{5-2}$$
$$y_{ro}=\frac{y'_{ro}}{\max\limits_{j=1,\cdots,n}\{y'_{rj}\}-\min\limits_{j=1,\cdots,n}\{y'_{rj}\}}$$

式中，x'、z'、y'为原始数据；$\boldsymbol{x}$、$\boldsymbol{z}$、$\boldsymbol{y}$ 为标准化后用于计算的数据。根据定义 5.2，本章提出如下方法以识别和测度两阶段 DEA 中的阻塞效应。

计算式(5-3)来识别和测度两阶段 DEA 中的阻塞效应。

$$\min \boldsymbol{es}_o^x$$
$$\text{s. t.}\begin{cases}\sum\limits_{j=1}^{n}\lambda_j^{(1)}\boldsymbol{x}_j=\boldsymbol{x}_o-\boldsymbol{s}_o^x,\ \sum\limits_{j=1}^{n}\lambda_j^{(1)}\boldsymbol{z}_j=\boldsymbol{z}_o-\boldsymbol{s}_o^z\\ \sum\limits_{j=1}^{n}\lambda_j^{(1)}=1,\lambda_j^{(1)}\geqslant 0(\ \forall j),\ \sum\limits_{j=1}^{n}\lambda_j^{(2)}\boldsymbol{z}_j=\boldsymbol{z}_o-\boldsymbol{s}_o^z\\ \sum\limits_{j=1}^{n}\lambda_j^{(2)}\boldsymbol{y}_j=\boldsymbol{y}_o+\boldsymbol{s}_o^y,\ \sum\limits_{j=1}^{n}\lambda_j^{(2)}=1,\lambda_j^{(2)}\geqslant 0(\ \forall j)\\ \boldsymbol{v}^{(1)}(\boldsymbol{x}_o-\boldsymbol{s}_o^x)-\boldsymbol{u}^{(1)}(\boldsymbol{z}_o-\boldsymbol{s}_o^z)+\omega^{(1)}=0\\ \boldsymbol{v}^{(1)}\boldsymbol{x}_j-\boldsymbol{u}^{(1)}\boldsymbol{z}_j+\omega^{(1)}\geqslant 0(\ \forall j),\\ \boldsymbol{v}^{(2)}(\boldsymbol{z}_o-\boldsymbol{s}_o^z)-\boldsymbol{u}^{(2)}(\boldsymbol{y}_o+\boldsymbol{s}_o^y)+\omega^{(2)}=0\\ \boldsymbol{v}^{(2)}\boldsymbol{z}_j-\boldsymbol{u}^{(2)}\boldsymbol{y}_j+\omega^{(2)}\geqslant 0(\ \forall j)\\ \boldsymbol{v}^{(1)}\geqslant \boldsymbol{0}^{\mathrm{T}},\boldsymbol{u}^{(1)}\geqslant \boldsymbol{e},\boldsymbol{v}^{(2)}\geqslant \boldsymbol{0}^{\mathrm{T}},\boldsymbol{u}^{(2)}\geqslant \boldsymbol{e},\boldsymbol{s}_o^x\geqslant \boldsymbol{0},\boldsymbol{s}_o^y\geqslant \boldsymbol{0}\end{cases} \tag{5-3}$$

式(5-3)的思路是在生产可能集[式(5-1)]中寻找在各子阶段不存在阻塞效应的、投入与被测 DMU 相同且最终产出大于等于被测 DMU 的活动。当式(5-3)的最优解满足 $\boldsymbol{es}_o^{x*}=0$ 时，活动($\boldsymbol{x}_o,\boldsymbol{z}_o-\boldsymbol{s}_o^{z*},\boldsymbol{y}_o+\boldsymbol{s}_o^{y*}$)是有效率的，且其在任一子阶段都无法通过减少投入增加产出，根据定义 5.2，DMU_o 不存在阻塞效应。当 $\boldsymbol{es}_o^{x*}>0$ 时，生产可能集[式(5-1)]中找不到在各子阶段不存在阻塞效应的、投入与被测 DMU 相同且最终产出大于等于被测 DMU 的活动，也就意味着阻塞效应存在。通过定理 5.1 可以严格证明该命题。

定理 5.1 当且仅当式(5-3)的最优解满足 $\boldsymbol{es}_o^{x*}>0$，DMU_o 存在阻塞效应。

证明

(1)充分性。当 $es_o^{x*}>0$ 时,DMU_o 存在阻塞效应。假设 $es_o^{x*}>0$ 且 DMU_o 不存在阻塞效应,根据定义 5.2 可以得出,DMU_o 对应的至少一个活动(x_k,z_k,y_k),其中 $x_k=x_o,y_k\geqslant y_o$,根据定义 5.2,该活动(x_k,z_k,y_k)在各子阶段都是有效率的且产出无法通过减少投入来增加,因此式(5-4)的最优解一定满足 $ed_k^{z*}=0$ 且式(5-5)的最优解一定满足 $ed_k^{y*}=0$。

$$\max ed_k^z$$
$$\text{s. t.}\begin{cases}\sum_{j=1}^{n}\lambda_j^{(1)}x_j=x_k-d_k^x\\ \sum_{j=1}^{n}\lambda_j^{(1)}z_j=z_k+d_k^z\\ \sum_{j=1}^{n}\lambda_j^{(1)}=1,\lambda_j\geqslant 0(\forall j),d_k^x\geqslant \mathbf{0},d_k^z\geqslant \mathbf{0}\end{cases}\tag{5-4}$$

$$\max ed_k^y$$
$$\text{s. t.}\begin{cases}\sum_{j=1}^{n}\lambda_j^{(2)}z_j=z_k-d_k^z\\ \sum_{j=1}^{n}\lambda_j^{(2)}y_j=y_k+d_k^y\\ \sum_{j=1}^{n}\lambda_j^{(2)}=1,\lambda_j\geqslant 0(\forall j),d_k^z\geqslant \mathbf{0},d_k^y\geqslant \mathbf{0}\end{cases}\tag{5-5}$$

$$\min v^{(1)}x_k-u^{(1)}z_k+\omega^{(1)}$$
$$\text{s. t.}\begin{cases}v^{(1)}x_j-u^{(1)}z_j+\omega^{(1)}\geqslant 0(\forall j)\\ v^{(1)}\geqslant \mathbf{0}^{\mathrm{T}},\quad u^{(1)}\geqslant e\end{cases}\tag{5-6}$$

$$\min v^{(2)}z_k-u^{(2)}y_k+\omega^{(2)}$$
$$\text{s. t.}\begin{cases}v^{(2)}z_j-u^{(2)}y_j+\omega^{(2)}\geqslant 0(\forall j)\\ v^{(2)}\geqslant \mathbf{0}^{\mathrm{T}},u^{(2)}\geqslant e\end{cases}\tag{5-7}$$

式(5-6)与式(5-7)分别是式(5-4)与式(5-5)的对偶模型,由于式(5-4)的

最优解满足 $ed_k^{z*}=0$，故式(5-6)的最优解一定满足 $\boldsymbol{v}^{(1)*}\boldsymbol{x}_k-\boldsymbol{u}^{(1)*}z_k+\omega^{(1)*}=0$，同理，式(5-7)的最优解也一定满足 $\boldsymbol{v}^{(2)*}z_k-\boldsymbol{u}^{(2)*}\boldsymbol{y}_k+\omega^{(2)*}=0$。通过融合式(5-4)~式(5-7)的最优解，可以构建式(5-3)的可行解$[\boldsymbol{\lambda}^{(1)*},\boldsymbol{\lambda}^{(2)*},\boldsymbol{s}_o^x=\boldsymbol{0},\boldsymbol{s}_o^z=z_o-z_k,\boldsymbol{s}_o^y=\boldsymbol{y}_k-\boldsymbol{y}_o,\boldsymbol{v}^{(1)*},\boldsymbol{u}^{(1)*},\omega^{(1)*},\boldsymbol{v}^{(2)*},\boldsymbol{u}^{(2)*},\omega^{(2)*}]$，其中 $\boldsymbol{\lambda}^{(1)*}$ 来自式(5-4)的最优解，$\boldsymbol{v}^{(1)*}$、$\boldsymbol{u}^{(1)*}$ 和 $\omega^{(1)*}$ 来自式(5-6)的最优解，$\boldsymbol{\lambda}^{(2)*}$ 来自式(5-5)的最优解，$\boldsymbol{v}^{(2)*}$、$\boldsymbol{u}^{(2)*}$ 和 $\omega^{(2)*}$ 来自式(5-7)的最优解。此时 $\boldsymbol{s}_o^x=\boldsymbol{0}$，与式(5-3)的最优解满足 $es_o^{x*}>0$ 这一假设相矛盾。因此，当 $es_o^{x*}>0$ 时，DMU_o 存在阻塞效应。

(2)必要性。当 DMU_o 存在阻塞效应时，式(5-3)的最优解满足 $es_o^{x*}>0$。假设 DMU_o 存在阻塞效应且式(5-3)的最优解满足 $es_o^{x*}=0$，那么活动$(\boldsymbol{x}_o,z_o-\boldsymbol{s}_o^{z*})$在第一阶段一定是有效率的且无法通过减少投入来增加产出。因为如果存在另一活动$(\boldsymbol{x}_p,z_p)$满足 $\boldsymbol{x}_p\leqslant\boldsymbol{x}_o$ 以及 $z_p\gneqq z_o-\boldsymbol{s}_o^{z*}$，由式(5-3)的约束 $\boldsymbol{v}^{(1)*}(\boldsymbol{x}_o-\boldsymbol{s}_o^{x*})-\boldsymbol{u}^{(1)*}(z_o-\boldsymbol{s}_o^{z*})+\omega^{(1)*}=0$ 可得 $\boldsymbol{v}^{(1)*}\boldsymbol{x}_p-\boldsymbol{u}^{(1)*}z_p+\omega^{(1)*}<0$。又因为$(\boldsymbol{x}_p,z_p)$能被第一阶段的其他 DMU 线性表出，即存在 $\lambda_j'\geqslant0$ 满足 $\sum_{j=1}^{n}\lambda_j'\boldsymbol{x}_j=\boldsymbol{x}_p$，$\sum_{j=1}^{n}\lambda_j'z_j=z_p$ 以及 $\sum_{j=1}^{n}\lambda_j'=1$，通过将$(\boldsymbol{x}_p,z_p)$替换为$\left(\sum_{j=1}^{n}\lambda_j'\boldsymbol{x}_j,\sum_{j=1}^{n}\lambda_j'z_j\right)$，可得 $\boldsymbol{v}^{(1)*}\boldsymbol{x}_p-\boldsymbol{u}^{(1)*}z_p+\omega^{(1)*}=\sum_{j=1}^{n}\lambda_j'(\boldsymbol{v}^{(1)*}\boldsymbol{x}_j-\boldsymbol{u}^{(1)*}z_j+\omega^{(1)*})<0$，这与式(5-3)中的约束 $\boldsymbol{v}^{(1)}\boldsymbol{x}_j-\boldsymbol{u}^{(1)}z_j+\omega^{(1)}\geqslant0$ 相矛盾。因此，活动$(\boldsymbol{x}_o,z_o-\boldsymbol{s}_o^{z*})$在第一阶段一定是有效率的且无法通过减少投入来增加产出。同理，$(z_o-\boldsymbol{s}_o^{z*},\boldsymbol{y}_o+\boldsymbol{s}_o^{y*})$在第二阶段一定是有效率的且无法通过减少投入来增加产出。根据定义 5.2，活动$(\boldsymbol{x}_o,z_o-\boldsymbol{s}_o^{z*},\boldsymbol{y}_o+\boldsymbol{s}_o^{y*})$的投入与 DMU_o 相同并满足 $\boldsymbol{y}_k\geqslant\boldsymbol{y}_o$，该活动是有效率的且在各子阶段都无法通过减少投入来增加产出，根据定义 5.2，DMU_o 不存在阻塞效应，这与 DMU_o 存在阻塞效应的假设相矛盾。因此，当 DMU_o 存在阻塞效应时，式(5-3)的最优解满足 $es_o^{x*}>0$。

参考 Aparicio 等(2007)，非线性规划模型[式(5-3)]可以被转换为混合整数规划模型[式(5-8)]。

$$
\min \boldsymbol{e}\boldsymbol{s}_o^x
$$

$$
\text{s.t.}\begin{cases}
\sum_{j=1}^{n}\lambda_j^{(1)}\boldsymbol{x}_j=\boldsymbol{x}_o-\boldsymbol{s}_o^x,\ \sum_{j=1}^{n}\lambda_j^{(1)}\boldsymbol{z}_j=\boldsymbol{z}_o-\boldsymbol{s}_o^z\\
\sum_{j=1}^{n}\lambda_j^{(1)}=1,\lambda_j^{(1)}\geqslant 0(\forall j),\ \sum_{j=1}^{n}\lambda_j^{(2)}\boldsymbol{z}_j=\boldsymbol{z}_o-\boldsymbol{s}_o^z\\
\sum_{j=1}^{n}\lambda_j^{(2)}\boldsymbol{y}_j=\boldsymbol{y}_o+\boldsymbol{s}_o^y,\ \sum_{j=1}^{n}\lambda_j^{(2)}=1,\lambda_j^{(2)}\geqslant 0(\forall j)\\
\boldsymbol{v}^{(1)}\boldsymbol{x}_j-\boldsymbol{u}^{(1)}\boldsymbol{z}_j+\omega^{(1)}-\alpha_j^{(1)}=0(\forall j)\\
\boldsymbol{e}\boldsymbol{v}^{(1)\mathrm{T}}+\boldsymbol{e}\boldsymbol{u}^{(1)\mathrm{T}}=1\\
\boldsymbol{v}^{(2)}\boldsymbol{z}_j-\boldsymbol{u}^{(2)}\boldsymbol{y}_j+\omega^{(2)}-\alpha_j^{(2)}=0(\forall j)\\
\boldsymbol{e}\boldsymbol{v}^{(2)\mathrm{T}}+\boldsymbol{e}\boldsymbol{u}^{(2)\mathrm{T}}=1\\
\lambda_j^{(1)}\leqslant C\zeta_j^{(1)}(\forall j),\alpha_j^{(1)}\leqslant C(1-\zeta_j^{(1)})(\forall j)\\
\lambda_j^{(2)}\leqslant C\zeta_j^{(2)}(\forall j),\alpha_j^{(2)}\leqslant C(1-\zeta_j^{(2)})(\forall j)\\
\zeta_j^{(1)},\zeta_j^{(2)}=\{0,1\},\alpha_j^{(1)}\geqslant 0(\forall j),\alpha_j^{(2)}\geqslant 0(\forall j)\\
\boldsymbol{v}^{(1)}\geqslant \boldsymbol{0}^{\mathrm{T}},\boldsymbol{u}^{(1)}\geqslant \varepsilon\boldsymbol{e},\boldsymbol{v}^{(2)}\geqslant \boldsymbol{0}^{\mathrm{T}},\boldsymbol{u}^{(2)}\geqslant \varepsilon\boldsymbol{e},\boldsymbol{s}_o^x\geqslant \boldsymbol{0},\boldsymbol{s}_o^y\geqslant \boldsymbol{0}
\end{cases}\tag{5-8}
$$

式中,C 为足够大的实数。本章通过定理 5.2 证明式(5-8)与式(5-3)等价。

定理 5.2 当且仅当 $\boldsymbol{e}\boldsymbol{s}_o^{x*}>0$,其中“ * ”表示式(5-8)的最优解,$\mathrm{DMU}_o$ 存在阻塞效应。

证明

(1)充分性。当 $\boldsymbol{e}\boldsymbol{s}_o^{x*}>0$ 时,DMU_o 存在阻塞效应。假设 $\boldsymbol{e}\boldsymbol{s}_o^{x*}>0$ 且 DMU_o 不存在阻塞效应,DMU_o 一定对应至少一个有效率的活动($\boldsymbol{x}_k,\boldsymbol{z}_k,\boldsymbol{y}_k$)满足 $\boldsymbol{x}_k=\boldsymbol{x}_o$ 以及 $\boldsymbol{y}_k\geqslant\boldsymbol{y}_o$,且其在各生产子阶段都无法通过减少投入来增加产出。与定理 5.1 类似,根据互补松弛定理,$[\lambda_1^{(1)*},\lambda_2^{(1)*},\cdots,\lambda_n^{(1)*}]\cdot[\boldsymbol{v}^{(1)*}\boldsymbol{x}_1-\boldsymbol{u}^{(1)*}\boldsymbol{z}_1+\omega^{(1)*},\cdots,\boldsymbol{v}^{(1)*}\boldsymbol{x}_n-\boldsymbol{u}^{(1)*}\boldsymbol{z}_n+\omega^{(1)*}]^{\mathrm{T}}=0$,其中 $\boldsymbol{\lambda}^{(1)*}$ 来自式(5-4)的最优解,$\boldsymbol{v}^{(1)*}$、$\boldsymbol{u}^{(1)*}$ 和 $\omega^{(1)*}$ 来自式(5-6)的最优解。同理,式(5-5)的最优解与式(5-7)的最优解满足 $[\lambda_1^{(2)*},\lambda_2^{(2)*},\cdots,\lambda_n^{(2)*}]\cdot[\boldsymbol{v}^{(2)}\boldsymbol{z}_1-\boldsymbol{u}^{(2)}\boldsymbol{y}_1+\omega^{(2)},\cdots,\boldsymbol{v}^{(2)}\boldsymbol{z}_n-\boldsymbol{u}^{(2)}\boldsymbol{y}_n+\omega^{(2)}]^{\mathrm{T}}=0$。因此,与定理 5.1 类似,($\boldsymbol{\lambda}^{(1)*},\boldsymbol{\lambda}^{(2)*},\boldsymbol{s}_o^x=\boldsymbol{0},\boldsymbol{s}_o^z=\boldsymbol{z}_o-\boldsymbol{z}_k,\boldsymbol{s}_o^y=\boldsymbol{y}_k-\boldsymbol{y}_o,\boldsymbol{v}^{(1)*},\boldsymbol{u}^{(1)*},\omega^{(1)*},\boldsymbol{v}^{(2)*},\boldsymbol{u}^{(2)*},\omega^{(2)*}$)是式(5-8)的可行解,其中 $\boldsymbol{\lambda}^{(1)*}$ 来自式(5-4)的最优

解，$\boldsymbol{v}^{(1)*}$、$\boldsymbol{u}^{(1)*}$和$\omega^{(1)*}$来自式(5-6)的最优解，其中$\boldsymbol{\lambda}^{(2)*}$来自式(5-5)的最优解，$\boldsymbol{v}^{(2)*}$、$\boldsymbol{u}^{(2)*}$和$\omega^{(2)*}$来自式(5-7)的最优解。此时$\boldsymbol{s}_o^x=\boldsymbol{0}$，与式(5-8)的最优解满足$\boldsymbol{es}_o^{x*}>0$这一假设相矛盾。因此，当$\boldsymbol{es}_o^{x*}>0$时，$\mathrm{DMU}_o$存在阻塞效应。

(2)必要性。当DMU_o存在阻塞效应时，式(5-8)的最优解满足$\boldsymbol{es}_o^{x*}>0$。由于式(5-8)约束$\lambda_j^{(1)*}$与$\boldsymbol{v}^{(1)*}\boldsymbol{x}_j-\boldsymbol{u}^{(1)*}\boldsymbol{z}_j+\omega^{(1)*}$不能同时大于0，$\lambda_j^{(2)*}$与$\boldsymbol{v}^{(2)*}\boldsymbol{z}_j-\boldsymbol{u}^{(2)*}\boldsymbol{y}_j+\omega^{(2)*}$不能同时大于0，用$\left(\sum_{j=1}^{n}\lambda_j^{(1)*}\boldsymbol{x}_j, \sum_{j=1}^{n}\lambda_j^{(1)*}\boldsymbol{z}_j, \sum_{j=1}^{n}\lambda_j^{(2)*}\boldsymbol{y}_j\right)$替换$(\boldsymbol{x}_o-\boldsymbol{s}_o^{x*}, \boldsymbol{z}_o-\boldsymbol{s}_o^{z*}, \boldsymbol{y}_o+\boldsymbol{s}_o^{y*})$，其中$\lambda_j^{(1)*}\boldsymbol{z}_j=\lambda_j^{(2)*}\boldsymbol{z}_j$，可以推导出$\boldsymbol{v}^{(1)*}(\boldsymbol{x}_o-\boldsymbol{s}_o^{x*})-\boldsymbol{u}^{(1)*}(\boldsymbol{z}_o-\boldsymbol{s}_o^{z*})+\omega^{(1)*}=0$以及$\boldsymbol{v}^{(2)}(\boldsymbol{z}_o-\boldsymbol{s}_o^{z*})-\boldsymbol{u}^{(2)}(\boldsymbol{y}_o+\boldsymbol{s}_o^{y*})+\omega^{(2)}=0$。假设$\mathrm{DMU}_o$存在阻塞效应且式(5-8)的最优解满足$\boldsymbol{es}_o^{x*}=0$，与定理5.1类似，可以证明活动$(\boldsymbol{x}_o, \boldsymbol{z}_o-\boldsymbol{s}_o^{z*}, \boldsymbol{y}_o+\boldsymbol{s}_o^{y*})$是有效率的，且在任意子阶段都无法通过减少投入来增加产出。根据定义5.2，DMU_o不存在阻塞效应，这与DMU_o存在阻塞效应的假设相矛盾。因此，当DMU_o存在阻塞效应时，式(5-8)的最优解满足$\boldsymbol{es}_o^{x*}>0$。

两阶段DEA阻塞效应相较于单阶段DEA阻塞效应存在一种特殊情况，即两阶段DEA中生产可能集内所有活动都存在阻塞效应，如例5.3，由于无法改进消除阻塞效应，式(5-3)和式(5-8)无解。

例5.3　假设有五个DMU($\mathrm{DMU}_j, j=1,\cdots,5$)，每个DMU在第一阶段使用一种投入($x_1$)生产一种中间产出($z_1$)，在第二阶段使用该中间产出($z_1$)生产一种最终产出($y_1$)。具体的投入产出数据如表5-3所示。

表5-3　例5.3中的投入产出数据

DMU	投入(x_1)	中间产出(z_1)	最终产出(y_1)
DMU_1	1	5	1
DMU_2	2	4	2
DMU_3	3	3	3
DMU_4	4	2	4
DMU_5	5	1	5

本例中各阶段的生产前沿面示意图如图5-7所示。

例5.3属于一种特殊情况，即所有的DMU都在第一阶段或第二阶段存在阻塞

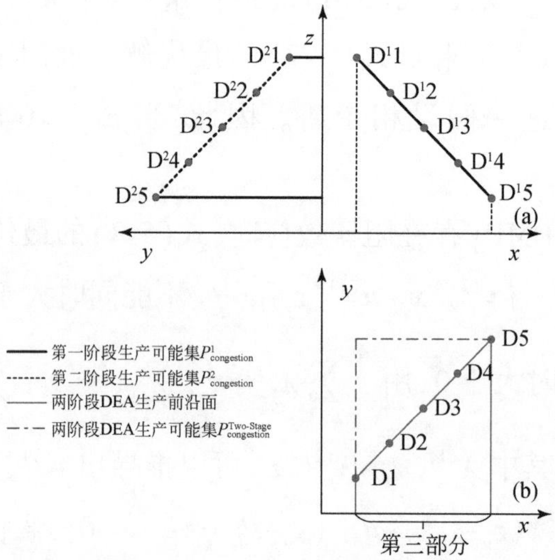

图 5-7 例 5.3 生产可能集示意图

(a)子生产可能集;(b)两阶段生产可能集

效应,由于在生产可能集内无法找到不存在阻塞效应且有效率的活动,式(5-3)和式(5-8)无解。出现这种情况的原因可能是 DMU 数量过少导致的生产前沿面与实际生产函数偏差过大。对于这种情况,决策者应当检查指标或数据的可靠性,审慎地得出所有 DMU 都存在阻塞效应的结论。为了识别这种情况,式(5-3)和式(5-8)可以分别改进为式(5-9)与式(5-10)。

$$\min \boldsymbol{e\delta}_o+\varepsilon \boldsymbol{es}_{xo}$$

$$\text{s. t.}\quad\begin{cases}\sum_{j=1}^{n}\lambda_j^{(1)}\boldsymbol{x}_j=\boldsymbol{x}_o-\boldsymbol{s}_o^x,\ \sum_{j=1}^{n}\lambda_j^{(1)}\boldsymbol{z}_j=\boldsymbol{z}_o-\boldsymbol{s}_o^z+\boldsymbol{\delta}_o\\ \sum_{j=1}^{n}\lambda_j^{(1)}=1,\lambda_j^{(1)}\geqslant 0(\forall j),\ \sum_{j=1}^{n}\lambda_j^{(2)}\boldsymbol{z}_j=\boldsymbol{z}_o-\boldsymbol{s}_o^z\\ \sum_{j=1}^{n}\lambda_j^{(2)}\boldsymbol{y}_j=\boldsymbol{y}_o+\boldsymbol{s}_o^y,\ \sum_{j=1}^{n}\lambda_j^{(2)}=1,\lambda_j^{(2)}\geqslant 0(\forall j)\\ \boldsymbol{v}^{(1)}(\boldsymbol{x}_o-\boldsymbol{s}_o^x)-\boldsymbol{u}^{(1)}(\boldsymbol{z}_o-\boldsymbol{s}_o^z+\boldsymbol{\delta}_o)+\omega^{(1)}=0,\boldsymbol{v}^{(1)}\boldsymbol{x}_j-\boldsymbol{u}^{(1)}\boldsymbol{z}_j+\omega^{(1)}\geqslant 0(\forall j)\\ \boldsymbol{v}^{(2)}(\boldsymbol{z}_o-\boldsymbol{s}_o^z)-\boldsymbol{u}^{(2)}(\boldsymbol{y}_o+\boldsymbol{s}_o^y)+\omega^{(2)}=0,\boldsymbol{v}^{(2)}\boldsymbol{z}_j-\boldsymbol{u}^{(2)}\boldsymbol{y}_j+\omega^{(2)}\geqslant 0(\forall j)\\ \boldsymbol{v}^{(1)}\geqslant \boldsymbol{0}^{\mathrm{T}},\boldsymbol{u}^{(1)}\geqslant \boldsymbol{e},\boldsymbol{v}^{(2)}\geqslant \boldsymbol{0}^{\mathrm{T}},\boldsymbol{u}^{(2)}\geqslant \boldsymbol{e},\boldsymbol{s}_o^x\geqslant \boldsymbol{0},\boldsymbol{s}_o^y\geqslant \boldsymbol{0}\end{cases}\tag{5-9}$$

$$\min \boldsymbol{e\delta}_o+\varepsilon \boldsymbol{es}_o^x$$

$$\text{s. t.}\quad\begin{cases}\sum\limits_{j=1}^{n}\lambda_j^{(1)}\boldsymbol{x}_j=\boldsymbol{x}_o-\boldsymbol{s}_o^x,\ \sum\limits_{j=1}^{n}\lambda_j^{(1)}\boldsymbol{z}_j=\boldsymbol{z}_o-\boldsymbol{s}_o^z+\boldsymbol{\delta}_o\\ \sum\limits_{j=1}^{n}\lambda_j^{(1)}=1,\lambda_j^{(1)}\geqslant 0(\forall j),\ \sum\limits_{j=1}^{n}\lambda_j^{(2)}\boldsymbol{z}_j=\boldsymbol{z}_o-\boldsymbol{s}_o^z\\ \sum\limits_{j=1}^{n}\lambda_j^{(2)}\boldsymbol{y}_j=\boldsymbol{y}_o+\boldsymbol{s}_o^y,\ \sum\limits_{j=1}^{n}\lambda_j^{(2)}=1,\lambda_j^{(2)}\geqslant 0(\forall j)\\ \boldsymbol{v}^{(1)}\boldsymbol{x}_j-\boldsymbol{u}^{(1)}\boldsymbol{z}_j+\omega^{(1)}-\alpha_j^{(1)}=0(\forall j)\\ \boldsymbol{ev}^{(1)\mathrm{T}}+\boldsymbol{eu}^{(1)\mathrm{T}}=1\\ \boldsymbol{v}^{(2)}\boldsymbol{z}_j-\boldsymbol{u}^{(2)}\boldsymbol{y}_j+\omega^{(2)}-\alpha_j^{(2)}=0(\forall j)\\ \boldsymbol{ev}^{(2)\mathrm{T}}+\boldsymbol{eu}^{(2)\mathrm{T}}=1\\ \lambda_j^{(1)}\leqslant C\zeta_j^{(1)}(\forall j),\alpha_j^{(1)}\leqslant C(1-\zeta_j^{(1)})(\forall j)\\ \lambda_j^{(2)}\leqslant C\zeta_j^{(2)}(\forall j),\alpha_j^{(2)}\leqslant C(1-\zeta_j^{(2)})(\forall j)\\ \zeta_j^{(1)},\zeta_j^{(2)}=\{0,1\},\alpha_j^{(1)}\geqslant 0(\forall j),\alpha_j^{(2)}\geqslant 0(\forall j)\\ \boldsymbol{v}^{(1)}\geqslant \boldsymbol{0}^{\mathrm{T}},\boldsymbol{u}^{(1)}\geqslant \varepsilon\boldsymbol{e},\boldsymbol{v}^{(2)}\geqslant \boldsymbol{0}^{\mathrm{T}},\boldsymbol{u}^{(2)}\geqslant \varepsilon\boldsymbol{e},\boldsymbol{s}_o^x\geqslant \boldsymbol{0},\boldsymbol{s}_o^y\geqslant \boldsymbol{0}\end{cases}\tag{5-10}$$

在式(5-9)与式(5-10)中,计算可以分为两个阶段。

(1)首先最小化 $\boldsymbol{e\delta}_o$,其次最小化 $\boldsymbol{es}_o^x$。当 $\boldsymbol{e\delta}_o^*=0$ 时[“ * ”表示式(5-9)或式(5-10)的最优解],式(5-9)和式(5-10)与式(5-3)和式(5-8)等价,即存在活动$(\boldsymbol{x}_o-\boldsymbol{s}_o^{x*},\boldsymbol{z}_o-\boldsymbol{s}_o^{z*},\boldsymbol{y}_o+\boldsymbol{s}_o^{y*})\in P_{\text{congestion}}^{\text{Two-Stage}}$,既使$(\boldsymbol{x}_o-\boldsymbol{s}_o^{x*},\boldsymbol{z}_o-\boldsymbol{s}_o^{z*})$在第一阶段有效率且不存在阻塞效应,又使$(\boldsymbol{z}_o-\boldsymbol{s}_o^{z*},\boldsymbol{y}_o+\boldsymbol{s}_o^{y*})$在第二阶段有效率且不存在阻塞效应;而当 $\boldsymbol{e\delta}_o^*>0$ 时,则生产可能集内不存在既在第一阶段有效率且不存在阻塞效应,又在第二阶段有效率且不存在阻塞效应的活动,为了保证第二阶段不存在阻塞效应,必须浪费第一阶段生产的部分中间产出。此时,所有的 DMU 都存在阻塞效应且没有改进消除阻塞效应的参考目标,因此阻塞效应也就无法被区分为相对阻塞效应和绝对阻塞效应。

(2)当式(5-9)或式(5-10)中的最优解满足 $\boldsymbol{e\delta}_o^*=0$ 时,式(5-11)可以用于区分相对阻塞效应以及绝对阻塞效应。

$$\min \boldsymbol{e}\boldsymbol{t}_o^x-\varepsilon \boldsymbol{e}\boldsymbol{s}_o^x$$

$$\text{s. t.}\quad\begin{cases}\sum\limits_{j=1}^{n}\lambda_j^{(1)}\boldsymbol{x}_j=\boldsymbol{x}_o-\boldsymbol{s}_o^x,\ \sum\limits_{j=1}^{n}\lambda_j^{(1)}\boldsymbol{z}_j=\boldsymbol{z}_o-\boldsymbol{s}_o^z\\ \sum\limits_{j=1}^{n}\lambda_j^{(1)}=1,\lambda_j^{(1)}\geqslant 0(\forall j),\ \sum\limits_{j=1}^{n}\lambda_j^{(2)}\boldsymbol{z}_j=\boldsymbol{z}_o-\boldsymbol{s}_o^z\\ \sum\limits_{j=1}^{n}\lambda_j^{(2)}\boldsymbol{y}_j=\boldsymbol{y}_o+\boldsymbol{s}_o^y,\ \sum\limits_{j=1}^{n}\lambda_j^{(2)}=1,\lambda_j^{(2)}\geqslant 0(\forall j)\\ \boldsymbol{v}^{(1)}(\boldsymbol{x}_o-\boldsymbol{s}_o^x)-\boldsymbol{u}^{(1)}(\boldsymbol{z}_o-\boldsymbol{s}_o^z)+\omega^{(1)}=0,\boldsymbol{v}^{(1)}\boldsymbol{x}_j-\boldsymbol{u}^{(1)}\boldsymbol{z}_j+\omega^{(1)}\geqslant 0(\forall j)\\ \boldsymbol{v}^{(2)}(\boldsymbol{z}_o-\boldsymbol{s}_o^z)-\boldsymbol{u}^{(2)}(\boldsymbol{y}_o+\boldsymbol{s}_o^y)+\omega^{(2)}=0,\boldsymbol{v}^{(2)}\boldsymbol{z}_j-\boldsymbol{u}^{(2)}\boldsymbol{y}_j+\omega^{(2)}\geqslant 0(\forall j)\\ \boldsymbol{v}^{(1)}\geqslant \boldsymbol{0}^{\mathrm{T}},\boldsymbol{u}^{(1)}\geqslant \boldsymbol{e},\boldsymbol{v}^{(2)}\geqslant \boldsymbol{0}^{\mathrm{T}},\boldsymbol{u}^{(2)}\geqslant \boldsymbol{e},\boldsymbol{t}_o^x\geqslant \boldsymbol{s}_o^x,\boldsymbol{t}_o^x\geqslant \boldsymbol{0},\boldsymbol{s}_o^y\geqslant \boldsymbol{0}\end{cases}\tag{5-11}$$

式(5-11)去除了式(5-3)中 $\boldsymbol{s}_o^x\geqslant \boldsymbol{0}$ 的约束，通过引入变量 $\boldsymbol{t}_o^x$ 来表示变量 $\boldsymbol{s}_o^x$ 中大于0的元素，并最小化 $\boldsymbol{e}\boldsymbol{t}_o^x$ 来最小化消除阻塞效应时的投入减少量。如果式(5-11)的最优解满足 $\boldsymbol{e}\boldsymbol{t}_o^{x*}=0$，则被测 DMU_o 增加投入消除阻塞效应是可行的，此时阻塞效应属于相对阻塞效应。如果式(5-11)的最优解满足 $\boldsymbol{e}\boldsymbol{t}_o^{x*}>0$，则减少投入对消除被测 DMU_o 存在的阻塞效应是必不可少的，此时存在绝对阻塞效应。本研究通过定理5.3给出严格证明。式(5-11)在求解的第二阶段最大化 $\boldsymbol{s}_o^x$ 中小于0的元素，从而避免消除阻塞效应中不必要的投入增加。

定理5.3 当且仅当 $\boldsymbol{e}\boldsymbol{t}_o^{x*}>0$，其中"*"表示式(5-11)的最优解，$\mathrm{DMU}_o$ 存在绝对阻塞效应。

证明

(1)充分性。当 $\boldsymbol{e}\boldsymbol{t}_o^{x*}>0$ 时，DMU_o 存在绝对阻塞效应。假设 $\boldsymbol{e}\boldsymbol{t}_o^{x*}>0$ 且 DMU_o 不存在绝对阻塞效应，即 DMU_o 的阻塞效应可以通过增加投入来消除。令 DMU_o 可以通过增加投入改进到有效率的活动 $(\boldsymbol{x}_k,\boldsymbol{z}_k,\boldsymbol{y}_k)$ 以消除阻塞效应，其中 $\boldsymbol{x}_k\geqslant \boldsymbol{x}_o,\boldsymbol{y}_k\geqslant \boldsymbol{y}_o$。类似于定理5.1，将活动 $(\boldsymbol{x}_k,\boldsymbol{z}_k,\boldsymbol{y}_k)$ 分别代入式(5-4)～式(5-7)，可以构造式(5-11)的可行解 $[\boldsymbol{\lambda}^{(1)*},\boldsymbol{\lambda}^{(2)*},\boldsymbol{t}_o^x=\boldsymbol{0},\boldsymbol{s}_o^x=\boldsymbol{x}_o-\boldsymbol{x}_k\leqslant \boldsymbol{0},\boldsymbol{s}_o^z=\boldsymbol{z}_o-\boldsymbol{z}_k,\boldsymbol{s}_o^y=\boldsymbol{y}_k-\boldsymbol{y}_o,\boldsymbol{v}^{(1)*},\boldsymbol{u}^{(1)*},\omega^{(1)*},\boldsymbol{v}^{(2)*},\boldsymbol{u}^{(2)*},\omega^{(2)*}]$，其中 $\boldsymbol{\lambda}^{(1)*}$ 来自式(5-4)的最优解，$\boldsymbol{v}^{(1)*}$、$\boldsymbol{u}^{(1)*}$ 和 $\omega^{(1)*}$ 来自式(5-6)的最优解，$\boldsymbol{\lambda}^{(2)*}$ 来自式(5-5)的最优解，$\boldsymbol{v}^{(2)*}$、$\boldsymbol{u}^{(2)*}$ 和 $\omega^{(2)*}$ 来自式(5-7)的最优解。此时，$\boldsymbol{e}\boldsymbol{t}_o^{x*}=0$，与式(5-11)的最优解满足 $\boldsymbol{e}\boldsymbol{t}_o^{x*}>0$ 这一假设相矛盾。因此，当 $\boldsymbol{e}\boldsymbol{t}_o^{x*}>0$ 时，DMU_o 存在绝对阻塞效应。

(2)必要性。当 DMU_o 存在绝对阻塞效应时,式(5-11)的最优解满足 $\boldsymbol{e}\boldsymbol{t}_o^{x*}>0$。假设 DMU_o 存在绝对阻塞效应且式(5-11)的最优解满足 $\boldsymbol{e}\boldsymbol{t}_o^{x*}=0$,参考定理5.1,活动 $(\boldsymbol{x}_o-\boldsymbol{s}_o^{x*},\boldsymbol{z}_o-\boldsymbol{s}_o^{z*})$ 在第一阶段一定是有效率的且无法通过减少投入来增加产出,其中 $\boldsymbol{x}_o-\boldsymbol{s}_o^{x*}\geqslant\boldsymbol{x}_o$,活动 $(\boldsymbol{z}_o-\boldsymbol{s}_o^{z*},\boldsymbol{y}_o+\boldsymbol{s}_o^{y*})$ 在第二阶段一定是有效率的且无法通过减少投入来增加产出。根据定义5.2以及定义5.3,活动 $(\boldsymbol{x}_o-\boldsymbol{s}_o^{x*},\boldsymbol{z}_o-\boldsymbol{s}_o^{z*},\boldsymbol{y}_o+\boldsymbol{s}_o^{y*})$ 是有效率的且不存在阻塞效应。DMU_o 可以通过增加投入改进到 $(\boldsymbol{x}_o-\boldsymbol{s}_o^{x*},\boldsymbol{z}_o-\boldsymbol{s}_o^{z*},\boldsymbol{y}_o+\boldsymbol{s}_o^{y*})$ 以消除阻塞效应,这与 DMU_o 存在绝对阻塞效应的假设相矛盾。因此,当 DMU_o 存在绝对阻塞效应时,式(5-11)的最优解满足 $\boldsymbol{e}\boldsymbol{t}_o^{x*}>0$。

参考 Aparicio 等(2007),非线性规划模型[式(5-11)]可以被转换为混合整数规划模型[式(5-12)]。

$$
\begin{aligned}
&\min\ \boldsymbol{e}\boldsymbol{t}_o^{x}-\varepsilon\boldsymbol{e}\boldsymbol{s}_o^{x}\\
&\text{s. t.}\left\{
\begin{array}{l}
\sum_{j=1}^{n}\lambda_j^{(1)}\boldsymbol{x}_j=\boldsymbol{x}_o-\boldsymbol{s}_o^{x},\ \sum_{j=1}^{n}\lambda_j^{(1)}\boldsymbol{z}_j=\boldsymbol{z}_o-\boldsymbol{s}_o^{z}\\
\sum_{j=1}^{n}\lambda_j^{(1)}=1,\lambda_j^{(1)}\geqslant 0(\forall j),\ \sum_{j=1}^{n}\lambda_j^{(2)}\boldsymbol{z}_j=\boldsymbol{z}_o-\boldsymbol{s}_o^{z}\\
\sum_{j=1}^{n}\lambda_j^{(2)}\boldsymbol{y}_j=\boldsymbol{y}_o+\boldsymbol{s}_o^{y},\ \sum_{j=1}^{n}\lambda_j^{(2)}=1,\lambda_j^{(2)}\geqslant 0(\forall j)\\
\boldsymbol{v}^{(1)}\boldsymbol{x}_j-\boldsymbol{u}^{(1)}\boldsymbol{z}_j+\omega^{(1)}-\alpha_j^{(1)}=0(\forall j)\\
\boldsymbol{e}\boldsymbol{v}^{(1)\mathrm{T}}+\boldsymbol{e}\boldsymbol{u}^{(1)\mathrm{T}}=1\\
\boldsymbol{v}^{(2)}\boldsymbol{z}_j-\boldsymbol{u}^{(2)}\boldsymbol{y}_j+\omega^{(2)}-\alpha_j^{(2)}=0(\forall j)\\
\boldsymbol{e}\boldsymbol{v}^{(2)\mathrm{T}}+\boldsymbol{e}\boldsymbol{u}^{(2)\mathrm{T}}=1\\
\lambda_j^{(1)}\leqslant C\zeta_j^{(1)}(\forall j),\alpha_j^{(1)}\leqslant C(1-\zeta_j^{(1)})(\forall j)\\
\lambda_j^{(2)}\leqslant C\zeta_j^{(2)}(\forall j),\alpha_j^{(2)}\leqslant C(1-\zeta_j^{(2)})(\forall j)\\
\zeta_j^{(1)},\zeta_j^{(2)}=\{0,1\},\alpha_j^{(1)}\geqslant 0(\forall j),\alpha_j^{(2)}\geqslant 0(\forall j)\\
\boldsymbol{v}^{(1)}\geqslant\boldsymbol{0}^{\mathrm{T}},\boldsymbol{u}^{(1)}\geqslant\varepsilon\boldsymbol{e},\boldsymbol{v}^{(2)}\geqslant\boldsymbol{0}^{\mathrm{T}},\boldsymbol{u}^{(2)}\geqslant\varepsilon\boldsymbol{e}\\
\boldsymbol{t}_o^{x}\geqslant\boldsymbol{s}_o^{x},\boldsymbol{t}_o^{x}\geqslant\boldsymbol{0},\boldsymbol{s}_o^{y}\geqslant\boldsymbol{0}
\end{array}\right.
\end{aligned}
\tag{5-12}
$$

定理5.4 当且仅当 $\boldsymbol{e}\boldsymbol{t}_o^{x*}>0$,其中"＊"表示式(5-12)的最优解,$\text{DMU}_o$ 存在

绝对阻塞效应。

证明 参考定理5.2以及定理5.3。

识别两阶段DEA中阻塞效应的流程图如图5-8所示。

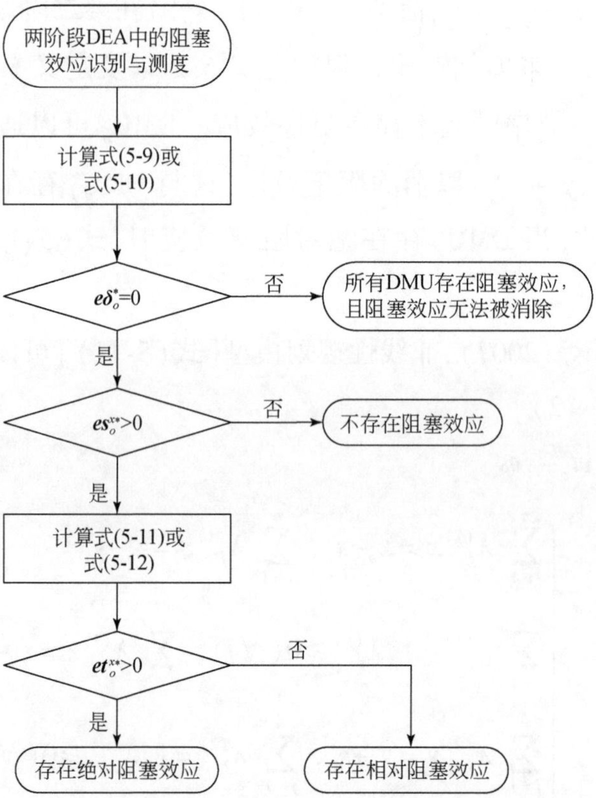

图5-8 两阶段DEA中的阻塞效应识别流程图

通过例5.1～例5.3以及下文中的例5.4，本节进一步说明两阶段DEA中的阻塞效应的识别流程。

例5.1中阻塞效应识别结果如表5-4所示。除DMU_1和DMU_2外，其余DMU都存在阻塞效应，且由于只有单一投入指标，所有的阻塞效应均为绝对阻塞效应。对于DMU_3～DMU_{12}，改进目标均为(14,28,21)。在单阶段DEA阻塞效应中，消除阻塞效应一定伴随着产出的增加，但在两阶段DEA中这一命题并不成立。如DMU_7所示，由于其在第一阶段存在阻塞效应，根据定义5.3，DMU_7存在阻塞效应。但在消除DMU_7阻塞效应的过程中，由于其最终产出已经达到了最大，消除其阻塞效应不会导致其最终产出的进一步增加。

表 5-4　例 5.1 中 DMU 的阻塞效应状况

DMU	式(5-9)或式(5-10)的最优解 $e\delta_j^*$	式(5-9)或式(5-10)的最优解 es_j^{x*}	是否存在阻塞效应	式(5-11)或式(5-12)的最优解 et_j^{x*}	是否存在绝对阻塞效应
DMU_1	0	0	不存在	0	不存在
DMU_2	0	0	不存在	0	不存在
DMU_3	0	2	存在	2	存在
DMU_4	0	12	存在	12	存在
DMU_5	0	16	存在	16	存在
DMU_6	0	21	存在	21	存在
DMU_7	0	26	存在	26	存在
DMU_8	0	32	存在	32	存在
DMU_9	0	36	存在	36	存在
DMU_{10}	0	32	存在	32	存在
DMU_{11}	0	6	存在	6	存在
DMU_{12}	0	18.5	存在	18.5	存在

例 5.2 中阻塞效应的识别结果如表 5-5 所示。通过计算式(5-9)或式(5-10)，DMU_2与 DMU_4 存在阻塞效应，通过计算式(5-11)或式(5-12)，只有 DMU_4 在消除阻塞效应的过程中必须减少 1 单位的投入 x_1，而 DMU_2可以通过增加投入消除阻塞效应，因此 DMU_2的阻塞效应属于相对阻塞效应，DMU_4 的阻塞效应属于绝对阻塞效应。

表 5-5　例 5.2 中 DMU 的阻塞效应状况

DMU	式(5-9)或式(5-10)的最优解 $e\delta_j^*$	式(5-9)或式(5-10)的最优解 s_j^{x*}	是否存在阻塞效应	式(5-11)或式(5-12)的最优解 s_j^{x*}	是否存在绝对阻塞效应
DMU_1	0	$[0,0]^T$	不存在	$[0,0]^T$	不存在
DMU_2	0	$[0,1]^T$	存在	$[-1,0]^T$	不存在
DMU_3	0	$[0,0]^T$	不存在	$[0,0]^T$	不存在
DMU_4	0	$[2,0]^T$	存在	$[1,-1]^T$	存在

例 5.3 中阻塞效应的识别结果如表 5-6 所示，由于例 5.3 两阶段 DEA 生产可能集中所有的活动都存在阻塞效应，因此式(5-9)或式(5-10)的最优解 $e\delta_j^*$ ($j=$

1,…,5)均大于0,即所有的 DMU 应当在第一阶段只投入1单位的投入 x_1 来生产5单位的中间产出 z_1,并在第二阶段弃置4单位的中间产出 z_1 来生产5单位的最终产出 y_1,这样才能消除各子阶段的阻塞效应。但实际上,在进一步丰富 DMU 数量的前提下,可能有投入更少的方案来生产1单位的中间产出 z_1,从而避免中间产出的弃置。由于在例5.3现有数据下消除阻塞效应无法实现,故无法进一步区分相对阻塞效应与绝对阻塞效应。

表 5-6 例 5.3 中 DMU 的阻塞效应状况

DMU	式(5-9)或式(5-10)的最优解 $e\delta_j^*$	是否存在阻塞效应
DMU_1	4	存在
DMU_2	4	存在
DMU_3	4	存在
DMU_4	4	存在
DMU_5	4	存在

类似于第3章和第4章中提及的多重投影点的情况,虽然本章中没有对投影点进行定义,但同样考虑了效率低下 DMU 的多种改进方向,见例5.4。

例 5.4 假设有5个 DMU(DMU_j,$j=1,\cdots,5$),每个 DMU 在第一阶段使用两种投入(x_1,x_2)生产两种中间产出(z_1,z_2),在第二阶段使用该中间产出(z_1,z_2)生产一种最终产出(y_1),具体的投入产出数据如表5-7所示。

表 5-7 例 5.4 中的投入产出数据

DMU	投入(x_1)	投入(x_2)	中间产出(z_1)	中间产出(z_2)	最终产出(y_1)
DMU_1	2	1	2	3	3
DMU_2	3	3	3	2	3
DMU_3	3	3	2	4	2
DMU_4	3	3	1	1	1
DMU_5	6	5	3	3	3

例5.4中阻塞效应的识别结果如表5-8所示。在本例中,DMU_1、DMU_2及 DMU_5在各个子阶段均是有效率的且不存在阻塞效应。DMU_3在第二阶段相较于 DMU_1 存在阻塞效应,因为其多投入了1单位的中间产出 z_2 导致最终产出 y_1 减少了1单位。对于 DMU_3来说,由于 DMU_2与其投入相同,最终产出更多,且在各生

产子阶段无法通过减少投入来增加产出，参考 DMU_2，DMU_3 可以在不改变投入的情况下在各子阶段改进到帕累托最优，根据定义 5.1，DMU_3 不存在阻塞效应。而对于 DMU_4 来说，其在第一阶段是效率低下的，DMU_2 与 DMU_3 的投入与 DMU_4 相等，最终产出均多于 DMU_4，且 DMU_2 与 DMU_3 根据定义 5.1 是有效率的。由于 DMU_2 在各生产子阶段无法通过减少投入来增加产出，DMU_4 可以参照 DMU_2 在不改变投入的情况下在各子阶段改进到帕累托最优，因此 DMU_4 也不存在阻塞效应。

表 5-8 例 5.4 中 DMU 的阻塞效应状况

DMU	式(5-9)或式(5-10)的最优解 $e\boldsymbol{\delta}_j^*$	式(5-9)或式(5-10)的最优解 s_j^{x*}	是否存在阻塞效应
DMU_1	0	$[0,0]^T$	不存在
DMU_2	0	$[0,0]^T$	不存在
DMU_3	0	$[0,0]^T$	不存在
DMU_4	0	$[0,0]^T$	不存在
DMU_5	0	$[0,0]^T$	不存在

5.2.3 两阶段 DEA 中的阻塞效应的改进方法

当式(5-9)或式(5-10)的最优解 $e\boldsymbol{\delta}_j^*=0(\forall j)$ 时，两阶段 DEA 中的阻塞效应的改进消除同样可以分为减少投入以及增加投入两种方式。两种方式对于消除相对阻塞效应都是可行的，但对于绝对阻塞效应，单纯增加投入无法消除绝对阻塞效应，在消除绝对阻塞效应时一定伴随着投入的减少，而部分投入的增加有助于减少消除绝对阻塞效应的投入减少量。

1）减少投入消除阻塞效应

通过计算式(5-9)或式(5-10)，能够得到 DMU_o 减少投入消除阻塞效应时的最小投入减少量 $\boldsymbol{s}_o^{x*}$，本章将该投入减少量称为无效投入，视其为造成阻塞效应的原因，即该部分投入导致中间产出的减少或最终产出的减少。随着 $\boldsymbol{es}_o^{x*}$ 值的增加，无效投入越多，阻塞效应越严重。当 $\boldsymbol{es}_o^{x*}=0$ 时，DMU_o 不存在阻塞效应。因此，$\boldsymbol{es}_o^{x*}$ 的值可以反映 DMU_o 阻塞效应的严重程度。根据定理 5.1 及定理 5.2，$(\boldsymbol{x}_o-\boldsymbol{s}_o^{x*},\boldsymbol{z}_o-\boldsymbol{s}_o^{z*},\boldsymbol{y}_o+\boldsymbol{s}_o^{y*})$ 是有效率且不存在阻塞效应的，可以看作 DMU_o

减少投入消除阻塞效应的改进目标。

以例 5.2 为例,表 5-9 列出了各 DMU 消除阻塞效应后的投入产出值。DMU_2消除阻塞效应最少需要减少 1 单位的无效投入 x_2,而 DMU_4消除阻塞效应最少需要减少 2 单位的无效投入 x_1。虽然将 DMU_4改进到 DMU_1,减少 4 单位的投入 x_1以及 2 单位的投入 x_2以消除阻塞效应是可行的,但不能将从(3,2)增加到(7,4)的投入都视为无效的,因为从(3,2)增加投入到(6,5)能够进一步增加中间产出以及最终产出。因此,将减少投入消除阻塞效应时最小化的投入减少量称为无效投入。

表 5-9　例 5.2 中减少投入消除阻塞效应后的投入产出值

DMU	投入(x_1)	投入(x_2)	中间产出(z_1)	最终产出(y_1)
DMU_1	3	2	5	5
DMU_2	4	3	16/3	16/3
DMU_3	6	5	6	6
DMU_4	5	4	17/3	17/3

2)增加投入消除阻塞效应

两阶段 DEA 中的相对阻塞效应同样可以通过增加投入加以消除,而对于消除绝对阻塞效应,增加部分投入能够进一步降低消除阻塞效应时的投入减少量,最小化的投入减少量即可视为过度投入。通过计算式(5-11)或式(5-12),可以得到过度投入量以及各 DMU 增加投入消除阻塞效应的改进目标。

以例 5.2 为例,表 5-10 列出了各 DMU 增加投入消除阻塞效应后的投入产出值。存在相对阻塞效应的 DMU_2 可以通过增加投入到(5,4)加以改进,而消除 DMU_4 存在的绝对阻塞效应则需减少 1 单位的投入 x_1 并增加 1 单位投入 x_2,这 1 单位的投入 x_1 可以视为过度投入。

表 5-10　例 5.2 中增加投入消除阻塞效应后的投入产出值

DMU	投入(x_1)	投入(x_2)	中间产出(z_1)	最终产出(y_1)
DMU_1	3	2	5	5
DMU_2	5	4	17/3	17/3
DMU_3	6	5	6	6
DMU_4	6	5	6	6

5.3　多阶段 DEA 中的阻塞效应定义、识别与测度方法

5.3.1　多阶段 DEA 中的阻塞效应的相关定义

在两阶段 DEA 中的阻塞效应的基础上，本节将进一步讨论串联结构下多阶段 DEA 中的阻塞效应的相关概念及测度方法。假设共有 n 个 DMU（$\text{DMU}_j, j=1,\cdots,n$），所有 DMU 的生产过程都可以分为 D 个阶段，每个 DMU 在第 d（$d=1,\cdots,D$）阶段使用投入 $\boldsymbol{x}^{(d)}$ 与上一阶段的中间产出 $\boldsymbol{z}^{(d-1,d)}$ 来生产最终产出 $\boldsymbol{y}^{(d)}$ 以及作为下一阶段投入的中间产出 $\boldsymbol{z}^{(d,d+1)}$。生产阶段示意图如图 5-9 所示，对应的生产可能集如式(5-13)所示。

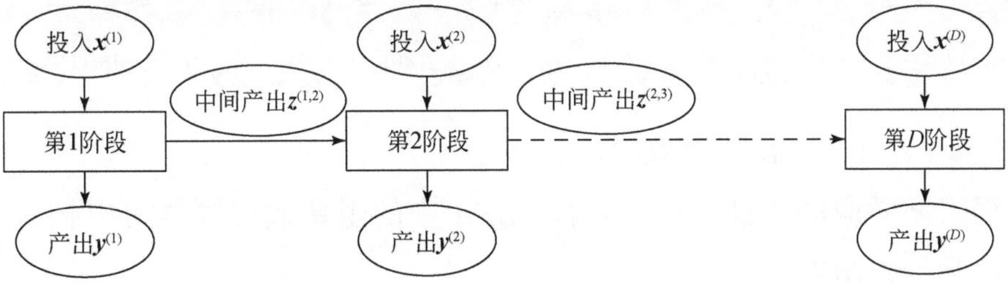

图 5-9　串联结构多阶段生产过程示意图

$$
P_{\text{congestion}}^{\text{Multi-Stage}}=\left\{(\boldsymbol{x},\boldsymbol{z},\boldsymbol{y})\in\mathbf{R}_+ \left| \begin{array}{l} \sum\limits_{j=1}^{n}\lambda_j^{(d-1)}\boldsymbol{z}_j^{(d-1,d)}=\sum\limits_{j=1}^{n}\lambda_j^{(d)}\boldsymbol{z}_j^{(d-1,d)}(\forall d) \\ \sum\limits_{j=1}^{n}\lambda_j^{(d)}\boldsymbol{x}_j^{(d)}=\boldsymbol{x}^{(d)}(\forall d),\ \sum\limits_{j=1}^{n}\lambda_j^{(d)}\boldsymbol{y}_j^{(d)}\geqslant\boldsymbol{y}^{(d)}(\forall d) \\ \sum\limits_{j=1}^{n}\lambda_j^{(d)}\boldsymbol{z}_j^{(d,d+1)}\geqslant\boldsymbol{z}^{(d,d+1)}(\forall d) \\ \sum\limits_{j=1}^{n}\lambda_j^{(d)}=1(\forall d,\forall j),\lambda_j^{(d)}\geqslant 0(\forall d,\forall j) \end{array}\right.\right\} \tag{5-13}
$$

第 1 阶段中不存在上一阶段的中间产出 $\boldsymbol{z}^{(0,1)}$，第 D 阶段中不存在用于下一阶段生产过程的中间产出 $\boldsymbol{z}^{(D,D+1)}$，故在生产可能集[式(5-13)]中，令 $\boldsymbol{z}^{(0,1)}=\mathbf{0}$，$\boldsymbol{z}^{(D,D+1)}=\mathbf{0}$ 以及 $\lambda_j^{(0)}=0(\forall j)$。类似于两阶段 DEA 中的阻塞效应，多阶段 DEA 中

的阻塞效应可以定义为在某一子阶段存在阻塞效应。在生产可能集[式(5-13)]的基础上，多阶段 DEA 中的阻塞效应的相关定义如下所述。

定义 5.5(效率) 对于 $\mathrm{DMU}_o(\boldsymbol{x}_o,\boldsymbol{z}_o,\boldsymbol{y}_o)\in P_{\text{congestion}}^{\text{Multi-Stage}}$ 来说，如果 DMU_o 在所有子阶段中根据定义 3.1 都是有效率的，即在任一阶段 d 中，对于 $[\boldsymbol{x}_o^{(d)},\boldsymbol{z}_o^{(d-1,d)},\boldsymbol{z}_o^{(d,d+1)},\boldsymbol{y}_o^{(d)}]$，不存在 $[\boldsymbol{x}_k^{(d)},\boldsymbol{z}_k^{(d-1,d)},\boldsymbol{z}_k^{(d,d+1)},\boldsymbol{y}_k^{(d)}]\in P_{\text{congestion}}^{\text{Multi-Stage}}$ 满足 $\boldsymbol{x}_k^{(d)}=\boldsymbol{x}_o^{(d)},\boldsymbol{z}_k^{(d-1,d)}=\boldsymbol{z}_o^{(d-1,d)},\boldsymbol{z}_k^{(d,d+1)}\gneqq\boldsymbol{z}_o^{(d,d+1)},\boldsymbol{y}_k^{(d)}\geqslant\boldsymbol{y}_o^{(d)}$ 或 $\boldsymbol{x}_k^{(d)}=\boldsymbol{x}_o^{(d)},\boldsymbol{z}_k^{(d-1,d)}=\boldsymbol{z}_o^{(d-1,d)},\boldsymbol{z}_k^{(d,d+1)}\geqslant\boldsymbol{z}_o^{(d,d+1)},\boldsymbol{y}_k^{(d)}\gneqq\boldsymbol{y}_o^{(d)}$，则 DMU_o 是有效率的。

定义 5.6(阻塞效应) 当且仅当生产可能集内不存在有效率的活动 $(\boldsymbol{x}_k,\boldsymbol{z}_k,\boldsymbol{y}_k)$ 满足 $\boldsymbol{x}_k=\boldsymbol{x}_o,\boldsymbol{y}_k\geqslant\boldsymbol{y}_o$，该活动 $(\boldsymbol{x}_k,\boldsymbol{z}_k,\boldsymbol{y}_k)$ 在任意生产子阶段中都无法通过减少投入来增加产出，即在任意阶段 d 中，对于 $[\boldsymbol{x}_k^{(d)},\boldsymbol{z}_k^{(d-1,d)},\boldsymbol{z}_k^{(d,d+1)},\boldsymbol{y}_k^{(d)}]$，不存在 $[\boldsymbol{x}_p^{(d)},\boldsymbol{z}_p^{(d-1,d)},\boldsymbol{z}_p^{(d,d+1)},\boldsymbol{y}_p^{(d)}]\in P_{\text{congestion}}^{\text{Multi-Stage}}$ 满足 $\boldsymbol{x}_p^{(d)}\leqslant\boldsymbol{x}_k^{(d)},\boldsymbol{z}_p^{(d-1,d)}\leqslant\boldsymbol{z}_k^{(d-1,d)},\boldsymbol{y}_p^{(d)}\geqslant\boldsymbol{y}_k^{(d)},\boldsymbol{z}_p^{(d,d+1)}\gneqq\boldsymbol{z}_k^{(d,d+1)}$ 或 $\boldsymbol{x}_p^{(d)}\leqslant\boldsymbol{x}_k^{(d)},\boldsymbol{z}_p^{(d-1,d)}\leqslant\boldsymbol{z}_k^{(d-1,d)},\boldsymbol{y}_p^{(d)}\gneqq\boldsymbol{y}_k^{(d)},\boldsymbol{z}_p^{(d,d+1)}\geqslant\boldsymbol{z}_k^{(d,d+1)}$，则 $\mathrm{DMU}_o(\boldsymbol{x}_o,\boldsymbol{z}_o,\boldsymbol{y}_o)$ 存在阻塞效应。

根据阻塞效应的改进方法，多阶段 DEA 中的阻塞效应同样可以被分为相对阻塞效应和绝对阻塞效应。

定义 5.7(相对阻塞效应) 多阶段 DEA 中的相对阻塞效应指能够通过增加投入改进消除的阻塞效应。

定义 5.8(绝对阻塞效应) 多阶段 DEA 中的绝对阻塞效应指不能通过增加投入改进消除的阻塞效应。

5.3.2 多阶段 DEA 中的阻塞效应识别与测度方法

在进行计算前数据同样需要进行标准化，即令 $x_{io}^{(d)}=\dfrac{x_{io}^{(d)'}}{\max\limits_{j=1,\cdots,n}\{x_{ij}^{(d)'}\}-\min\limits_{j=1,\cdots,n}\{x_{ij}^{(d)'}\}}$，

$z_{co}^{(d,d+1)}=\dfrac{z_{co}^{(d,d+1)'}}{\max\limits_{j=1,\cdots,n}\{z_{cj}^{(d,d+1)'}\}-\min\limits_{j=1,\cdots,n}\{z_{cj}^{(d,d+1)'}\}}$，$y_{ro}^{(d)}=\dfrac{y_{ro}^{(d)'}}{\max\limits_{j=1,\cdots,n}\{y_{rj}^{(d)'}\}-\min\limits_{j=1,\cdots,n}\{y_{rj}^{(d)'}\}}$，

$(d=1,\cdots,D-1)$，以及其中 $\boldsymbol{x}'$、$\boldsymbol{z}'$ 和 $\boldsymbol{y}'$ 表示原始数据，$\boldsymbol{x}$、$\boldsymbol{z}$ 和 $\boldsymbol{y}$ 表示标准化后用于计算的数据。由于第 1 阶段中不存在上一阶段的中间产出 $\boldsymbol{z}^{(0,1)}$，第 D 阶段中不

存在用于下一阶段生产过程的中间产出 $\boldsymbol{z}^{(D,D+1)}$，令 $\boldsymbol{z}^{(0,1)}=\mathbf{0}$ 以及 $\boldsymbol{z}^{(D,D+1)}=\mathbf{0}$。根据定义 5.6，本章提出了如下多阶段 DEA 中的阻塞效应识别方法。

（1）计算式（5-14）以识别多阶段 DEA 中的阻塞效应。

$$
\min \sum_{d=1}^{D} \boldsymbol{e}\boldsymbol{\delta}_o^{(d,d+1)} + \varepsilon \sum_{d=1}^{D} \boldsymbol{e}\boldsymbol{s}_o^{x(d)}
$$

$$
\text{s.t.}\begin{cases}
\sum_{j=1}^{n} \lambda_j^{(d)} \boldsymbol{x}_j^{(d)} = \boldsymbol{x}_o^{(d)} - \boldsymbol{s}_o^{x(d)} (\forall d) \\
\sum_{j=1}^{n} \lambda_j^{(d)} \boldsymbol{z}_j^{(d-1,d)} = \boldsymbol{z}_o^{(d-1,d)} - \boldsymbol{s}_o^{z(d-1,d)} (\forall d) \\
\sum_{j=1}^{n} \lambda_j^{(d)} \boldsymbol{y}_j^{(d)} = \boldsymbol{y}_o^{(d)} + \boldsymbol{s}_o^{y(d)} (\forall d) \\
\sum_{j=1}^{n} \lambda_j^{(d)} \boldsymbol{z}_j^{(d,d+1)} = \boldsymbol{z}_o^{(d,d+1)} - \boldsymbol{s}_o^{z(d,d+1)} + \boldsymbol{\delta}_o^{(d,d+1)} (\forall d) \\
\sum_{j=1}^{n} \lambda_j^{(d)} = 1 (\forall d), \lambda_j^{(d)} \geqslant 0 (\forall j, \forall d) \\
\begin{bmatrix} \boldsymbol{v}^{x(d)} (\boldsymbol{x}_o^{(d)} - \boldsymbol{s}_o^{x(d)}) + \boldsymbol{v}^{z(d)} (\boldsymbol{z}_o^{(d-1,d)} - \boldsymbol{s}_o^{z(d-1,d)}) \\ -\boldsymbol{u}^{y(d)} (\boldsymbol{y}_o^{(d)} + \boldsymbol{s}_o^{y(d)}) - \boldsymbol{u}^{z(d)} (\boldsymbol{z}_o^{(d,d+1)} - \boldsymbol{s}_o^{z(d,d+1)} + \boldsymbol{\delta}_o^{(d,d+1)}) + \omega^{(d)} \end{bmatrix} = 0 (\forall d) \\
\boldsymbol{v}^{x(d)} \boldsymbol{x}_j^{(d)} + \boldsymbol{v}^{z(d)} \boldsymbol{z}_j^{(d-1,d)} - \boldsymbol{u}^{y(d)} \boldsymbol{y}_j^{(d)} - \boldsymbol{u}^{z(d)} \boldsymbol{z}_j^{(d,d+1)} + \omega^{(d)} \geqslant 0 (\forall j, \forall d) \\
\boldsymbol{v}^{x(d)} \geqslant \mathbf{0}^{\mathrm{T}} (\forall d), \boldsymbol{v}^{z(d)} \geqslant \mathbf{0}^{\mathrm{T}} (\forall d), \boldsymbol{u}^{y(d)} \geqslant \boldsymbol{e} (\forall d), \boldsymbol{u}^{z(d)} \geqslant \boldsymbol{e} (\forall d) \\
\boldsymbol{s}_o^{x(d)} \geqslant \mathbf{0} (\forall d), \boldsymbol{s}_o^{y(d)} \geqslant \mathbf{0} (\forall d), \boldsymbol{\delta}_o^{(d,d+1)} \geqslant \mathbf{0} (\forall d)
\end{cases}
\tag{5-14}
$$

式(5-14)与式(5-10)类似，当 $\sum_{d=1}^{D} \boldsymbol{e}\boldsymbol{\delta}_o^{(d,d+1)*}>0$ 时[“＊”表示式(5-14)的最优解]，生产可能集 $P_{\text{congestion}}^{\text{Multi-Stage}}$ 内没有不存在阻塞效应的活动；当 $\sum_{d=1}^{D} \boldsymbol{e}\boldsymbol{\delta}_o^{(d,d+1)*}=0$ 且 $\sum_{d=1}^{D} \boldsymbol{e}\boldsymbol{s}_o^{x(d)*}=0$ 时，$(\boldsymbol{x}_o, \boldsymbol{z}_o-\boldsymbol{s}_o^{z*}, \boldsymbol{y}_o+\boldsymbol{s}_o^{y*})$ 是有效率的，投入与 DMU_o 相同，最终产出大于等于 DMU_o，且在各生产子阶段均无法通过减少投入来增加产出，根据定义 5.6，DMU_o 不存在阻塞效应。当 $\sum_{d=1}^{D} \boldsymbol{e}\boldsymbol{\delta}_o^{(d,d+1)*}=0$ 且 $\sum_{d=1}^{D} \boldsymbol{e}\boldsymbol{s}_o^{x(d)*}>0$ 时，DMU_o 存在阻塞效应。特别地，当 $D=2$ 时，式(5-14)与式(5-10)是相同的。

定理5.5 在 $\sum_{d=1}^{D} e\boldsymbol{\delta}_o^{(d,d+1)*}=0$ 的条件下,当且仅当式(5-14)的最优解满足 $\sum_{d=1}^{D} e\boldsymbol{s}_o^{x(d)*}>0$,$\text{DMU}_o$ 存在阻塞效应。

证明 参考定理5.1。

非线性规划模型[式(5-14)]参考 Aparicio 等(2007)同样可以被转换为混合整数规划模型[式(5-15)]。

$$
\min \sum_{d=1}^{D} e\boldsymbol{\delta}_o^{(d,d+1)} + \varepsilon \sum_{d=1}^{D} e\boldsymbol{s}_o^{x(d)}
$$

$$
\text{s.t.}\begin{cases}
\sum_{j=1}^{n} \lambda_j^{(d)} \boldsymbol{x}_j^{(d)} = \boldsymbol{x}_o^{(d)} - \boldsymbol{s}_o^{x(d)} (\forall d) \\
\sum_{j=1}^{n} \lambda_j^{(d)} \boldsymbol{z}_j^{(d-1,d)} = \boldsymbol{z}_o^{(d-1,d)} - \boldsymbol{s}_o^{z(d-1,d)} (\forall d) \\
\sum_{j=1}^{n} \lambda_j^{(d)} \boldsymbol{y}_j^{(d)} = \boldsymbol{y}_o^{(d)} + \boldsymbol{s}_o^{y(d)} (\forall d) \\
\sum_{j=1}^{n} \lambda_j^{(d)} \boldsymbol{z}_j^{(d,d+1)} = \boldsymbol{z}_o^{(d,d+1)} - \boldsymbol{s}_o^{z(d,d+1)} + \boldsymbol{\delta}_o^{(d,d+1)} (\forall d) \\
\sum_{j=1}^{n} \lambda_j^{(d)} = 1 (\forall d), \lambda_j^{(d)} \geqslant 0 (\forall j, \forall d) \\
\boldsymbol{v}^{x(d)} \boldsymbol{x}_j^{(d)} + \boldsymbol{v}^{z(d)} \boldsymbol{z}_j^{(d-1,d)} - \boldsymbol{u}^{y(d)} \boldsymbol{y}_j^{(d)} - \boldsymbol{u}^{z(d)} \boldsymbol{z}_j^{(d,d+1)} + \omega^{(d)} - \alpha_j^{(d)} = 0 (\forall j, \forall d) \\
e\boldsymbol{v}^{x(d)\mathrm{T}} + e\boldsymbol{v}^{z(d)\mathrm{T}} + e\boldsymbol{u}^{y(d)\mathrm{T}} + e\boldsymbol{u}^{z(d)\mathrm{T}} = 1 (\forall d) \\
\lambda_j^{(d)} \leqslant C\zeta_j^{(d)} (\forall j, \forall d), \alpha_j^{(d)} \leqslant C(1-\zeta_j^{(d)}) (\forall j, \forall d) \\
\zeta_j^{(d)} = \{0,1\} (\forall j, \forall d), \\
\boldsymbol{v}^{x(d)} \geqslant \boldsymbol{0}^{\mathrm{T}} (\forall d), \boldsymbol{v}^{z(d)} \geqslant \boldsymbol{0}^{\mathrm{T}} (\forall d), \boldsymbol{u}^{y(d)} \geqslant \varepsilon e (\forall d), \boldsymbol{u}^{z(d)} \geqslant \varepsilon e (\forall d) \\
\boldsymbol{s}_o^{x(d)} \geqslant \boldsymbol{0} (\forall d), \boldsymbol{s}_o^{y(d)} \geqslant \boldsymbol{0} (\forall d), \boldsymbol{\delta}_o^{(d,d+1)} \geqslant \boldsymbol{0} (\forall d)
\end{cases} \tag{5-15}
$$

式中,C 为足够大的实数。与式(5-14)相同,当式(5-15)的最优解满足 $\sum_{d=1}^{D} e\boldsymbol{\delta}_o^{(d,d+1)*}>0$ 时,生产可能集内的所有活动都存在阻塞效应;当 $\sum_{d=1}^{D} e\boldsymbol{\delta}_o^{(d,d+1)*}=0$ 且 $\sum_{d=1}^{D} e\boldsymbol{s}_o^{x(d)*}=0$ 时,DMU_o 不存在阻塞效应;当 $\sum_{d=1}^{D} e\boldsymbol{\delta}_o^{(d,d+1)*}=0$ 且 $\sum_{d=1}^{D} e\boldsymbol{s}_o^{x(d)*}>$

$\mathbf{0}$ 时，DMU$_o$ 存在阻塞效应。

定理 5.6　在 $\sum_{d=1}^{D} \boldsymbol{e\delta}_o^{(d,d+1)*}=0$ 的条件下，当且仅当式(5-15)的最优解满足 $\sum_{d=1}^{D} \boldsymbol{es}_o^{x(d)*}>0$，DMU$_o$ 存在阻塞效应。

证明　参考定理5.2。

(2)当式(5-14)或式(5-15)中的最优解满足 $\sum_{d=1}^{D} \boldsymbol{e\delta}_o^{(d,d+1)*}=0$ 时，阻塞效应可以通过式(5-16)进一步区分为相对阻塞效应和绝对阻塞效应。

$$\min \sum_{d=1}^{D} \boldsymbol{et}_o^{x(d)} - \varepsilon \sum_{d=1}^{D} \boldsymbol{es}_o^{x(d)}$$

$$\text{s.t.}\begin{cases}\sum_{j=1}^{n} \lambda_j^{(d)} \boldsymbol{x}_j^{(d)} = \boldsymbol{x}_o^{(d)} - \boldsymbol{s}_o^{x(d)} (\forall d) \\ \sum_{j=1}^{n} \lambda_j^{(d)} \boldsymbol{z}_j^{(d-1,d)} = \boldsymbol{z}_o^{(d-1,d)} - \boldsymbol{s}_o^{z(d-1,d)} (\forall d) \\ \sum_{j=1}^{n} \lambda_j^{(d)} \boldsymbol{y}_j^{(d)} = \boldsymbol{y}_o^{(d)} + \boldsymbol{s}_o^{y(d)} (\forall d) \\ \sum_{j=1}^{n} \lambda_j^{(d)} \boldsymbol{z}_j^{(d,d+1)} = \boldsymbol{z}_o^{(d,d+1)} - \boldsymbol{s}_o^{z(d,d+1)} (\forall d) \\ \sum_{j=1}^{n} \lambda_j^{(d)} = 1 (\forall d), \lambda_j^{(d)} \geqslant 0 (\forall j, \forall d) \\ \begin{bmatrix} \boldsymbol{v}^{x(d)}(\boldsymbol{x}_o^{(d)} - \boldsymbol{s}_o^{x(d)}) + \boldsymbol{v}^{z(d)}(\boldsymbol{z}_o^{(d-1,d)} - \boldsymbol{s}_o^{z(d-1,d)}) \\ -\boldsymbol{u}^{y(d)}(\boldsymbol{y}_o^{(d)} + \boldsymbol{s}_o^{y(d)}) - \boldsymbol{u}^{z(d)}(\boldsymbol{z}_o^{(d,d+1)} - \boldsymbol{s}_o^{z(d,d+1)} + \boldsymbol{\delta}_o^{(d,d+1)}) + \omega^{(d)} \end{bmatrix} = 0 (\forall d) \\ \boldsymbol{v}^{x(d)} \boldsymbol{x}_j^{(d)} + \boldsymbol{v}^{z(d)} \boldsymbol{z}_j^{(d-1,d)} - \boldsymbol{u}^{y(d)} \boldsymbol{y}_j^{(d)} - \boldsymbol{u}^{z(d)} \boldsymbol{z}_j^{(d,d+1)} + \omega^{(d)} \geqslant 0 (\forall j, \forall d) \\ \boldsymbol{v}^{x(d)} \geqslant \mathbf{0}^{\mathrm{T}} (\forall d), \boldsymbol{v}^{z(d)} \geqslant \mathbf{0}^{\mathrm{T}} (\forall d), \boldsymbol{u}^{y(d)} \geqslant \boldsymbol{e} (\forall d), \boldsymbol{u}^{z(d)} \geqslant \boldsymbol{e} (\forall d) \\ \boldsymbol{t}_o^{x(d)} \geqslant \mathbf{0} (\forall d), \boldsymbol{t}_o^{x(d)} \geqslant \boldsymbol{s}_o^{x(d)} (\forall d), \boldsymbol{s}_o^{y(d)} \geqslant \mathbf{0} (\forall d), \boldsymbol{\delta}_o^{(d,d+1)} \geqslant \mathbf{0} (\forall d) \end{cases} \tag{5-16}$$

式(5-16)去除了式(5-14)中的约束 $\boldsymbol{s}_o^x \geqslant \mathbf{0}$，从而允许 DMU$_o$ 在提高效率并消除阻塞效应时增加投入。变量 $\boldsymbol{t}_o^x$ 被引入来表示 $\boldsymbol{s}_o^x$ 中大于0的元素，通过最小化 $\sum_{d=1}^{D} \boldsymbol{et}_o^{x(d)}$ 可以得到在消除阻塞效应时最少需要减少的投入量。当式(5-16)的最

优解满足 $\sum_{u=1}^{d} \boldsymbol{e}\boldsymbol{t}_o^{x(d)*}>0$ 时，其阻塞效应无法通过只增加投入来进行改进，因此存在绝对阻塞效应；当 $\sum_{u=1}^{d} \boldsymbol{e}\boldsymbol{t}_o^{x(d)*}=0$ 时，只增加投入即可消除阻塞效应，因而阻塞效应可以被归类为相对阻塞效应。

定理 5.7 当且仅当 $\sum_{u=1}^{d} \boldsymbol{e}\boldsymbol{t}_o^{x(d)*}>0$，其中"$*$"表示式(5-16)的最优解，$\mathrm{DMU}_o$ 存在绝对阻塞效应。

证明 参考定理 5.3。

参考 Aparicio 等(2007)，非线性规划模型[式(5-16)]可以被转换为混合整数规划模型[式(5-17)]。

$$
\min \sum_{d=1}^{D} \boldsymbol{e}\boldsymbol{\delta}_o^{(d,d+1)} + \varepsilon \sum_{d=1}^{D} \boldsymbol{e}\boldsymbol{s}_o^{x(d)}
$$

$$
\text{s.t.}\begin{cases}
\sum_{j=1}^{n} \lambda_j^{(d)} \boldsymbol{x}_j^{(d)} = \boldsymbol{x}_o^{(d)} - \boldsymbol{s}_o^{x(d)} (\forall d) \\
\sum_{j=1}^{n} \lambda_j^{(d)} \boldsymbol{z}_j^{(d-1,d)} = \boldsymbol{z}_o^{(d-1,d)} - \boldsymbol{s}_o^{z(d-1,d)} (\forall d) \\
\sum_{j=1}^{n} \lambda_j^{(d)} \boldsymbol{y}_j^{(d)} = \boldsymbol{y}_o^{(d)} + \boldsymbol{s}_o^{y(d)} (\forall d) \\
\sum_{j=1}^{n} \lambda_j^{(d)} \boldsymbol{z}_j^{(d,d+1)} = \boldsymbol{z}_o^{(d,d+1)} - \boldsymbol{s}_o^{z(d,d+1)} + \boldsymbol{\delta}_o^{(d,d+1)} (\forall d) \\
\sum_{j=1}^{n} \lambda_j^{(d)} = 1 (\forall d), \lambda_j^{(d)} \geqslant 0 (\forall j, \forall d) \\
\boldsymbol{v}^{x(d)} \boldsymbol{x}_j^{(d)} + \boldsymbol{v}^{z(d)} \boldsymbol{z}_j^{(d-1,d)} - \boldsymbol{u}^{y(d)} \boldsymbol{y}_j^{(d)} - \boldsymbol{u}^{z(d)} \boldsymbol{z}_j^{(d,d+1)} + \omega^{(d)} - \alpha_j^{(d)} = 0 (\forall j, \forall d) \\
\boldsymbol{e}\boldsymbol{v}^{x(d)\mathrm{T}} + \boldsymbol{e}\boldsymbol{v}^{z(d)\mathrm{T}} + \boldsymbol{e}\boldsymbol{u}^{y(d)\mathrm{T}} + \boldsymbol{e}\boldsymbol{u}^{z(d)\mathrm{T}} = 1 (\forall d) \\
\lambda_j^{(d)} \leqslant C\zeta_j^{(d)} (\forall j, \forall d), \alpha_j^{(d)} \leqslant C(1-\zeta_j^{(d)}) (\forall j, \forall d) \\
\zeta_j^{(d)} = \{0,1\} (\forall j, \forall d) \\
\boldsymbol{v}^{x(d)} \geqslant \boldsymbol{0}^{\mathrm{T}} (\forall d), \boldsymbol{v}^{z(d)} \geqslant \boldsymbol{0}^{\mathrm{T}} (\forall d), \boldsymbol{u}^{y(d)} \geqslant \varepsilon \boldsymbol{e} (\forall d), \boldsymbol{u}^{z(d)} \geqslant \varepsilon \boldsymbol{e} (\forall d) \\
\boldsymbol{t}_o^{x(d)} \geqslant \boldsymbol{0} (\forall d), \boldsymbol{t}_o^{x(d)} \geqslant \boldsymbol{s}_o^{x(d)} (\forall d), \boldsymbol{s}_o^{y(d)} \geqslant \boldsymbol{0} (\forall d), \boldsymbol{\delta}_o^{(d,d+1)} \geqslant \boldsymbol{0} (\forall d)
\end{cases} \tag{5-17}
$$

定理 5.8　当且仅当 $\sum_{u=1}^{d} et_o^{x(d)*}>0$,其中“ * ”表示式(5-17)的最优解,$DMU_o$ 存在绝对阻塞效应。

证明　参考定理 5.2 及定理 5.3。

5.3.3　多阶段 DEA 中的阻塞效应的改进方法

当式(5-14)或式(5-15)的最优解满足 $\sum_{d=1}^{D} e\boldsymbol{\delta}_o^{(d,d+1)*}=0$ 时,改进消除多阶段 DEA 中的阻塞效应同样可以分为增加投入以及减少投入两种方式。

1) 减少投入消除阻塞效应

通过计算式(5-14)或式(5-15),能够得到 DMU_o 减少投入消除阻塞效应时的最小化投入减少量 $\boldsymbol{s}_o^{x*}$ 以及相应的改进目标($\boldsymbol{x}_o-\boldsymbol{s}_o^{x*}, \boldsymbol{z}_o-\boldsymbol{s}_o^{z*}, \boldsymbol{y}_o+\boldsymbol{s}_o^{y*}$),该部分投入 $\boldsymbol{s}_o^{x*}$ 造成中间产出的降低或者最终产出的降低,从而导致阻塞效应,本章将其视为无效投入。

2) 增加投入消除阻塞效应

通过计算式(5-16)或式(5-17),($\boldsymbol{x}_o-\boldsymbol{s}_o^{x*}, \boldsymbol{z}_o-\boldsymbol{s}_o^{z*}, \boldsymbol{y}_o+\boldsymbol{s}_o^{y*}$)可以作为 DMU_o 增加投入消除阻塞效应的改进目标。多阶段 DEA 中的相对阻塞效应可以通过增加投入加以改进消除,而增加投入也可以进一步减少消除绝对阻塞效应时的投入减少量。式(5-16)或式(5-17)的最优解 $\boldsymbol{t}_o^{x*}$ 表示在消除阻塞效应时必须减少的投入,因而其可以被视为过度投入。

5.4　实证研究:中国纺织服装、服饰业阻塞效应

5.4.1　中国纺织服装、服饰业研究背景

中国纺织服装、服饰业作为与农业、经济和社会密切相关的民生行业,为中国经济社会发展做出了巨大贡献。改革开放 40 多年来,中国的纺织服装、服饰

业得到迅速发展,并于1994年成为世界第一大纺织品出口国[①]。然而,伴随着劳动力价格的上涨、品牌渠道的缺失以及环保力度的加强,中国纺织服装、服饰业的生产成本逐渐增加,企业数量呈现下降趋势,向东南亚国家转移的趋势明显,这更要求国内纺织服装、服饰业企业提高生产效率,规避阻塞效应。本节将以我国纺织服装、服饰业为例,将纺织服装、服饰业的生产过程分为生产阶段和销售阶段,并运用上文提出的两阶段DEA阻塞效应识别与测度方法,一方面阐述两阶段DEA阻塞效应识别与测度方法在实证分析中的应用,另一方面通过阻塞效应识别与测度探索我国纺织服装、服饰业的过度投入状况。

目前,已有许多学者开展与纺织服装、服饰业的绩效评估相关的研究。Goaïed和Ayed-Mouelhi(2000)运用随机前沿生产函数评估了1983~1994年突尼斯纺织、服装和皮革行业的技术效率。Kapelko和Lansink(2015)运用Bootstrapped Malmquist指数测度了全球纺织和服装企业的全要素生产率,并探索了技术变革、技术效率变化、规模效率变化对全要素生产率的影响。Psillaki等(2010)运用DEA评估了法国纺织业等行业的绩效,并通过二元有序Logit回归发现管理效率低下是公司财务风险的一个重要的事前指标。Wang C N(2017)利用灰色预测模型预估了越南纺织服装企业在2017~2020年的发展状况,并结合DEA模型帮助越南纺织服装企业在供应链中选择最合适的战略合作伙伴。Hu和Honma(2014)运用随机前沿分析方法分析了1995~2005年14个发达国家的纺织业等10个行业的全要素能源效率,发现纺织业效率呈现明显的下降趋势。Pérez等(2017)使用考虑非期望产出的Malmquist指数分析了智利制造业的效率,发现服装业的能源效率较高,而纺织业的能源效率较低。Rath(2018)基于DEA测度了印度制造业和服务业企业的全要素生产率,发现制造业中纺织企业的平均全要素生产率高于化学行业和贸易行业。Xavier等(2015)使用DEA方法和分位数回归方法分析了葡萄牙一家服装公司的40家零售店的效率,发现消费者对零售店在提升体验上的努力并不认可。de Castro Camioto等(2014)运用DEA方法分析了巴西工业部门的效率,发现纺织业是巴西效率最高的工业部门。

① 建国60年:中国成为纺织品服装第一大生产国和出口国. http://www.ccpittex.com/fzzx/gnzx_new/59077.html [2021-10-30].

也有学者评估了我国纺织服装、服饰业的绩效水平。Chow 和 Fung(1997)利用随机前沿技术分析了上海纺织、服装、机械设备、电子及电信设备四个行业的技术效率,发现在纺织业,国际合资企业与国内企业的效率差距正在扩大;而在服装业,国内企业尤其是国有企业的技术效率与国际合资企业相当。Chen(2011)将 DEA 用于中国台湾纺织业供应商筛选。Khodabakhshi(2011)开发了一个用于计算超效率的随机 DEA 模型,并将其应用于中国纺织业的绩效评估。Gong 等(2016)分析了中国出口商品的隐含碳排放,发现中国纺织、服装和皮革制造业是隐含碳排放最高的行业之一。Lin 和 Zhao(2016)通过 DEA 方法测度了中国纺织工业的能源效率,发现中国纺织工业在节能方面有巨大潜力。Zhang 等(2013)发现随着出口的爆炸式增长,在出口商品隐含的污染物排放中,我国纺织工业占很大一部分。Jiang 等(2016)运用 DEA 方法分析了我国江苏 137 家纺织企业的环境效率与产出效率,并探索了利润、税收对企业环境效率和产出效率的相互作用。

中国纺织服装、服饰业的阻塞效应状况也是学者们关注的问题之一。Cooper 等(2001a)运用 CTT 方法分析了 1981 ~ 1997 年中国纺织业的阻塞效应状况。Jahanshahloo 和 Khodabakhshi(2004)通过在识别最大可能产出时允许投入增加改进了 CTT 方法,并将其应用于中国纺织业的阻塞效应评估中。

通过综述已有研究,不难发现,一方面中国纺织服装、服饰业的绩效水平受到学者们的广泛关注,而 DEA 方法是测度纺织服装、服饰业绩效水平的主流方法之一;另一方面,在中国纺织服装、服饰业快速发展的背景下,学术界缺乏对近年来中国纺织服装、服饰业阻塞效应状况的研究。因此,本节以中国纺织服装、服饰业为例,进一步解释本章提出的两阶段 DEA 阻塞效应识别与测度方法,并通过阻塞效应识别与测度分析中国纺织服装、服饰业的过度投入状况。

5.4.2　中国纺织服装、服饰业的投入产出指标

中国纺织服装、服饰业的生产经营过程可以分为生产阶段和销售阶段,综合考虑已有研究的投入产出指标以及数据的可获得性,本小节选取资产合计、主营业务成本和平均用工人数作为生产阶段的投入,选取服装生产数量作为生产阶段的中间产出以及销售阶段的投入,选取工业销售产值作为销售阶段的最终产

出，生产过程如图 5-10 所示。本节共收集了 29 个省区市（香港、澳门、台湾、西藏和海南数据暂缺）纺织服装、服饰业在 2013～2016 年的数据，各投入产出指标如表 5-11 所示。

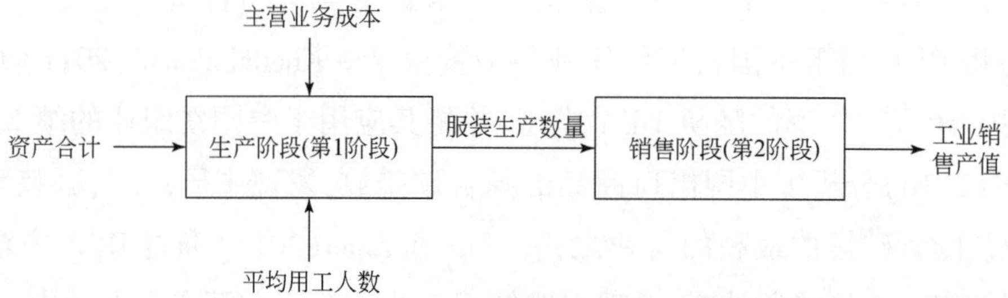

图 5-10　中国纺织服装、服饰业生产经营活动示意图

表 5-11　投入产出指标

变量	投入产出指标	类型	计量单位	数据来源
x_1	资产合计	投入	亿元	《中国工业统计年鉴》(2014～2017 年)
x_2	主营业务成本	投入	亿元	《中国工业统计年鉴》(2014～2017 年)
x_3	平均用工人数	投入	万人	《中国工业统计年鉴》(2014～2017 年)
z_1	服装生产数量	中间产出	万件	《中国纺织工业发展报告》(2014～2017 年)
y_1	工业销售产值	最终产出	亿元	《中国工业统计年鉴》(2014～2017 年)

（1）资产合计。资产合计指各省（自治区、直辖市）纺织服装、服饰业企业拥有或控制的为企业带来经济效益的资产价值，由流动资产和非流动资产组成。资产合计根据经济合作与发展组织公布的 CPI 以 2015 年为基年进行平减，CPI 如表 5-12 所示。该数据来自《中国工业统计年鉴》(2014～2017 年)。

表 5-12　以 2015 年为基年的 CPI

指标	2013 年	2014 年	2015 年	2016 年
CPI	96.72	98.58	100	102

资料来源：OECD(2020)，Inflation(CPI)(indicator). https://doi. 10. 1787/54a3bf57-en(2020-09-17)[2021-09-17]

（2）主营业务成本。主营业务成本指各省（自治区、直辖市）纺织服装、服饰业企业主营业务发生的总成本。根据经济合作与发展组织公布的 CPI，主营业务成本同样以 2015 年为基年进行平减。该数据来自《中国工业统计年鉴》

(2014 ~2017 年)。

(3)平均用工人数。平均用工人数指各省(自治区、直辖市)纺织服装、服饰业企业参与生产经营活动的平均人数。该数据来自《中国工业统计年鉴》(2014 ~ 2017 年)。

(4)服装生产数量。服装生产数量指各省(自治区、直辖市)纺织服装、服饰业企业生产的服装数量。该数据来自《中国纺织工业发展报告》(2014 ~2017 年)。

(5)工业销售产值。工业销售产值指各省(自治区、直辖市)纺织服装、服饰业企业提供的服装产品和劳务的整合情况,即产品价值与对外加工费之和。根据经济合作与发展组织公布的 CPI,工业销售产值同样以 2015 年为基年进行平减。该数据来自《中国工业统计年鉴》(2014 ~2017 年)。

表 5-13 展示了各投入产出指标的描述性统计。各指标平均值在 2013 ~ 2016 年的变化情况如图 5-11 所示。中国纺织服装、服饰业各省(自治区、直辖市)资产合计平均值从 398. 6406 亿元增加到 464. 7694 亿元,增长 16. 59% 。各省(自治区、直辖市)主营业务成本平均值由 582. 1358 亿元增至 688. 6812 亿元,增长了 18. 30% 。相应地,各省(自治区、直辖市)服装生产数量平均值和工业销售产值平均值在 2013 ~2016 年均呈现出上升趋势,其中各省(自治区、直辖市)服装生产数量平均值增长 16. 07% ,2016 年相较于 2013 年多生产了约 15 012 万件服装,各省(自治区、直辖市)工业销售产值平均值则从 691. 0128 亿元增长到 800. 0172 亿元,增长 15. 77% 。平均用工人数平均值是唯一呈现下降趋势的指标,在 2013 ~2014 年有小幅增加,并在 2014 年后逐年下降,这标志着中国纺织服装、服饰业正在向自动化生产迈进。

表 5-13　描述性统计

年份	统计指标	资产合计 (x_1)/亿元	主营业务成本 (x_2)/亿元	平均用工人数 (x_3)/万人	服装生产数量 (z_1)/万件	工业销售产值 (y_1)/亿元
2013	最大值	2 305. 241 9	3 390. 911 9	100. 920 0	559 840. 000 0	3 869. 086 0
	最小值	3. 153 4	1. 147 6	0. 120 0	435. 000 0	1. 509 5
	最大值-最小值	2 302. 088 5	3 389. 764 3	100. 800 0	559 405. 000 0	3 867. 576 5
	平均值	398. 640 6	582. 135 8	15. 694 8	93 443. 931 0	691. 012 8
	中位数	101. 737 0	126. 013 2	4. 920 0	18 111. 000 0	192. 359 4
	标准差	643. 230 7	878. 457 2	24. 493 8	146 267. 500 5	1 025. 390 8

续表

年份	统计指标	资产合计 (x_1)/亿元	主营业务成本 (x_2)/亿元	平均用工人数 (x_3)/万人	服装生产数量 (z_1)/万件	工业销售产值 (y_1)/亿元
2014	最大值	2 550.436 2	3 561.878 7	102.600 0	636 477.000 0	4 107.952 9
	最小值	5.690 8	1.562 2	0.140 0	615.000 0	1.592 6
	最大值-最小值	2 544.745 4	3 560.316 5	102.460 0	635 862.000 0	4 106.360 3
	平均值	429.620 6	627.253 9	15.938 3	103 173.172 4	736.548 3
	中位数	105.721 2	170.511 3	4.540 0	21 694.000 0	198.823 3
	标准差	679.763 0	935.885 4	24.546 4	163 433.518 8	1 090.345 7
2015	最大值	2 651.390 0	3 750.480 0	97.930 0	658 547.000 0	4 346.830 0
	最小值	6.590 0	2.810 0	0.180 0	615.000 0	2.970 0
	最大值-最小值	2 644.800 0	3 747.670 0	97.750 0	657 932.000 0	4 343.860 0
	平均值	449.778 6	655.745 5	15.497 6	106 300.793 1	769.216 2
	中位数	131.420 0	180.400 0	4.050 0	22 446.000 0	220.310 0
	标准差	699.992 2	988.297 3	23.675 8	168 412.476 7	1 150.439 9
2016	最大值	2 663.039 2	3 910.294 1	91.550 0	663 521.000 0	4 483.421 6
	最小值	6.568 6	4.019 6	0.160 0	513.000 0	3.892 2
	最大值-最小值	2 656.470 6	3 906.274 5	91.390 0	663 008.000 0	4 479.529 4
	平均值	464.769 4	688.681 2	14.843 8	108 455.931 0	800.017 2
	中位数	133.794 1	146.843 1	3.760 0	22 772.000 0	147.941 2
	标准差	714.522 3	1 038.524 8	22.494 5	171 635.966 7	1 194.509 3

资料来源:《中国工业统计年鉴》(2014～2017年)、《中国纺织工业发展报告》(2014～2017年)

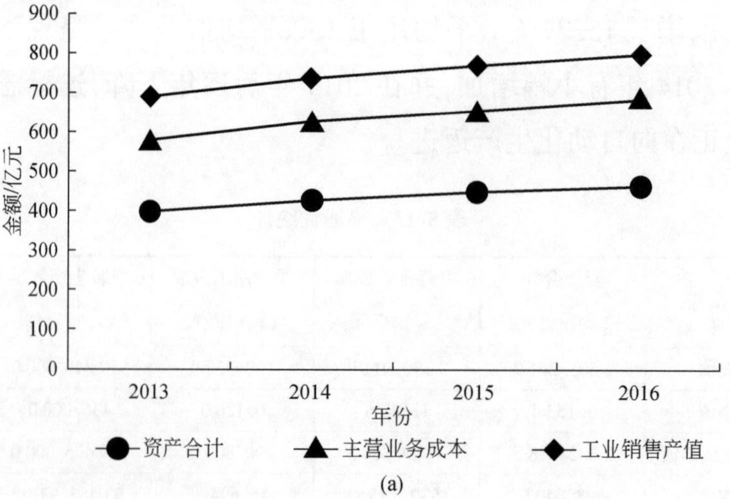

(a)

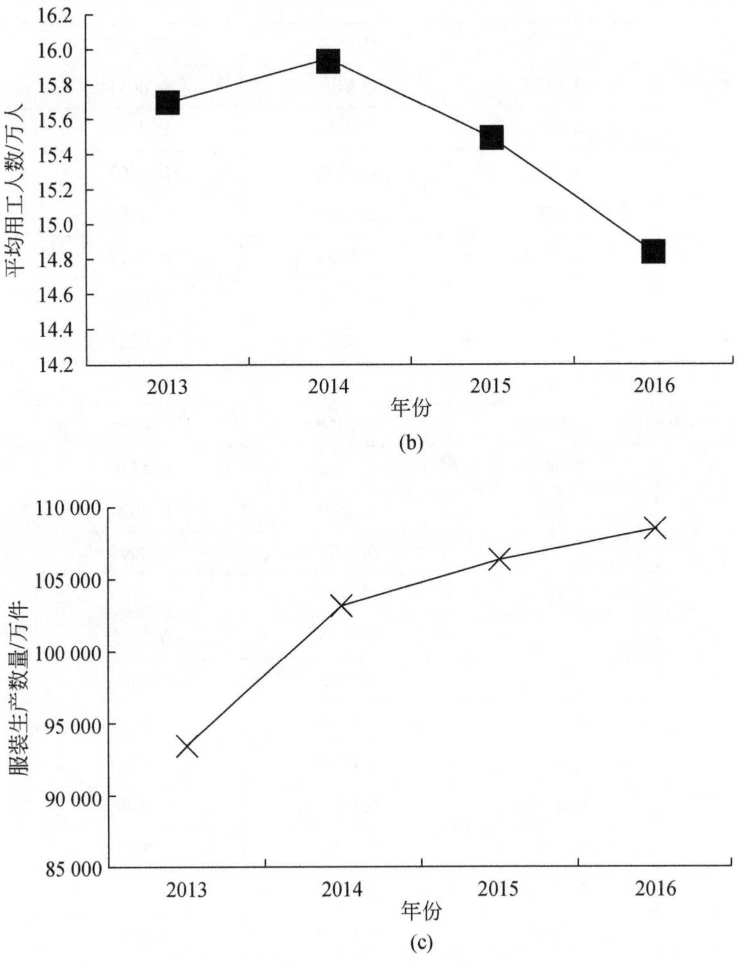

图 5-11　各指标平均值的变化情况

资料来源:《中国工业统计年鉴》(2014~2017 年)、《中国纺织工业发展报告》(2014~2017 年)

5.4.3　中国纺织服装、服饰业阻塞效应状况

通过计算式(5-10),不存在 $e\boldsymbol{\delta}_o^* \neq 0$ 的情况,这也意味着所有的阻塞效应都可以被改进消除,通过最优解中的 es_o^{x*} 可以反映各省(自治区、直辖市)的阻塞效应程度,计算结果如表 5-14 所示。

表 5-14 各省(自治区、直辖市)在 2013 ~ 2016 年的阻塞效应程度

省(自治区、直辖市)	2013 年	2014 年	2015 年	2016 年
北京	0.0492	0.0491	0.0654	0.0562
天津	0.0438	0.0488	0.0414	0.0302
河北	0.0046	0.0230	0.0463	0.0170
山西	0.0004	0.0006	0.0065	0.0021
内蒙古	0.0042	0.0044	0.0119	0.0011
辽宁	0.0040	0.0560	0.0030	0.0516
吉林	0	0	0.0222	0
黑龙江	0	0	0	0
上海	0.0540	0.0460	0.0558	0.0349
江苏	1.0470	0.8312	0.8516	1.1679
浙江	0.5174	0.3673	0.4020	0.4130
安徽	0.0698	0.0979	0.0993	0.2115
福建	0	0	0	0
江西	0	0.1228	0.1125	0.1277
山东	0	0.1883	0.1882	0.3487
河南	0.0015	0.0400	0.0601	0.0487
湖北	0	0.0262	0.0339	0.1125
湖南	0.0191	0.0233	0.0094	0.0230
广东	0.9233	0.7290	0.7320	0.9983
广西	0.0111	0.0131	0	0
重庆	0.0094	0.0109	0.0025	0.0017
四川	0	0.0035	0.0422	0.0027
贵州	0.0003	0.0029	0.0020	0
云南	0.0014	0.0022	0.0027	0.0014
陕西	0.0008	0.0045	0.0076	0.0034
甘肃	0	0	0	0
青海	0.0009	0.0006	0.0004	0.0001
宁夏	0	0	0	0
新疆	0	0	0.0111	0.0145

2013 ~ 2016 年中国纺织服装、服饰业的阻塞效应程度以及存在阻塞效应的 DMU 数量如图 5-12 所示。不难发现,从存在阻塞效应的 DMU 数量来看,阻塞效应广泛存在于中国纺织服装、服饰业,即使是存在阻塞效应的 DMU 数量最少的 2013 年,也有超过半数 DMU 存在阻塞效应;从阻塞效应程度来看,2013 ~

2016 年阻塞效应程度整体上越来越严重，虽然在 2013～2014 年有所下降，但在 2014～2016 年持续上涨。

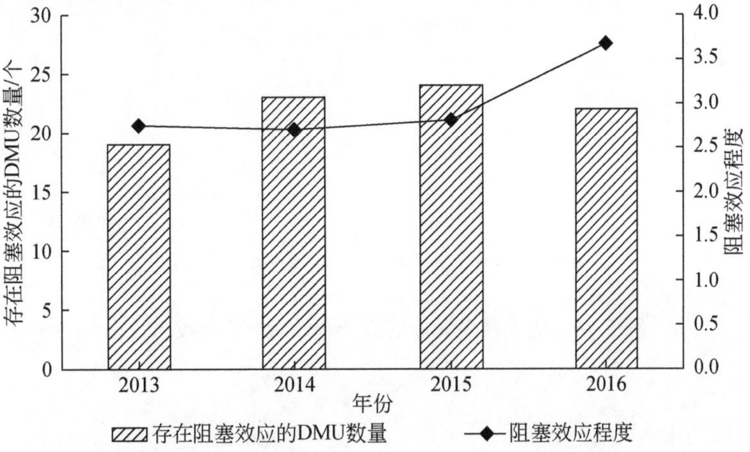

图 5-12　中国纺织服装、服饰业阻塞效应状况

从各项投入指标中无效投入的占比来看，在等权重减少资产合计、主营业务成本以及平均用工人数来消除阻塞效应时，无效投入占比如图 5-13 所示。同时，本节还依次计算了在消除阻塞效应时分别优先减少无效的资产合计、无效的主营业务成本以及无效的平均用工人数时的无效投入占比（图 5-14～图 5-16）。不难发现，无效的资产投入以及无效的主营业务成本投入是导致阻塞效应的主要原因。无论在消除阻塞效应时优先减少资产合计、主营业务成本，还是平均用

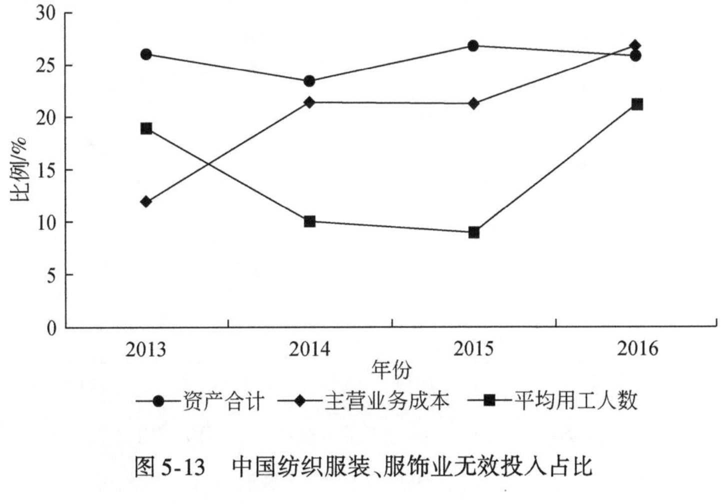

图 5-13　中国纺织服装、服饰业无效投入占比

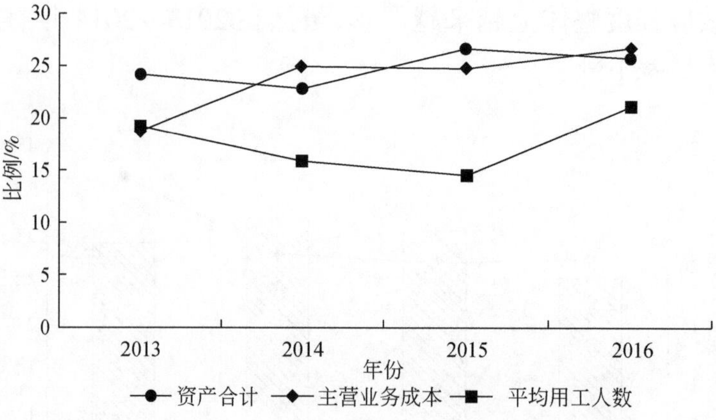

图 5-14　优先减少无效的资产合计时的无效投入占比

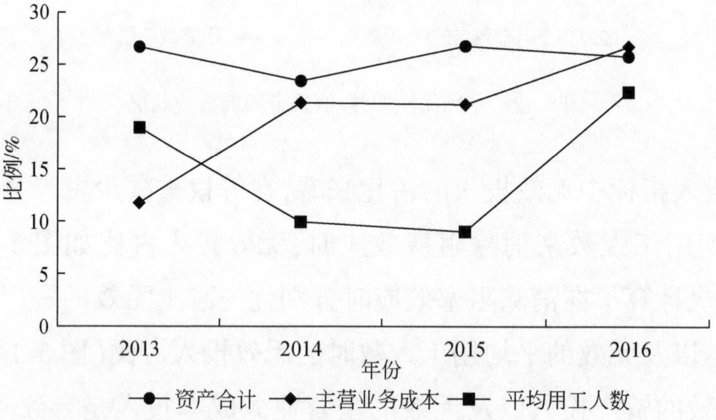

图 5-15　优先减少无效的主营业务成本时的无效投入占比

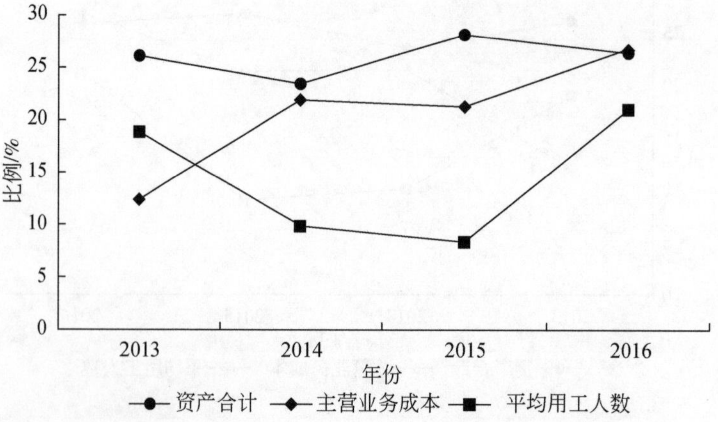

图 5-16　优先减少无效的平均用工人数时的无效投入占比

工人数，各指标的无效投入占比变化趋势均相同，其中无效的资产合计占比一直在高位波动，无效的主营业务成本占比在 2013 ~ 2016 年呈现出明显的上升趋势，而无效的平均用工人数占比在 2013 ~ 2015 年有显著下降，但在 2015 ~ 2016 年明显反弹。

表 5-15 列出了减少投入消除阻塞效应时的投入产出变化比例，可以发现，服装生产数量作为中间产出，在改进阻塞效应的过程中是需要增加的，这可能意味着中国纺织服装、服饰业的阻塞效应大多发生在生产阶段而非销售阶段。为了验证这一猜想，本节分别单独分析了生产阶段和销售阶段的阻塞效应状况。表 5-16 列出了两阶段 DEA 中存在阻塞效应的 DMU 数量与只考虑生产阶段或销售阶段时存在阻塞效应的 DMU 数量。需要注意的是，单阶段 DEA 中的阻塞效应与两阶段或多阶段 DEA 中的阻塞效应没有必然联系，即当 DMU 在生产阶段和销售阶段都不存在阻塞效应时，在两阶段 DEA 中可能存在阻塞效应，这可能是生产阶段效率低下导致的。从表 5-16 可以看出，生产阶段存在阻塞效应的 DMU 数量远多于销售阶段存在阻塞效应的 DMU 数量，且生产阶段存在阻塞效应的 DMU 数量与两阶段 DEA 中存在阻塞效应的 DMU 数量相近。由此，本节可以推断出中国纺织服装、服饰业存在的阻塞效应大多发生于生产阶段。

表 5-15　减少投入消除阻塞效应的改进目标　　（单位：%）

年份	资产合计减少占比	主营业务减少占比	平均用工人数减少占比	服装生产数量减少占比	工业销售产值增加占比
2013	26.05	11.98	18.98	−6.79	60.45
2014	23.40	21.40	10.03	−11.47	52.48
2015	26.77	21.21	8.99	−20.65	66.11
2016	25.70	26.75	21.16	−12.19	52.55

注：负值表示在消除阻塞效应时该项投入或中间产出需要增加

表 5-16　中国纺织服装、服饰业存在阻塞效应的 DMU 数量　　（单位：个）

项目	2013 年	2014 年	2015 年	2016 年
两阶段 DEA 存在阻塞效应的 DMU 数量	19	23	24	22
生产阶段存在阻塞效应的 DMU 数量	17	21	23	21
销售阶段存在阻塞效应的 DMU 数量	1	1	1	1

图 5-17 展示了存在绝对阻塞效应的 DMU 数量以及绝对阻塞效应在所有阻

塞效应中的占比。中国纺织服装、服饰业的绝对阻塞效应状况整体平稳,存在绝对阻塞效应的 DMU 数量较少,在 2013 ~2016 年江苏、浙江和广东存在绝对阻塞效应,而在 2016 年,山东也出现了绝对阻塞效应。

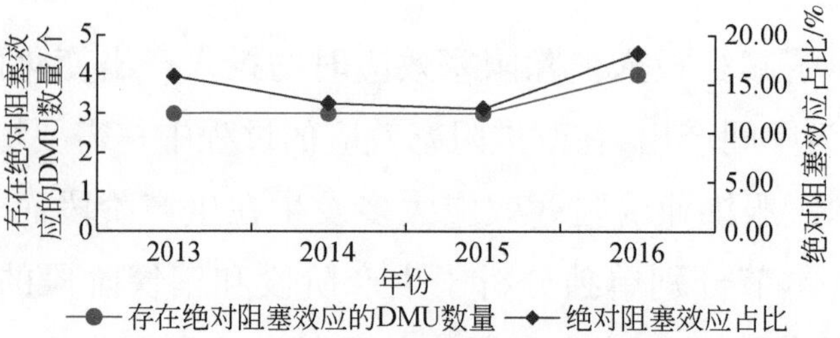

图 5-17　中国纺织服装、服饰业绝对阻塞效应状况

表 5-17 列出了增加投入消除阻塞效应时的投入产出变化比例。可以看到,虽然存在绝对阻塞效应的 DMU 数量不多,但过度投入情况十分严重。整体来看,中国纺织服装、服饰业消除阻塞效应需要同时减少过度的资产、主营业务成本以及用工人数。从各省(自治区、直辖市)来看,江苏、浙江、广东等省(自治区、直辖市)在向其他省(自治区、直辖市)进行产业转移的同时,还需要淘汰落后的纺织服装、服饰业企业以消除阻塞效应。

表 5-17　增加投入消除阻塞效应的改进目标　　(单位:%)

年份	资产合计减少占比	主营业务成本减少占比	平均用工人数减少占比	服装生产数量减少占比	工业销售产值增加占比
2013	20.03	9.01	13.85	-13.35	69.32
2014	16.52	9.26	-7.41	-21.56	64.91
2015	19.60	7.63	-8.84	-33.63	83.46
2016	13.88	14.46	7.60	-29.87	74.77

注:负值表示在消除阻塞效应时该项投入或中间产出需要增加的比例

5.4.4　主要发现

通过对中国纺织服装、服饰业的实证研究,本节可以总结出以下三点发现。

(1)中国纺织服装、服饰业整体阻塞效应状况较为严重,超过半数的省(自治区、直辖市)都存在阻塞效应。无效的资产合计、主营业务成本是造成中国纺织服装、服饰业阻塞效应的主要原因。

(2)中国纺织服装、服饰业的阻塞效应主要发生在生产阶段,只有个别省(自治区、直辖市)在销售阶段存在阻塞效应。

(3)中国纺织服装、服饰业的资产合计、主营业务成本以及平均用工人数等投入指标在2016年都处于过度投入的状态。从各省(自治区、直辖市)过度投入来看,江苏、浙江、广东等省(自治区、直辖市)在促进产业转移的同时,需要进一步减少纺织服装、服饰业的投入。

5.5 本章小结

本章首先梳理了多阶段DEA以及多阶段DEA阻塞效应的相关研究,通过综述已有研究可以发现,目前对于多阶段DEA的阻塞效应从定义和识别方法上都缺乏相关研究。其次,在第3章的基础上,本章提出了串联结构下两阶段DEA的阻塞效应定义、识别与测度方法,并将其拓展到了串联结构下的多阶段DEA中。通过例5.3,本章发现多阶段DEA中可能出现生产可能集内所有活动都存在阻塞效应的特殊情况,这时无法为DMU提出消除阻塞效应的改进目标。当生产可能集内的阻塞效应可以被改进消除时,阻塞效应同样可以被分为相对阻塞效应与绝对阻塞效应,其中相对阻塞效应对应着无效投入,而绝对阻塞效应则对应着过度投入。最后,本章将两阶段DEA中的阻塞效应识别与测度方法应用于中国纺织服装、服饰业,说明了新方法的应用场景,并探索了我国纺织服装、服饰业中的阻塞效应状况和过度投入状况。

第6章　考虑阻塞效应的产能利用率

6.1　产能利用率研究现状

产能利用率指当前产出或最大可能产出与产能之比,是用于测度 DMU 投入合理度的重要指标。目前,学术界对产能有两种不同的定义,一种是基于技术因素的定义,另一种是基于经济因素的定义(Nelson,1989),这两种产能的定义分别对应着最大产出和最优产出(Morrison,1985)。具体而言,基于技术因素的定义将产能视为企业在生产基础设施不变且投入不受限制的情况下可以生产的最大产出(Johansen,1968);基于经济因素的定义将产能与企业成本或利润挂钩,包括将产能定义为最小短期平均成本(Cassels,1937;Hickman,1964)、最小长期平均成本(Klein,1960)、短期平均成本曲线与长期平均成本曲线的切点(Morrison,1985;Segerson and Squires,1990),最大短期收益(Lindebo et al.,2007),以及最大短期利润(Coelli et al.,2002)等。

对于基于技术因素的产能,Johansen(1968)提出产能是指企业在固定投入不变、可变投入不受限制的情况下所能生产的最大产出。Färe 等(1989a,1989b)将产能的概念引入产出导向的 DEA 模型中,将投入分为固定投入和可变投入,通过允许可变投入无限增加来计算产能,并通过减少可变投入时的最大产出与产能之比来表示产能利用率。Färe 和 Grosskopf(2000b)进一步融合了 DEA 与方向距离函数,提出了基于方向距离函数的产能和产能利用率测度方法。de Borger 和 Kerstens(2000)开发了基于 Malmquist 指数的产能利用率跨期变化测度方法。Holland 和 Lee(2002)发现在 DEA 方法中产能测度对数据噪声高度敏感,并提出了一种减少数据噪声的方法。Sahoo 和 Tone(2009)提出了非径向的产能利用率测度方法。Cesaroni 等(2017)提出了投入导向的产能利用率相关概念,通过当前产出下可变投入可减少比例与零产出下可变投入可减少比例之比来表示投入导向的产能利用率。Kerstens 等(2019a)研究了生产可能集凸性假设对投入导向产能利用率的影响。Cesaroni 等(2019)总结了短期和长期、投入导向和产出导向产能利用率的测度方法。Kerstens 等(2019b)指出,无限增加 DMU 的可变投入在很多情况下是不合常理的,进而提出带有可变投入增加上限的产能和产能利用率测度方法。Kerstens 等(2020)提出了无导向的产能利用率概念和测度方法。

对于基于经济因素的产能,Cassels(1937)将产能利用率定义为潜在产出与实际产出之比,而潜在产出应当被解释为最优产出。Klein(1960)将产能定义为最小平均成本对应的产出。Morrison(1985)、Segerson 和 Squires(1990)提出将短期平均成本曲线与长期平均成本曲线切点对应的产出视为产能。Coelli 等(2002)将最大短期利润对应的产出定义为产能,并基于 DEA 探索了多投入多产出情况下短期最大利润的计算方法。Lindebo 等(2007)则提出了用最大短期收益对应的产出作为产能的基于 DEA 的产能利用率测度方法。Sahoo 和 Tone(2009)在 DEA 框架下将产能利用率定义为长期成本最小时对应的固定投入与当前固定投入之比。de Borger 等(2012)将不同产能利用率概念整合到非参数效率测度框架中。Ray(2015)提出了基于 DEA 的最小平均成本测度方法,并探讨了基于经济因素的产能利用率、基于技术因素的产能利用率与最优生产规模间的关系。Ray 等(2021)基于 DEA 开发了短期平均成本的测度方法,并通过当前产出与短期平均成本相应产出之比来测度产能利用率。

通过综述产能利用率的相关研究可以看出,DEA 方法因可以处理多投入指标、无须预设参数和生产函数等优点,在基于技术因素和基于经济因素的产能利用率测度中都有广泛应用。在实证分析方面,基于 DEA 的产能利用率测度方法被广泛应用于渔业(Kirkley et al.,2001;Tingley et al.,2003;Walden et al.,2003;Vestergaard et al.,2003;Maravelias and Tsitsika,2008;Tsitsika et al.,2008;Madau et al.,2009;Dupont et al.,2002;Pascoe et al.,2013;Thøgersen and Pascoe,2014;Pascoe and Tingley,2006;Lindebo et al.,2007;Pham et al.,2014)、医院(Färe et al.,1989b;Ferrier et al.,2009;Valdmanis et al.,2010,2015;Moriarty,2010;Karagiannis,2015)、科技活动(Chou et al.,2011)、牡蛎产业(Schrobback et al.,2014)、制造业

(Badau,2015;Yang et al.,2019)、区域发展(Yang and Fukuyama,2018)和钢铁工业(Fukuyama et al.,2021),在这些应用研究中,由于基于技术因素的产出导向的产能利用率概念应用更为广泛,本章对基于技术因素的产出导向的产能利用率开展研究。

6.2 产出导向的产能利用率测度方法

假设有 n 个 DMU($DMU_j, j=1,\cdots,n$),每个 DMU(DMU_j)使用 m^f 种固定投入($x_{ij}^f, i=1,\cdots,m^f$)和 m^v 种可变投入($x_{hj}^v, h=1,\cdots,m^v$)生产 s 种产出($y_{rj}, r=1,\cdots,s$)。生产可能集可以表示如下:

$$P=\{(\boldsymbol{x}^f,\boldsymbol{x}^v,\boldsymbol{y})\mid(\boldsymbol{x}^f,\boldsymbol{x}^v)\text{可以生产}\boldsymbol{y}\} \tag{6-1}$$

式中,$\boldsymbol{x}^f$、$\boldsymbol{x}^v$、$\boldsymbol{y}$ 分别为固定投入向量$[x_1,\cdots,x_{m^f}]^{\mathrm{T}}$、可变投入向量$[x_1,\cdots,x_{m^v}]^{\mathrm{T}}$、产出向量$[y_1,\cdots,y_s]^{\mathrm{T}}$。产出可能集 $P(\boldsymbol{x}^f,\boldsymbol{x}^v)$ 表示投入(x^f,x^v)可以生产的产出向量的集合,即

$$P(\boldsymbol{x}^f,\boldsymbol{x}^v)=\{\boldsymbol{y}\mid(\boldsymbol{x}^f,\boldsymbol{x}^v,\boldsymbol{y})\in P\} \tag{6-2}$$

而产出可能集 $P(\boldsymbol{x}^f)$ 则表示投入 $\boldsymbol{x}^f$ 可以生产的产出向量的集合,即

$$P(\boldsymbol{x}^f)=\{\boldsymbol{y}\mid(\boldsymbol{x}^f,\boldsymbol{x}^v,\boldsymbol{y})\in P\} \tag{6-3}$$

径向的产出导向的效率测度可以通过距离函数表示为

$$\mathrm{DF}_o(\boldsymbol{x}^f,\boldsymbol{x}^v,\boldsymbol{y})=\max\{\varphi\mid\varphi\geqslant0,\varphi\boldsymbol{y}\in P(\boldsymbol{x}^f,\boldsymbol{x}^v)\} \tag{6-4}$$

而产能可以通过式(6-5)计算得出:

$$\mathrm{DF}_o^f(\boldsymbol{x}^f,\boldsymbol{y})=\max\{\varphi\mid\varphi\geqslant0,\varphi\boldsymbol{y}\in P(\boldsymbol{x}^f)\} \tag{6-5}$$

相较于式(6-4),式(6-5)忽略了可变投入的相关约束,因而有 $\mathrm{DF}_o^f(\boldsymbol{x}^f,\boldsymbol{y})\geqslant \mathrm{DF}_o(\boldsymbol{x}^f,\boldsymbol{x}^v,\boldsymbol{y})$。

基于技术因素的产出导向的产能利用率可以分为无偏产能利用率(CU)以及有偏产能利用率(BCU),其中无偏产能利用率可以通过式(6-6)计算,有偏产能利用率可以通过式(6-7)计算。

$$\mathrm{CU}=\frac{\mathrm{DF}_o(\boldsymbol{x}^f,\boldsymbol{x}^v,\boldsymbol{y})}{\mathrm{DF}_o^f(\boldsymbol{x}^f,\boldsymbol{y})} \tag{6-6}$$

$$\mathrm{BCU}=\frac{1}{\mathrm{DF}_o^f(\boldsymbol{x}^f,\boldsymbol{y})} \tag{6-7}$$

相较于有偏产能利用率,无偏产能利用率去除了效率对产能利用率的影响,能够更好地反映当前固定投入的利用状况,从而更好地反映固定投入是否冗余。当 CU<1 时,被测 DMU 在生产环节没能发挥当前固定投入的最大产能,被测 DMU 可以通过调整可变投入量来提升固定投入利用效率,进而提升产出。对于传统制造业等行业,CU<1 可能的原因之一是市场趋于饱和导致企业选择以低于产能的方式进行生产,此时企业可能面临产能过剩的问题。

在 DEA 框架下,规模收益可变假设下的生产可能集可以表示为

$$P_{\mathrm{BCC}}=\left\{(\boldsymbol{x}^f,\boldsymbol{x}^v,\boldsymbol{y})\middle|\begin{array}{l}\sum_{j=1}^{n}\lambda_j\boldsymbol{x}_j^f\leqslant\boldsymbol{x}^f,\ \sum_{j=1}^{n}\lambda_j\boldsymbol{x}_j^v\leqslant\boldsymbol{x}^v\\ \sum_{j=1}^{n}\lambda_j\boldsymbol{y}_j\geqslant\boldsymbol{y},\ \sum_{j=1}^{n}\lambda_j=1,\lambda_j\geqslant 0(\forall j)\end{array}\right\} \tag{6-8}$$

在生产可能集[式(6-8)]的基础上,传统的短期产能利用率可以通过式(6-9)~式(6-11)得到,式(6-11)中的“ * ”表示式(6-9)和式(6-10)的最优解。

$$\begin{aligned}&\max\ \varphi\\&\text{s. t.}\begin{cases}\sum_{j=1}^{n}\lambda_j\boldsymbol{x}_j^f=\boldsymbol{x}_o^f-\boldsymbol{s}_o^f\\ \sum_{j=1}^{n}\lambda_j\boldsymbol{x}_j^v=\boldsymbol{x}_o^v-\boldsymbol{s}_o^v\\ \sum_{j=1}^{n}\lambda_j\boldsymbol{y}_j\geqslant\varphi\boldsymbol{y}_o\\ \sum_{j=1}^{n}\lambda_j=1,\lambda_j\geqslant 0(\forall j)\\ \boldsymbol{s}_o^f\geqslant\boldsymbol{0},\boldsymbol{s}_o^v\geqslant\boldsymbol{0}\end{cases}\end{aligned} \tag{6-9}$$

$$
\max \hat{\varphi}
$$

$$
\text{s. t.}\begin{cases}\sum_{j=1}^{n} \lambda_j \boldsymbol{x}_j^f = \boldsymbol{x}_o^f - \boldsymbol{s}_o^f \\ \sum_{j=1}^{n} \lambda_j \boldsymbol{x}_j^v = \boldsymbol{x}_o^v - \boldsymbol{s}_o^v \\ \sum_{j=1}^{n} \lambda_j \boldsymbol{y}_j \geqslant \hat{\varphi} \boldsymbol{y}_o \\ \sum_{j=1}^{n} \lambda_j = 1, \lambda_j \geqslant 0 (\forall j) \\ \boldsymbol{s}_o^f \geqslant \boldsymbol{0} \end{cases} \tag{6-10}
$$

$$
\mathrm{CU^{SR}} = \frac{\varphi^*}{\hat{\varphi}^*} \tag{6-11}
$$

产能利用率测度的是固定投入的利用率,即当前可变投入对固定投入的利用程度,而阻塞效应意味着投入过多的现象。从概念的角度出发,产能利用率和阻塞效应都是与投入相关的概念。在个别情况下,阻塞效应与产能利用率存在对应关系。如图 6-1 所示,在某单一固定投入水平下,对于单可变投入单产出指标的情景,生产前沿面可以分为三个部分:当可变投入小于 A 点时,增加可变投入能够进一步增加产出,所以此时最大可能产出小于产能,产能利用率小于 1;当可变投入位于 A 点和 B 点之间时,维持可变投入不变即可按照产能进行生产,此时产能利用率等于 1 且不存在阻塞效应;当可变投入大于 B 点时,DMU 存在阻塞效应,此时减少可变投入在消除阻塞效应的同时能够达到产能。在产能利用率计算中,式(6-9)与式(6-10)的最优解相等,产能利用率等于 1。

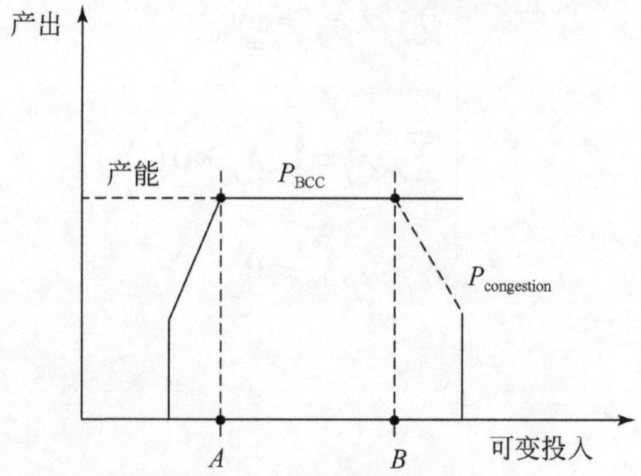

图 6-1　阻塞效应与产能利用率的关系

然而,在大部分情况下,阻塞效应与产能利用率并不存在对应关系,参考3.4节、4.5节、5.4节中的实证分析,增加投入消除阻塞效应相较于减少投入消除阻塞效应往往可以带来更大的产出增加,即减少投入消除阻塞效应时可能无法达到产能,所以阻塞效应与产能利用率小于1是可以同时存在的。通过例6.1可以更直观地说明这一问题。

例6.1 假设有3个DMU(DMU_1、DMU_2和DMU_3),每个DMU使用一种固定投入(x_1^f)和一种可变投入(x_1^v)来生产一种产出(y_1),投入产出数据如表6-1所示。不难看出,DMU_3相较于DMU_2是存在阻塞效应的,但是DMU_3在减少固定投入和可变投入时无法达到其产出3单位的产能,因而虽然其存在阻塞效应,但其产能利用率小于1。

表6-1 例6.1中的投入产出数据

DMU	固定投入(x_1^f)	可变投入(x_1^v)	产出(y_1)
DMU_1	2	4	3
DMU_2	3	2	2
DMU_3	3	3	1

6.3 考虑阻塞效应的产能利用率概念与测度方法

传统的短期产能利用率测度是包含固定投入和可变投入的可处置性假设的,也就是说,短期内允许固定投入和可变投入的减少,这使短期产能利用率可能反映某一更少固定投入水平的利用情况,而非当前固定投入水平的利用情况。本章通过引入阻塞效应的概念,在构建生产可能集[式(6-12)]时去除固定投入和可变投入的可处置性假设,提出当前产能利用率的测度方法,具体如下。

$$P_{\text{congestion}}=\left\{(\boldsymbol{x}^f,\boldsymbol{x}^v,\boldsymbol{y})\;\middle|\;\begin{array}{l}\sum_{j=1}^{n}\lambda_j\boldsymbol{x}_j^f=\boldsymbol{x}^f,\ \sum_{j=1}^{n}\lambda_j\boldsymbol{x}_j^v=\boldsymbol{x}^v\\ \sum_{j=1}^{n}\lambda_j\boldsymbol{y}_j\geqslant\boldsymbol{y},\ \sum_{j=1}^{n}\lambda_j=1,\lambda_j\geqslant0(\forall j)\end{array}\right\}\tag{6-12}$$

首先,通过计算式(6-13),可以得到当前固定投入和可变投入下最大可能产出。其次，通过计算式(6-14)，可以得到当前固定投入匹配合适可变投入时的产能。

$$\max \gamma$$
$$\text{s. t.}\begin{cases}\sum_{j=1}^{n}\lambda_j \boldsymbol{x}_j^f=\boldsymbol{x}_o^f\\ \sum_{j=1}^{n}\lambda_j \boldsymbol{x}_j^v=\boldsymbol{x}_o^v\\ \sum_{j=1}^{n}\lambda_j \boldsymbol{y}_j=\gamma \boldsymbol{y}_o\\ \sum_{j=1}^{n}\lambda_j=1,\lambda_j\geqslant 0(\forall j)\end{cases} \tag{6-13}$$

$$\max \hat{\gamma}$$
$$\text{s. t.}\begin{cases}\sum_{j=1}^{n}\lambda_j \boldsymbol{x}_j^f=\boldsymbol{x}_o^f\\ \sum_{j=1}^{n}\lambda_j \boldsymbol{x}_j^v=\boldsymbol{x}_o^v-\boldsymbol{s}_o^v\\ \sum_{j=1}^{n}\lambda_j \boldsymbol{y}_j=\hat{\gamma} \boldsymbol{y}_o\\ \sum_{j=1}^{n}\lambda_j=1,\lambda_j\geqslant 0(\forall j)\end{cases} \tag{6-14}$$

当前产能利用率可以通过式(6-15)计算得出，其中“＊”表示式(6-13)和式(6-14)的最优解。

$$\mathrm{CU}^{\mathrm{C}}=\frac{\gamma^*}{\hat{\gamma}^*} \tag{6-15}$$

式(6-9)相较于式(6-13)放松了约束 $\sum_{j=1}^{n}\lambda_j \boldsymbol{x}_j^f=\boldsymbol{x}_o^f$ 以及 $\sum_{j=1}^{n}\lambda_j \boldsymbol{x}_j^v=\boldsymbol{x}_o^v$，因而有 $\varphi^*\geqslant\gamma^*$，其中“＊”表示式(6-9)和式(6-13)的最优解。相较于式(6-13)，式(6-9)通过减少固定投入和可变投入使产出进一步增加，因而$\frac{\gamma^*}{\varphi^*}$可以视作阻塞效应导致的最大可能产出减少比例(ROC)。同理，式(6-10)和式(6-14)的最优解同样满足 $\hat{\varphi}^*\geqslant\hat{\gamma}^*$，$\frac{\hat{\gamma}^*}{\hat{\varphi}^*}$可以视为阻塞效应导致的产能减少比例(RCC)。

$$\mathrm{ROC}=\frac{\gamma^{*}}{\varphi^{*}} \tag{6-16}$$

$$\mathrm{RCC}=\frac{\hat{\gamma}^{*}}{\hat{\varphi}^{*}} \tag{6-17}$$

短期产能利用率（$\mathrm{CU}^{\mathrm{SR}}$）可以看作当前产能利用率（$\mathrm{CU}^{\mathrm{C}}$）与阻塞效应共同作用的结果，如式(6-18)所示。一方面，通过消除只考虑固定投入作为投入指标时的阻塞效应，短期产能相较于当前产能进一步增加，导致短期产能利用率低于当前产能利用率；另一方面，通过消除阻塞效应，投入对应的最大可能产出有所增加，促使短期产能利用率高于当前产能利用率。

$$\mathrm{CU}^{\mathrm{SR}}=\mathrm{CU}^{\mathrm{C}}\times\frac{\mathrm{RCC}}{\mathrm{ROC}} \tag{6-18}$$

图6-2更为清晰地展示了当前产能利用率与短期产能利用率的关系。其中，短期产能利用率可以表示为 $\mathrm{CU}^{\mathrm{SR}}=\frac{OB}{OD}$，当前产能利用率可以表示为 $\mathrm{CU}^{\mathrm{C}}=\frac{OA}{OC}$，阻塞效应导致的产能减少可以表示为 $\mathrm{RCC}=\frac{OC}{OD}$，阻塞效应导致的最大可能产出减少可以表示为 $\mathrm{ROC}=\frac{OA}{OB}$。结合式(6-18)，可以看到短期产能利用率受当前产能利用率与阻塞效应的共同作用。

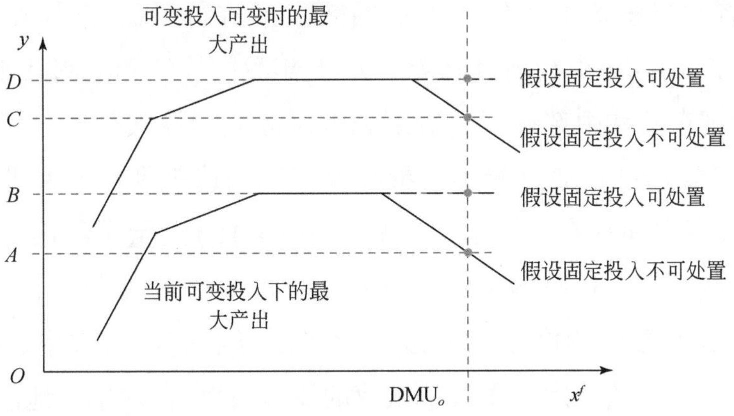

图6-2　当前产能利用率与短期产能利用率的关系

6.4 实证研究:中国造纸和纸制品业产能利用率

6.4.1 中国造纸和纸制品业研究背景

造纸和纸制品业是重要的制造业产业,纸制品广泛应用于文化传播、包装、装潢、工农业生产、国防建设等领域。改革开放以来,中国造纸和纸制品业发展迅速,纸制品产量逐渐超过日本、美国和欧洲。中国成为世界上最大的纸及纸板生产国和消费国①。根据《中国造纸年鉴 2019》,2018 年我国纸和纸板生产量达到 1.044 亿 t,较 2009 年 8640 万 t 的生产量增长超过 20%。中国造纸和纸制品业的快速发展也提供了大量的就业机会。与 2008 年相比,中国造纸和纸制品业 2017 年员工人数增加至 127.1 万人,增加了 67 万人。

随着我国环保政策的收紧和造纸新装备、新技术的发展,我国造纸和纸制品业已形成资源可循环利用、低能耗、低排放的体系。例如,2018 年我国造纸和纸制品业废水回收利用率达到 95% 以上。与 2006 年相比,2015 年单位纸制品二氧化硫排放量减少了 48.1%,氮氧化物排放量减少了 56.4%。废纸回收利用量占全世界的三分之一以上。2017 年,中国废纸进口占全球废纸贸易的 40%,成为全球最大的废纸进口国,而 30% 的纸制品作为出口包装、说明书、标签等出口到国外。

一些学者对我国造纸和纸制品业绩效水平进行了研究,印中华和宋维明(2009)采用 Malmquist 指数衡量 1995~2005 年我国造纸和纸制品业全要素生产率的变化,发现东部和中部地区的造纸和纸制品业全要素生产率增长率高于西部地区。Yin 等(2011a)通过最小二乘法发现我国造纸和纸制品业的技术溢出与外商直接投资之间存在显著关系。Yin 等(2011b)测量了我国造纸和纸制品业的资本配置效率,发现我国造纸和纸制品业资本配置效率低下。Blomberg 等(2012)运用 DEA 方法测度了瑞典纸浆和造纸行业的电力效率。Lin 和 Zheng(2017)通过 DEA 方法测度了中国造纸业的能源效率,发现华东地区的能源效率优于其他地区。Peng 等(2015)从节能潜力、节能成本和二氧化碳减排等方面对

① 中国绿色时报中国成为纸及纸板最大消费国. http://www.paper.com.cn/news/daynews/2016/161104074341915832.htm[2022-06-01].

我国纸浆和造纸行业能源效率进行了评估，发现我国纸浆和造纸行业节能减排的能力得到提升，并产生了巨大的经济效益。Hong 等(2011)分析了中国台湾纸浆和造纸业具有节能潜力的生产技术。Lin 和 Moubarak(2014)测度了中国造纸业的节能潜力。Man 等(2019)综述了与造纸行业生命周期分析相关的研究。

近年来，我国造纸和纸制品业的发展逐渐放缓。受市场需求下降、生产成本上升、利润下降等诸多因素影响，2016～2018 年我国纸制品产量逐年下降。在电子设备和无纸化办公普及的趋势下，市场对纸制品的需求可能会进一步下降。为保障我国造纸和纸制品业的可持续发展，我国政府通过收紧环保政策、限制进口废纸等方式加快淘汰落后产能，以降低供需失衡风险，增强企业竞争力。本节以中国造纸和纸制品业为例，运用新方法测度中国造纸和纸制品业的当前产能利用率以及短期产能利用率，说明阻塞效应对当前产能利用率和短期产能利用率的影响，揭示中国造纸和纸制品业的产能过剩状况。

6.4.2 中国造纸和纸制品业的投入产出指标

本节选取固定资产合计作为中国造纸和纸制品业的固定投入指标，选取主营业务成本以及平均用工人数作为中国造纸和纸制品业的可变投入指标，选取工业销售产值作为中国造纸和纸制品业的产出指标。中国造纸和纸制品业生产流程如图 6-3 所示。本节共收集了 30 个省区市(青海、香港、澳门、台湾数据暂缺)造纸和纸制品业在 2013～2016 年的数据，各投入产出指标如表 6-2 所示。

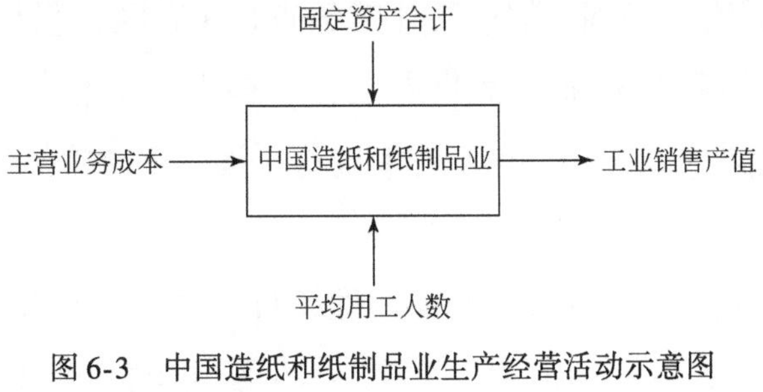

图 6-3 中国造纸和纸制品业生产经营活动示意图

表 6-2 投入产出指标

变量	投入产出指标	类型	计量单位	数据来源
x_1^f	固定资产合计	固定投入	亿元	《中国工业统计年鉴》(2014～2017 年)
x_1^v	主营业务成本	可变投入	亿元	《中国工业统计年鉴》(2014～2017 年)

续表

变量	投入产出指标	类型	计量单位	数据来源
x_2^v	平均用工人数	可变投入	万人	《中国工业统计年鉴》(2014～2017年)
y_1	工业销售产值	产出	亿元	《中国工业统计年鉴》(2014～2017年)

(1)固定资产合计。固定资产合计指各省(自治区、直辖市)造纸和纸制品业企业拥有或控制的用于生产商品、提供劳务、出租或经营的有形资产,其使用寿命应超过一个会计年。根据经济合作与发展组织公布的CPI,固定资产合计以2015年为基年进行平减,CPI如表6-3所示。该数据来自《中国工业统计年鉴》(2014～2017年)。

表6-3 以2015年为基年的CPI替换

目标	2013年	2014年	2015年	2016年
CPI	96.72	98.58	100	102

资料来源:OECD(2020),Inflation(CPI)(indicator).https://doi.org/10.1787/54a3bf57-en(2020-09-17)[2021-10-15]

(2)主营业务成本。主营业务成本指各省(自治区、直辖市)造纸和纸制品业企业主营业务发生的总成本。根据经济合作与发展组织公布的CPI,主营业务成本同样以2015年为基年进行平减。该数据来自《中国工业统计年鉴》(2014～2017年)。

(3)平均用工人数。平均用工人数指各省(自治区、直辖市)造纸和纸制品业企业参与生产经营活动的平均人数。该数据来自《中国工业统计年鉴》(2014～2017年)。

(4)工业销售产值。工业销售产值指各省(自治区、直辖市)造纸和纸制品业企业销售成品价值和对外加工费收入之和。根据经济合作与发展组织公布的CPI,工业销售产值同样以2015年为基年进行平减。该数据来自《中国工业统计年鉴》(2014～2017年)。

表6-4展示了各投入产出指标的描述性统计。各投入产出指标平均值的变化趋势如图6-4所示。2013～2016年,各省(自治区、直辖市)固定资产合计平均值和主营业务成本平均值分别增长了2.41%与8.09%,平均用工人数平均值减少了9.45%,而工业销售产值平均值增加了8.38%。2015～2016年,各省(自治区、直辖市)固定资产合计平均值呈现下降趋势,这可能意味着中国造纸和纸制品业企业发现市场需求饱和使工厂无法以最大产能生产纸制品,导致固定投入存在冗余的状况。

表 6-4　各指标的描述性统计

年份	统计指标	固定资产合计(x_1^f)/亿元	主营业务成本(x_1^v)/亿元	平均用工人数(x_2^v)/万人	工业销售产值(y_1)/亿元
2013	最大值	1 010.452 9	2 163.709 7	23.430 0	2 430.448 7
	最小值	0.744 4	0.899 5	0.020 0	0.899 5
	最大值-最小值	1 009.708 5	2 162.810 2	23.410 0	2 429.549 2
	平均值	176.934 1	381.443 0	4.678 7	447.222 2
	中位数	97.332 5	207.459 7	2.490 0	237.587 9
	标准差	232.039 4	491.974 9	5.630 8	564.634 1
2014	最大值	1 014.901 6	2 185.139 0	22.930 0	2 479.742 3
	最小值	0.101 4	0.781 1	0.020 0	0.781 1
	最大值-最小值	1 014.800 2	2 184.357 9	22.910 0	2 478.961 2
	平均值	180.020 3	396.095 2	4.604 3	465.771 3
	中位数	99.502 9	222.849 5	2.565 0	271.916 2
	标准差	234.002 2	507.577 8	5.493 5	585.097 6
2015	最大值	1 016.870 0	2 235.960 0	23.640 0	2 524.650 0
	最小值	0.530 0	2.850 0	0.030 0	3.040 0
	最大值-最小值	1 016.340 0	2 233.110 0	23.610 0	2 521.610 0
	平均值	181.932 7	401.215 7	4.498 0	473.842 7
	中位数	114.685 0	204.295 0	2.065 0	237.230 0
	标准差	238.550 3	525.149 8	5.630 8	606.355 9
2016	最大值	977.019 6	2 176.745 1	22.440 0	2 481.205 9
	最小值	1.068 6	2.960 8	0.030 0	3.392 2
	最大值-最小值	975.951 0	2 173.784 3	22.410 0	2 477.813 7
	平均值	181.195 1	412.310 5	4.236 7	484.719 9
	中位数	126.073 5	197.647 1	1.975 0	229.951 0
	标准差	228.784 3	536.426 1	5.325 6	618.829 1

资料来源:《中国工业统计年鉴》(2014～2017年)

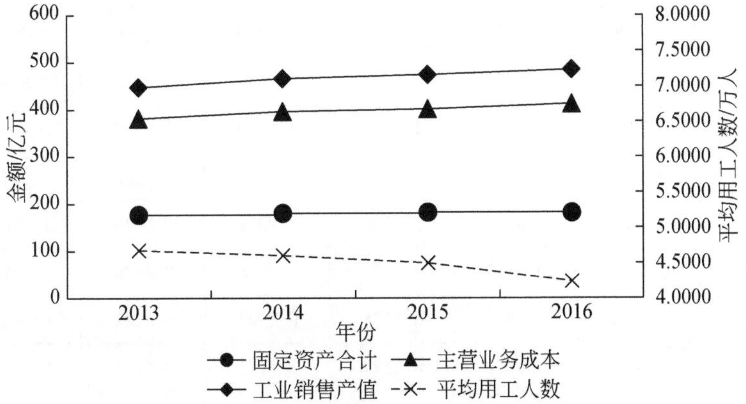

图 6-4　各指标平均值的变化情况

资料来源:《中国工业统计年鉴》(2014～2017年)

6.4.3 中国造纸和纸制品业的产能利用率

通过计算式(6-11)和式(6-15),可以得到中国造纸和纸制品业的短期产能利用率以及当前产能利用率,计算结果见表6-5。

表6-5 2013~2016年各省(自治区、直辖市)的短期产能利用率和当前产能利用率

省(自治区、直辖市)	2013年		2014年		2015年		2016年	
	短期产能利用率 CU^{SR}	当前产能利用率 CU^{C}	短期产能利用率 CU^{SR}	当前产能利用率 CU^{C}	短期产能利用率 CU^{SR}	当前产能利用率 CU^{C}	短期产能利用率 CU^{SR}	当前产能利用率 CU^{C}
北京	0.8357	0.8323	1.0000	0.8385	0.9042	0.8588	0.6816	0.6591
天津	0.4254	0.4241	0.5212	0.5174	0.4948	0.4932	0.4344	0.4217
河北	0.8248	0.8248	0.8404	0.8404	0.8049	0.8049	0.9101	0.9092
山西	0.5335	0.5133	0.3823	0.3612	0.2580	0.2231	0.2619	0.2520
内蒙古	0.7267	0.7267	1.0000	1.0000	1.0000	1.0000	1.0000	1.0000
辽宁	1.0000	1.0000	0.9118	0.9024	0.6782	0.6782	0.4846	0.4258
吉林	0.3562	0.3468	0.5142	0.4965	0.6439	0.6433	0.6770	0.6713
黑龙江	0.4430	0.4304	0.5019	0.4686	0.4671	0.4419	0.4943	0.4560
上海	0.6490	0.6411	0.8485	0.8398	0.8082	0.7918	0.8210	0.7984
江苏	0.7984	0.7984	0.8511	0.8434	0.8486	0.8486	0.9351	0.9351
浙江	0.9789	0.9789	0.9335	0.9335	1.0000	1.0000	0.8735	0.8735
安徽	0.5907	0.5903	0.8050	0.8045	0.6789	0.6789	0.7885	0.7637
福建	1.0000	1.0000	1.0000	1.0000	1.0000	1.0000	1.0000	1.0000
江西	0.8432	0.8416	0.7915	0.7915	0.6325	0.6325	0.6702	0.6652
山东	1.0000	1.0000	1.0000	1.0000	1.0000	1.0000	1.0000	1.0000
河南	0.9529	0.9529	0.9472	0.9340	0.9250	0.9163	0.8806	0.8185
湖北	0.9246	0.9246	1.0000	1.0000	1.0000	1.0000	0.9539	0.9474
湖南	0.6952	0.6936	0.7603	0.7603	0.7266	0.7266	0.6728	0.6702
广东	0.9566	0.9561	1.0000	1.0000	0.9991	0.9946	1.0000	1.0000
广西	0.4873	0.4763	0.4717	0.4409	0.4978	0.4978	0.3291	0.3154
海南	0.1517	0.1517	0.1535	0.1535	0.1702	0.1702	0.1482	0.1482
重庆	0.4442	0.4440	0.5822	0.5799	0.5113	0.5101	0.4017	0.3885
四川	0.8786	0.8393	0.8961	0.8946	0.8360	0.8275	0.9474	0.9356
贵州	0.2897	0.2856	0.5228	0.5052	0.6526	0.6414	0.7731	0.7691

续表

省（自治区、直辖市）	2013 年		2014 年		2015 年		2016 年	
	短期产能利用率 CU^{SR}	当前产能利用率 CU^{C}	短期产能利用率 CU^{SR}	当前产能利用率 CU^{C}	短期产能利用率 CU^{SR}	当前产能利用率 CU^{C}	短期产能利用率 CU^{SR}	当前产能利用率 CU^{C}
云南	0.3424	0.3147	0.3787	0.3397	0.3953	0.3279	0.4371	0.3621
西藏	1.0000	1.0000	1.0000	1.0000	1.0000	1.0000	1.0000	1.0000
陕西	0.8403	0.7971	0.8549	0.7816	0.8148	0.7491	0.8507	0.7689
甘肃	0.5168	0.4823	0.4879	0.4679	0.3979	0.3953	0.2759	0.2748
宁夏	0.1097	0.0980	0.4023	0.3114	0.3572	0.3183	0.2317	0.1880
新疆	0.2719	0.2602	0.3617	0.3367	0.7330	0.6772	0.5378	0.5330

图 6-5 展示了 30 个省(自治区、直辖市)平均产能利用率的变化情况,不难发现,①中国造纸和纸制品业产能利用率在 2013～2014 年有明显上升,但在 2014～2016 年逐年下降;②中国造纸和纸制品业各省(自治区、直辖市)当前产能利用率平均值低于短期产能利用率平均值。为了更进一步地揭示阻塞效应对产能利用率的影响,表 6-6 列出了式(6-16)和式(6-17)的计算结果。可以看出,各年份所有省(自治区、直辖市)的 RCC 都等于 1,说明只考虑固定投入作为投入指标时,所有省(自治区、直辖市)均不存在阻塞效应,因此短期产能相较于当前产能不会随着阻塞效应的消除而提升。由于大多数省(自治区、直辖市)的 ROC 小于 1,各省(自治区、直辖市)在消除阻塞效应时能够生产更多的产出,在产能不变的情况下,在消除阻塞效应和效率的影响后,短期产能利用率相较于当前产能利用率会有所提升。

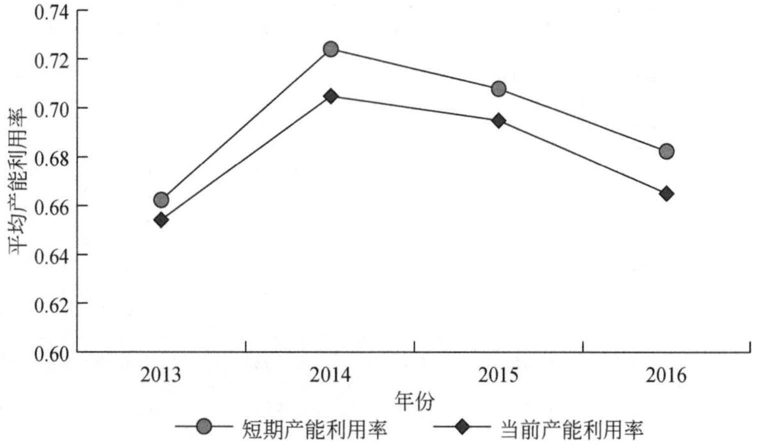

图 6-5　各省(自治区、直辖市)平均产能利用率

表 6-6 阻塞效应对当前和短期产能利用率的影响

省（自治区、直辖市）	2013 年		2014 年		2015 年		2016 年	
	ROC	RCC	ROC	RCC	ROC	RCC	ROC	RCC
北京	0.9959	1.0000	0.8385	1.0000	0.9497	1.0000	0.9671	1.0000
天津	0.9970	1.0000	0.9928	1.0000	0.9968	1.0000	0.9708	1.0000
河北	1.0000	1.0000	1.0000	1.0000	1.0000	1.0000	0.9991	1.0000
山西	0.9621	1.0000	0.9449	1.0000	0.8646	1.0000	0.9623	1.0000
内蒙古	1.0000	1.0000	1.0000	1.0000	1.0000	1.0000	1.0000	1.0000
辽宁	1.0000	1.0000	0.9897	1.0000	1.0000	1.0000	0.8787	1.0000
吉林	0.9735	1.0000	0.9656	1.0000	0.9991	1.0000	0.9916	1.0000
黑龙江	0.9715	1.0000	0.9336	1.0000	0.9460	1.0000	0.9224	1.0000
上海	0.9878	1.0000	0.9897	1.0000	0.9797	1.0000	0.9724	1.0000
江苏	1.0000	1.0000	0.9910	1.0000	1.0000	1.0000	1.0000	1.0000
浙江	1.0000	1.0000	1.0000	1.0000	1.0000	1.0000	1.0000	1.0000
安徽	0.9992	1.0000	0.9993	1.0000	1.0000	1.0000	0.9686	1.0000
福建	1.0000	1.0000	1.0000	1.0000	1.0000	1.0000	1.0000	1.0000
江西	0.9980	1.0000	1.0000	1.0000	1.0000	1.0000	0.9924	1.0000
山东	1.0000	1.0000	1.0000	1.0000	1.0000	1.0000	1.0000	1.0000
河南	1.0000	1.0000	0.9861	1.0000	0.9905	1.0000	0.9295	1.0000
湖北	1.0000	1.0000	1.0000	1.0000	1.0000	1.0000	0.9931	1.0000
湖南	0.9976	1.0000	1.0000	1.0000	1.0000	1.0000	0.9963	1.0000
广东	0.9994	1.0000	1.0000	1.0000	0.9955	1.0000	1.0000	1.0000
广西	0.9774	1.0000	0.9347	1.0000	1.0000	1.0000	0.9585	1.0000
海南	1.0000	1.0000	1.0000	1.0000	1.0000	1.0000	1.0000	1.0000
重庆	0.9996	1.0000	0.9960	1.0000	0.9976	1.0000	0.9672	1.0000
四川	0.9553	1.0000	0.9984	1.0000	0.9899	1.0000	0.9875	1.0000
贵州	0.9858	1.0000	0.9663	1.0000	0.9828	1.0000	0.9949	1.0000
云南	0.9191	1.0000	0.8969	1.0000	0.8295	1.0000	0.8284	1.0000
西藏	1.0000	1.0000	1.0000	1.0000	1.0000	1.0000	1.0000	1.0000
陕西	0.9485	1.0000	0.9142	1.0000	0.9193	1.0000	0.9038	1.0000
甘肃	0.9333	1.0000	0.9589	1.0000	0.9934	1.0000	0.9960	1.0000
宁夏	0.8931	1.0000	0.7740	1.0000	0.8911	1.0000	0.8113	1.0000
新疆	0.9568	1.0000	0.9309	1.0000	0.9239	1.0000	0.9911	1.0000

6.4.4 主要发现

通过对中国造纸和纸制品业的实证研究，本节可以总结出以下两点发现。

(1)中国造纸和纸制品业产能利用率整体处于60% ~70%这一区间，这意味着在不增加固定资产的前提下，中国造纸和纸制品业的产出还有较大的提升空间。具体来看，在2013 ~2014年，中国造纸和纸制品业产能利用率有明显上升，但在2014 ~2016年，中国造纸和纸制品业产能利用率逐年下降。

(2)中国造纸和纸制品业各省(自治区、直辖市)当前产能利用率普遍小于短期产能利用率，通过当前产能利用率与短期产能利用率在式(6-18)的关系可以发现，只考虑固定投入作为投入指标时，阻塞效应不存在，即当前产能与短期产能相等，当同时考虑固定投入和可变投入时，阻塞效应导致短期产能利用率测度中的最大可能产出要高于当前产能利用率测度中的最大可能产出。综合两种阻塞效应对产能利用率的影响，中国造纸和纸制品业短期产能利用率高于当前产能利用率，这意味着中国造纸和纸制品业可以通过消除阻塞效应来提高产能利用率。

6.5 本章小结

首先，本章梳理了产能利用率的相关概念，目前主流的产能利用率概念可以分为基于经济因素的产能利用率和基于技术因素的产能利用率。其次，本章梳理了产出导向的短期产能利用率测度方法，指出产能利用率与阻塞效应虽然同为与投入相关的概念，但两者在绝大多数情况下并不存在明显的对应关系。再次，本章指出产出导向的短期产能利用率测度的可能并不是当前固定投入和可变投入水平下的产能利用率，而是某一更少固定投入和可变投入水平下的产能利用率。基于此，本章通过在测度阻塞效应时去除投入的可处置性假设，构建了产出导向的当前产能利用率测度方法，并指出短期产能利用率可以分解为当前产能利用率和阻塞效应导致的产能或最大可能产出变化。最后，本章将提出的当前产能利用率新概念、新方法应用于中国造纸和纸制品业，分析了中国造纸和纸制品业的产能利用率状况。

第7章　结论与展望

7.1　主要研究结论

阻塞效应作为一种特殊的效率低下现象，与其他效率低下现象最主要的区别在于，阻塞效应的效率低下是由过度投入导致的，即过度投入导致了产出的降低。因此，识别和测度阻塞效应被学者们用于判断投入是否过度以及评估过度投入程度。

目前，主流的阻塞效应识别与测度方法是基于 DEA 方法的。然而，通过综述现有的基于 DEA 的阻塞效应识别与测度方法，本书发现传统的阻塞效应识别与测度方法主要存在两个问题：①在多重投影点的情况下，识别出的阻塞效应可能无须改变投入即可在不减少产出的前提下加以改进消除，即不存在过度投入的现象；②在多投入的情况下，阻塞效应可能能够通过增加投入加以改进消除。上述两个问题都使通过识别和测度阻塞效应来判断投入是否过度以及过度投入程度的目标无法实现。

为了解决上述两个问题，本书从识别和测度阻塞效应的目的出发，沿着关联阻塞效应与过度投入这一研究主线，提出了新的阻塞效应相关定义及其识别与测度方法。一方面，新的定义和方法使投入变动成为不减少产出前提下消除阻塞效应的必要条件，解决了消除传统阻塞效应可能无须变动投入导致的阻塞效应无法对应过度投入现象的问题。另一方面，通过对阻塞效应的成因进行分类，本书提出了相对阻塞效应和绝对阻塞效应的概念。相对阻塞效应的成因可以被解释为投入间比例的不合理，因而通过增加投入使投入间达到合理比例即可消除相对阻塞效应。绝对阻塞效应则对应着过度投入状况，意味着 DMU 想要达到帕累托最优一定需要减少其投入。通过大量的数值例子和中国高校 R&D 活动实证研究，本书充分论证了提出的新定义、新方法在通过识别和测度阻塞效应判断过度投入状况以及评估过度投入程度中的有效性。

基于阻塞效应的新定义和新方法，本书进一步探索了考虑非期望产出的阻塞效应以及多阶段 DEA 中的阻塞效应。从通过识别和测度阻塞效应来判断过度投入状况并评估过度投入程度的目的出发，本书提出了考虑非期望产出的阻塞效应以及多阶段 DEA 中的阻塞效应的明确定义。通过大量的数值例子，本书展示了提出的阻塞效应识别与测度方法在面对多重投影点情况时的优势，同时分析了多阶段 DEA 中阻塞效应无法消除的特殊情况。通过中国银行业以及中国纺织服装、服饰业的实证研究，本书在阐释新提出的阻塞效应识别与测度方法的同时，分析了对应行业的阻塞效应状况和过度投入状况。

从阻塞效应的思想出发，本书发现短期产能利用率测度方法实际测度的可能是固定投入和可变投入减少时的产能利用率状况，而非当前固定投入和可变投入水平下的产能利用率状况。对此，本书提出了当前产能利用率的概念以及测度方法，并探讨了当前产能利用率与短期产能利用率的关系，发现当前产能利用率实际上是短期产能利用率剔除阻塞效应影响后的产能利用率。通过对中国造纸和纸制品业的实证研究，本书分析了中国造纸和纸制品业的当前产能利用率、短期产能利用率以及阻塞效应状况。

综上所述，本书的创新点可以总结为以下四点。

第一，本书提出了新的阻塞效应定义以及相应的阻塞效应识别与测度方法，并通过将阻塞效应分类为相对阻塞效应和绝对阻塞效应，阐明了阻塞效应与过度投入的关系，使识别和测度阻塞效应能够用于判断投入是否过度以及评估过度投入程度。

第二，本书提出了考虑非期望产出的阻塞效应定义。基于期望产出和非期望产出的关联弱可处置性假设，本书提出了相应的阻塞效应识别与测度方法，为存在非期望产出指标时判断投入是否过度以及评估过度投入程度提供了理论方法支撑。

第三，本书提出了串联结构下多阶段 DEA 中阻塞效应的定义以及对应的识别与测度方法。在多阶段 DEA 中，本书通过数值例子展示了生产可能集内所有活动均存在阻塞效应的特殊情况，并提出了识别此种特殊情况的方法。

第四,本书通过融合阻塞效应和产能利用率的思想,提出了当前产能利用率的概念以及测度方法,使产能利用率更好地反映当前投入的状况。本书同样简单探讨了产能利用率和阻塞效应的相关性,发现产能利用率与阻塞效应并无对应关系。

本书对阻塞效应的研究存在一定的局限性,可以总结为以下三点。

在理论方法层面,一方面,本书对阻塞效应的研究局限于 DEA 方法,局限于分段线性的生产函数,没有能够在经济学框架下分析阻塞效应与过度投入的关系,没有能够将本书提出的相对阻塞效应与绝对阻塞效应的概念拓展到一般意义下的生产函数中;另一方面,本书对考虑非期望产出阻塞效应的研究局限于假设期望产出与非期望产出关联弱可处置性这一种非期望产出处理方式,对多阶段 DEA 中的阻塞效应的研究局限于串联结构,对考虑阻塞效应的产能利用率研究局限于在规模收益可变假设下,因此基于 DEA 的阻塞效应仍有较多的研究问题和研究方向。

在实际应用层面,本书虽然对中国高校 R&D 活动,中国银行业,中国纺织服装、服饰业,中国造纸和纸制品业开展了实证研究,但目的主要是展现本书提出方法的有效性,没有进一步分析环境变量对阻塞效应的影响程度,没能针对具体研究行业提出可靠性强、操作性强的政策建议。

在算法工具层面,本书提出的阻塞效应识别与测度方法大多属于非线性规划模型和混合整数规划模型,没有对新提出模型的计算复杂度进行深入分析,没有深入研究 DEA 框架下新提出模型的求解算法,没有形成界面直观、操作简单的阻塞效应识别与测度计算工具。

7.2 未来研究展望

本书的研究内容大多是基于 DEA 阻塞效应的基础性研究,在未来的研究中,阻塞效应无论是在理论方法还是实践应用层面仍有很大的研究空间。

在理论方法层面,阻塞效应相关研究可以从以下几方面展开。

第一,阻塞效应的经济学相关研究。本书受限于时间和精力,只基于 DEA 方法对阻塞效应的概念开展了研究,提出了相对阻塞效应和绝对阻塞效应的概念来关联阻塞效应与过度投入。实际上,阻塞效应的概念源自经济学生产理论,相对阻塞效应与绝对阻塞效应的概念和思想可以拓展到经济学的其他生产前沿模型中。因此,在未来的研究中,可以从经济学视角进一步探讨过度投入和阻塞效应的关系,可以基于经济学生产理论开展对相对阻塞效应和绝对阻塞效应的整体性、一般性研究。

第二,DEA 框架下的阻塞效应相关研究。本书虽然将单阶段 DEA 中的阻塞效应的定义、识别与测度方法拓展到了考虑非期望产出的 DEA 模型以及多阶段串联结构 DEA 模型中,但基于不同指标结构、不同数据类型、不同生产可能集假设的 DEA 模型中的阻塞效应定义、识别与测度方法仍有很大的研究空间,因此 DEA 框架下的阻塞效应有待进一步研究。

第三,DEA 框架下的阻塞效应识别与测度方法算法研究。本书虽然提出了新的阻塞效应识别与测度方法,但方法大多基于非线性规划模型或混合整数规划模型,基于线性规划的阻塞效应识别与测度方法仍需要进一步地开发。此外,虽然在 DEA 框架下,非线性规划模型与混合整数规划模型能相互转换,但两种模型的计算复杂度仍有待进一步研究。

在实践应用层面,阻塞效应相关研究可以从以下两方面展开。

第一,各行业阻塞效应实证研究。在我国供给侧结构性改革的背景下,对各行业阻塞效应开展实证研究能够帮助决策者明确各行业生产效率提升目标,避免产业盲目扩张造成的资源浪费。在对各行业的阻塞效应开展实证研究时,可以结合回归分析等方法进一步对影响阻塞效应程度的外部环境变量进行识别和分析,从而明确阻塞效应的成因或影响阻塞效应的外部因素,并针对性地提出缓解消除阻塞效应的有效政策。

第二,阻塞效应计算工具开发。在未来的研究中,可以开发专用的、可视化的阻塞效应识别与测度计算工具,方便决策者通过识别与测度阻塞效应,对行业内、企业内的过度投入状况开展研究,降低决策者在阻塞效应分析过程中的学习成本和时间成本。

参考文献

程开明,刘琦,庄燕杰. 2021. 效率评价中处理非期望产出的非参数方法演进、比较及展望[J]. 数量经济技术经济研究,38(5):154-171.

印中华,宋维明. 2009. 中国造纸及纸制品业全要素生产率的变化及构成[J]. 北京林业大学学报,31(2):140-145.

Abbasi M, Jahanshahloo G R, Rostamy-Malkhlifeh M, et al. 2014. Estimation of congestion in free disposal hull models using data envelopment analysis[J]. The Scientific World Journal, 427673.

Agasisti T, Egorov A, Maximova M. 2020. Do merger policies increase universities' efficiency? Evidence from a fuzzy regression discontinuity design[J]. Applied Economics, 53(2): 185-204.

Akther S, Fukuyama H, Weber W L. 2013. Estimating two-stage network slacks-based inefficiency: an application to Bangladesh banking[J]. Omega, 41(1): 88-96.

An Q, Wang Z, Emrouznejad A, et al. 2019. Efficiency evaluation of parallel interdependent processes systems: an application to Chinese 985 Project universities[J]. International Journal of Production Research, 57(17): 5387-5399.

Ang S, Chen C M. 2016. Pitfalls of decomposition weights in the additive multi-stage DEA model[J]. Omega, 58: 139-153.

Aoki S, Inoue K, Gejima R. 2010. Data envelopment analysis for evaluating Japanese universities[J]. Artificial Life and Robotics, 15(2): 165-170.

Aparicio J, Ruiz J L, Sirvent I. 2007. Closest targets and minimum distance to the Pareto-efficient frontier in DEA[J]. Journal of Productivity Analysis, 28(3): 209-218.

Ashraf B N, Zheng C, Jiang C, et al. 2020. Capital regulation, deposit insurance and bank risk: international evidence from normal and crisis periods[J]. Research in International Business and Finance, 52: 101188.

Badau F. 2015. Ranking trade resistance variables using data envelopment analysis[J]. European Journal of Operational Research, 247(3): 978-986.

Banker R D, Charnes A, Cooper W W. 1984. Some models for estimating technical and scale inefficiencies in data envelopment analysis[J]. Management Science, 30(9): 1078-1092.

Barros C P, Managi S, Matousek R. 2012. The technical efficiency of the Japanese banks: non-radial directional performance measurement with undesirable output[J]. Omega, 40(1): 1-8.

Berger A N,Humphrey D B. 1997. Efficiency of financial institutions:international survey and directions for future research[J]. European Journal of Operational Research,98(2):175-212.

Blomberg J,Henriksson E,Lundmark R. 2012. Energy efficiency and policy in Swedish pulp and paper mills:a data envelopment analysis approach[J]. Energy Policy,42:569-579.

Cassels J M. 1937. Excess capacity and monopolistic competition[J]. The Quarterly Journal of Economics,51(3): 426-443.

Cesaroni G, Kerstens K, van de Woestyne I. 2017. A new input-oriented plant capacity notion: definition and empirical comparison[J]. Pacific Economic Review,22(4):720-739.

Cesaroni G, Kerstens K, van de Woestyne I. 2019. Short-and long-run plant capacity notions: definitions and comparison[J]. European Journal of Operational Research,275(1):387-397.

Charnes A,Cooper W W,Rhodes E. 1978. Measuring the efficiency of decision making units[J]. European Journal of Operational Research,2(6):429-444.

Charnes A, Cooper W W. 1962. Programming with linear fractional functionals[J]. Naval Research Logistics Quarterly,9(3-4):181-186.

Chen L,Wang Y M,Wang L. 2016. Congestion measurement under different policy objectives:an analysis of Chinese industry[J]. Journal of Cleaner Production,112:2943-2952.

Chen Y J. 2011. Structured methodology for supplier selection and evaluation in a supply chain[J]. Information Sciences,181(9):1651-1670.

Chen Y,Cook W D,Li N,et al. 2009. Additive efficiency decomposition in two-stage DEA[J]. European Journal of Operational Research,196(3):1170-1176.

Chen Z,Li J,Zhao W,et al. 2019. Undesirable and desirable energy congestion measurements for regional coal-fired power generation industry in China[J]. Energy Policy,125:122-134.

Chen Z, Wang W, Li F, et al. 2020. Congestion assessment for the Belt and Road countries considering carbon emission reduction[J]. Journal of Cleaner Production,242:118405.

Cherchye L,Kuosmanen T,Post T. 2001. Alternative treatments of congestion in DEA:a rejoinder to Cooper,Gu,and Li[J]. European Journal of Operational Research,132(1):75-80.

Cho C C, Yang F C. 2019. Incorporating the non-separable characteristic of undesirable outputs into congestion analysis:a case of regional industries in China[J]. Journal of Industrial and Production Engineering,36(4): 248-257.

Chou Y C,Hsu Y Y,Yen H Y. 2011. Evaluating capacity utilization of human resources in science and technology [J]. African Journal of Business Management,5(11):4254-4262.

Chow C K W, Fung M K Y. 1997. Measuring the technological leadership of international joint ventures in a transforming economy[J]. Journal of Business Research,39(2):147-157.

Coelli T,Grifell-Tatjé E,Perelman S. 2002. Capacity utilisation and profitability:a decomposition of short-run profit efficiency[J]. International Journal of Production Economics,79(3):261-278.

Contreras I,Lozano S. 2020. Allocating additional resources to public universities. A DEA bargaining approach[J]. Socio-Economic Planning Sciences,71:100752.

Contreras I,Lozano S. 2021. Size efficiency,splits and merger gains,and centralized resource reallocation of Spanish public universities[J]. Socio-Economic Planning Sciences,81:101190.

Cook W D,Zhu J,Bi G,et al. 2010. Network DEA:additive efficiency decomposition[J]. European Journal of Operational Research,207(2):1122-1129.

Cooper W W,Deng H,Gu B,et al. 2001a. Using DEA to improve the management of congestion in Chinese industries (1981-1997)[J]. Socio-Economic Planning Sciences,35(4):227-242.

Cooper W W,Deng H,Huang Z M,et al. 2002. A one-model approach to congestion in data envelopment analysis [J]. Socio-Economic Planning Sciences,36(4):231-238.

Cooper W W,Gu B S,Li S L. 2001b. Comparisons and evaluations of alternative approaches to the treatment of congestion in DEA[J]. European Journal of Operational Research,132(1):62-74.

Cooper W W,Park K S,Pastor J T. 1999. RAM:a range adjusted measure of inefficiency for use with additive models,and relations to other models and measures in DEA[J]. Journal of Productivity Analysis,11(1):5-42.

Cooper W W,Seiford L M,Tone K. 2007. Data Envelopment Analysis:A Comprehensive Text with Models, Applications,References and DEA-solver Software[M]. New York:Springer.

Cooper W W,Seiford L M,Zhu J. 2004. Handbook on Data Envelopment Analysis[M]. Boston:Kluwer,Academic Publisher.

Cooper W W,Thompson R G,Thrall R M. 1996. Introduction:extensions and new developments in DEA[J]. Annals of Operations Research,66:3-45.

de Abreu E S,Kimura H,Sobreiro V A. 2019. What is going on with studies on banking efficiency? [J]. Research in International Business and Finance,47:195-219.

de Borger B,Kerstens K. 2000. The Malmquist productivity index and plant capacity utilization[J]. Scandinavian Journal of Economics,102(2):303-310.

de Borger B,Kerstens K,Prior D,et al. 2012. Static efficiency decompositions and capacity utilization:integrating economic and technical capacity notions[J]. Applied Economics,44(31):4125-4141.

de Castro Camioto F,Mariano E B,Rebelatto D A D N. 2014. Efficiency in Brazil's industrial sectors in terms of energy and sustainable development[J]. Environmental Science & Policy,37:50-60.

Demirguc-Kunt A,Huizinga H. 2009. Bank Activity and Funding Strategies:The Impact on Risk and Returns[M]. Washington D. C.:The World Bank.

Drake L,Hall M J. 2003. Efficiency in Japanese banking:an empirical analysis[J]. Journal of Banking & Finance, 27(5):891-917.

Drake L,Hall M J,Simper R. 2006. The impact of macroeconomic and regulatory factors on bank efficiency:a nonparametric analysis of Hong Kong's banking system[J]. Journal of Banking & Finance,30(5):1443-1466.

Du J,Chen Y,Huo J. 2015. DEA for non-homogenous parallel networks[J]. Omega,56:122-132.

Duan X, Deng H, Corbit B, et al. 2008. The Impacts of Government Policies on The Efficiency of Australian Universities: A Multi-Period Data Envelopment Analysis[C]. Proceedings of the 2008 International Conference on Computational Intelligence and Security - Volume 01 (CIS'08). IEEE Computer Society, USA.

Duh R R,Chen K T,Lin R C,et al. 2014. Do internal controls improve operating efficiency of universities? [J]. Annals of Operations Research,221(1):173-195.

Dupont D P,Grafton R Q,Kirkley J,et al. 2002. Capacity utilization measures and excess capacity in multi-product privatized fisheries[J]. Resource and Energy Economics,24(3):193-210.

Emrouznejad A,Yang G L. 2018. A survey and analysis of the first 40 years of scholarly literature in DEA:1978-2016[J]. Socio-Economic Planning Sciences,61:4-8.

Fang L. 2015. Congestion measurement in nonparametric analysis under the weakly disposable technology[J]. European Journal of Operational Research,245(1):203-208.

Ferrier G D, Leleu H, Valdmanis V G. 2009. Hospital capacity in large urban areas: is there enough in times of need? [J]. Journal of Productivity Analysis,32(2):103-117.

Frenken K,Heimeriks G J,Hoekman J. 2017. What drives university research performance? An analysis using the CWTS Leiden Ranking data[J]. Journal of Informetrics,11(3):859-872.

Fuentes R, Bellver- Domingo Á, Hernández- Chover V, et al. 2020. Identification and correction of congestion in wastewater treatment plants in the Community of Valencia, Spain[J]. Environmental Science and Pollution Research,27(13):15729-15742.

Fukuyama H,Liu H H,Song Y Y,et al. 2021. Measuring the capacity utilization of the 48 largest iron and steel enterprises in China[J]. European Journal of Operational Research,288(2):648-665.

Fukuyama H, Sekitani K. 2012. Decomposing the efficient frontier of the DEA production possibility set into a smallest number of convex polyhedrons by mixed integer programming[J]. European Journal of Operational Research,221(1):165-174.

Fukuyama H, Weber W L. 2015. Measuring Japanese bank performance: a dynamic network DEA approach[J]. Journal of Productivity Analysis,44(3):249-264.

Färe R, Grosskopf S. 1983. Measuring congestion in production[J]. Zeitschrift für Nationalökonomie, 43(3): 257-271.

Färe R, Grosskopf S. 1996. Productivity and intermediate products: a frontier approach[J]. Economics Letters, 50(1):65-70.

Färe R, Grosskopf S. 2000a. Network DEA[J]. Socio-Economic Planning Sciences,34:35-49.

Färe R, Grosskopf S. 2000b. Theory and application of directional distance functions[J]. Journal of Productivity Analysis,13(2):93-103.

Färe R, Grosskopf S, Kokkelenberg E C. 1989a. Measuring plant capacity, utilization and technical change: a nonparametric approach[J]. International Economic Review, 30(3): 655-666.

Färe R, Grosskopf S, Lovell C A K. 1985. The Measurement of Efficiency of Production[M]. Boston: Kluwer-Nijhoff.

Färe R, Grosskopf S, Valdmanis V. 1989b. Capacity, competition and efficiency in hospitals: a nonparametric approach[J]. Journal of Productivity Analysis, 1(2): 123-138.

Färe R, Grosskopf S, Yoon B J. 1982. A theoretical and empirical analysis of the highway speed-volume relationship [J]. Journal of Urban Economics, 12(1): 115-121.

Färe R, Jansson L. 1976. Joint inputs and the law of diminishing returns[J]. Zeitschrift für Nationalökonomie/ Journal of Economics, (3-4): 407-416.

Färe R, Svensson L. 1980. Congestion of production factors[J]. Econometrica: Journal of the Econometric Society, 48(7): 1745-1753.

Goaïed M, Ayed-Mouelhi R B. 2000. Efficiency measurement with unbalanced panel data: evidence from Tunisian textile, clothing and leather industries[J]. Journal of Productivity Analysis, 13(3): 249-262.

Gong P Q, Tang B J, Xiao Y C, et al. 2016. Research on China export structure adjustment: an embodied carbon perspective[J]. Natural Hazards, 84(1): 129-151.

Guironnet J P, Peypoch N. 2018. The geographical efficiency of education and research: the ranking of US universities[J]. Socio-Economic Planning Sciences, 62: 44-55.

Hajaji H, Yousefi S, Saen R F, et al. 2019. Recommending investment opportunities given congestion by adaptive network data envelopment analysis model: assessing sustainability of supply chains[J]. RAIRO-Operations Research, 55: 21.

Hampf B. 2018. Measuring inefficiency in the presence of bad outputs: does the disposability assumption matter? [J]. Empirical Economics, 54(1): 101-127.

Han J. 2020. Financial performance evaluation of colleges and universities based on DEA model and balanced scorecard method[J]. Journal of Physics: Conference Series, 1533: 042047.

Haq M, Faff R, Seth R, et al. 2014. Disciplinary tools and bank risk exposure[J]. Pacific-Basin Finance Journal, 26: 37-64.

Hickman B G. 1964. On a new method of capacity estimation[J]. Journal of the American Statistical Association, 59(306): 529-549.

Holland D S, Lee S T. 2002. Impacts of random noise and specification on estimates of capacity derived from data envelopment analysis[J]. European Journal of Operational Research, 137(1): 10-21.

Hong G B, Ma C M, Chen H W, et al. 2011. Energy flow analysis in pulp and paper industry[J]. Energy, 36(5): 3063-3068.

Hou B, Hong J, Shi X. 2019. Efficiency of university-industry collaboration and its determinants: evidence from Chinese leading universities[J]. Industry and Innovation, 28(4): 456-485.

Hu J L, Chang M C, Tsay H W. 2017. The congestion total-factor energy efficiency of regions in Taiwan[J]. Energy Policy, 110: 710-718.

Hu J L, Honma S. 2014. A comparative study of energy efficiency of OECD countries: an application of the stochastic frontier analysis[J]. Energy Procedia, (61): 2280-2283.

Hwang S N, Kao T L. 2006. Measuring managerial efficiency in non-life insurance companies: an application of two-stage data envelopment analysis[J]. International Journal of Management, 23(3): 699.

Inman R P. 1978. A generalized congestion function for highway travel[J]. Journal of Urban Economics, 5(1): 21-34.

Jahanshahloo G R, Khodabakhshi M. 2004. Suitable combination of inputs for improving outputs in DEA with determining input congestion- Considering textile industry of China[J]. Applied Mathematics and Computation, 151(1): 263-273.

Jiang J, Lee S K, Rah M J. 2020. Assessing the research efficiency of Chinese higher education institutions by data envelopment analysis[J]. Asia Pacific Education Review, 21(3): 423-440.

Jiang L, Folmer H, Bu M. 2016. Interaction between output efficiency and environmental efficiency: evidence from the textile industry in Jiangsu Province, China[J]. Journal of Cleaner Production, 113: 123-132.

Johansen L. 1968. Production functions and the concept of capacity[J]. Recherches Récentes sur la Fonction de Production, Collection, Economie Mathématique et Économétrie, 2: 52.

Kao C. 2008. A linear formulation of the two-level DEA model[J]. Omega, 36(6): 958-962.

Kao C. 2009. Efficiency measurement for parallel production systems[J]. European Journal of Operational Research, 196(3): 1107-1112.

Kao C. 2010. Congestion measurement and elimination under the framework of data envelopment analysis[J]. International Journal of Production Economics, 123(2): 257-265.

Kao C, Hwang S N. 2008. Efficiency decomposition in two-stage data envelopment analysis: an application to non-life insurance companies in Taiwan[J]. European Journal of Operational Research, 185(1): 418-429.

Kao C, Hwang S N. 2010. Efficiency measurement for network systems: IT impact on firm performance[J]. Decision Support Systems, 48(3): 437-446.

Kapelko M, Lansink A O. 2015. An international comparison of productivity change in the textile and clothing industry: a bootstrapped Malmquist index approach[J]. Empirical Economics, 48(4): 1499-1523.

Karagiannis R. 2015. A system-of-equations two-stage DEA approach for explaining capacity utilization and technical efficiency[J]. Annals of Operations Research, 227(1): 25-43.

Karimi B, Khorram E, Moeini M. 2016. Identification of congestion by means of integer-valued data envelopment analysis[J]. Computers & Industrial Engineering, 98: 513-521.

Kerstens K, Sadeghi J, van de Woestyne I. 2019a. Convex and nonconvex input-oriented technical and economic capacity measures: an empirical comparison[J]. European Journal of Operational Research, 276(2): 699-709.

Kerstens K, Sadeghi J, van de Woestyne I. 2019b. Plant capacity and attainability: exploration and remedies[J]. Operations Research, 67(4): 1135-1149.

Kerstens K, Sadeghi J, van de Woestyne I. 2020. Plant capacity notions in a non-parametric framework: a brief review and new graph or non-oriented plant capacities[J]. Annals of Operations Research, 288(2): 837-860.

Kheirollahi H, Matin B K, Mahboubi M, et al. 2015. Chance constrained input relaxation to congestion in stochastic DEA. An application to Iranian hospitals[J]. Global Journal of Health Science, 7(4): 151-160.

Khodabakhshi M. 2011. Super-efficiency in stochastic data envelopment analysis: an input relaxation approach[J]. Journal of Computational and Applied Mathematics, 235(16): 4576-4588.

Khoveyni M, Eslami R, Fukuyama H, et al. 2019a. integer data in DEA: illustrating the drawbacks and recognizing congestion[J]. Computers & Industrial Engineering, 135: 675-688.

Khoveyni M, Eslami R, Yang G L. 2017. Negative data in DEA: recognizing congestion and specifying the least and the most congested decision making units[J]. Computers & Operations Research, 79: 39-48.

Khoveyni M, Fukuyama H, Eslami R, et al. 2019b. Variations effect of intermediate products on the second stage in two-stage processes[J]. Omega-International Journal of Management Science, 85: 35-48.

Kirkley J E, Färe R, Grosskopf S, et al. 2001. Assessing capacity and capacity utilization in fisheries when data are limited[J]. North American Journal of Fisheries Management, 21(3): 482-497.

Klein L R. 1960. Some theoretical issues in the measurement of capacity [J]. Econometrica: Journal of the Econometric Society, 28(2): 272-286.

Kounetas K, Anastasiou A, Mitropoulos P, et al. 2011. Departmental efficiency differences within a Greek university: an application of a DEA and Tobit analysis [J]. International Transactions in Operational Research, 18 (5): 545-559.

Kuah C T, Wong K Y. 2011. Efficiency assessment of universities through data envelopment analysis[J]. Procedia Computer Science, 3: 499-506.

Kuosmanen T. 2005. Weak disposability in nonparametric production analysis with undesirable outputs [J]. American Journal of Agricultural Economics, 87(4): 1077-1082.

Lee B L, Worthington A C. 2016. A network DEA quantity and quality-orientated production model: an application to Australian university research services[J]. Omega, 60: 26-33.

Leibenstein H. 1966. Allocative efficiency vs. "X-efficiency" [J]. The American Economic Review, 56 (3): 392-415.

Leibenstein H. 1976. Beyond Economic Man[M]. Cambridge: Harvard University Press.

Lin B, Moubarak M. 2014. Estimation of energy saving potential in China's paper industry[J]. Energy, 65: 182-189.

Lin B, Zhao H. 2016. Technology gap and regional energy efficiency in China's textile industry: a non-parametric meta-frontier approach[J]. Journal of Cleaner Production, 137: 21-28.

Lin B, Zheng Q. 2017. Energy efficiency evolution of China's paper industry[J]. Journal of Cleaner Production, 140:

1105-1117.

Lindebo E, Hoff A, Vestergaard N. 2007. Revenue-based capacity utilisation measures and decomposition: the case of Danish North Sea trawlers[J]. European Journal of Operational Research, 180(1): 215-227.

Lozano S, Khezri S. 2021. Network DEA smallest improvement approach[J]. Omega, 98: 102140.

Løvold Rødseth K. 2013. A note on input congestion[J]. Economics Letters, 120(3): 599-602.

Madau F A, Idda L, Pulina P. 2009. Capacity and economic efficiency in small-scale fisheries: evidence from the Mediterranean Sea[J]. Marine Policy, 33(5): 860-867.

Man Y, Han Y, Li J, et al. 2019. Review of energy consumption research for papermaking industry based on life cycle analysis[J]. Chinese Journal of Chemical Engineering, 27(7): 1543-1553.

Maravelias C D, Tsitsika E V. 2008. Economic efficiency analysis and fleet capacity assessment in Mediterranean fisheries[J]. Fisheries Research, 93(1-2): 85-91.

Matthews K. 2013. Risk management and managerial efficiency in Chinese banks: a network DEA framework[J]. Omega, 41(2): 207-215.

Mehdiloozad M, Podinovski V V. 2018. Nonparametric production technologies with weakly disposable inputs[J]. European Journal of Operational Research, 266(1): 247-258.

Mehdiloozad M, Zhu J, Sahoo B K. 2018. Identification of congestion in data envelopment analysis under the occurrence of multiple projections: a reliable method capable of dealing with negative data[J]. European Journal of Operational Research, 265(2): 644-654.

Mendoza-Velázquez A, Benita F. 2019. Efficiency, productivity, and congestion performance: analysis of the automotive cluster in Mexico[J]. Journal of Industry, Competition and Trade, 19(4): 661-678.

Meng F Y, Zhou P, Zhou D Q, et al. 2014. Inefficiency and congestion assessment of mix energy consumption in 16 APEC countries by using DEA window analysis[J]. Energy Procedia, 61: 2518-2523.

Middleton J, Ziderman A. 1997. Overview: World Bank policy research on vocational education and training[J]. International Journal of Manpower, 8(1-2): 6-28.

Monfared M A S, Safi M. 2013. Network DEA: an application to analysis of academic performance[J]. Journal of Industrial Engineering International, 9(1): 15.

Moreno-Gómez J, Calleja-Blanco J, Moreno-Gómez G. 2019. Measuring the efficiency of the Colombian higher education system: a two-stage approach[J]. International Journal of Educational Management, 34(4): 794-804.

Moriarty J P. 2010. Have structural issues placed New Zealand's hospitality industry beyond price? [J]. Tourism Economics, 16(3): 695-713.

Morrison C J. 1985. Primal and dual capacity utilization: an application to productivity measurement in the US automobile industry[J]. Journal of Business & Economic Statistics, 3(4): 312-324.

Muhfiatun M. 2016. The effect of Sharia monetary policy and financing quality on financial performance in Sharia banking[J]. Shirkah: Journal of Economics and Business, 1(3): 257-284.

Nelson R A. 1989. On the measurement of capacity utilization[J]. The Journal of Industrial Economics, 37(3): 273-286.

Noor M A N M, Ahmad N H B. 2012. The determinants of Islamic banks' efficiency changes: empirical evidence from the world banking sectors[J]. Global Business Review, 13(2): 179-200.

Noura A, Lotfi F H, Jahanshahloo G, et al. 2010. A new method for measuring congestion in data envelopment analysis[J]. Socio-Economic Planning Sciences, 44(4): 240-246.

Odonkor T A, Osei K A, Abor J, et al. 2011. Bank risk and performance in Ghana[J]. International Journal of Financial Services Management, 5(2): 107-120.

Paradi J C, Rouatt S, Zhu H. 2011. Two-stage evaluation of bank branch efficiency using data envelopment analysis [J]. Omega, 39(1): 99-109.

Partovi E, Matousek R. 2019. Bank efficiency and non-performing loans: evidence from Turkey[J]. Research in International Business and Finance, 48: 287-309.

Pascoe S, Hutton T, van Putten I, et al. 2013. DEA-based predictors for estimating fleet size changes when modelling the introduction of rights-based management[J]. European Journal of Operational Research, 230(3): 681-687.

Pascoe S, Tingley D. 2006. Economic capacity estimation in fisheries: a non-parametric ray approach[J]. Resource and Energy Economics, 28(2): 124-138.

Peng L, Zeng X, Wang Y, et al. 2015. Analysis of energy efficiency and carbon dioxide reduction in the Chinese pulp and paper industry[J]. Energy Policy, 80: 65-75.

Pham T D T, Huang H W, Chuang C T. 2014. Finding a balance between economic performance and capacity efficiency for sustainable fisheries: case of the Da Nang gillnet fishery, Vietnam[J]. Marine Policy, 44: 287-294.

Pranesh R V, Rajan A J, Navas K B. 2013. Evaluating the performance of state university, national important institute and private deemed universities in Chennai (India) by using data envelopment analysis [C]. Proceedings of the World Congress on Engineering 2013 Vol Ⅰ.

Psillaki M, Tsolas I E, Margaritis D. 2010. Evaluation of credit risk based on firm performance[J]. European Journal of Operational Research, 201(3): 873-881.

Pérez K, González-Araya M C, Iriarte A. 2017. Energy and GHG emission efficiency in the Chilean manufacturing industry: sectoral and regional analysis by DEA and Malmquist indexes[J]. Energy Economics, 66: 290-302.

Rath B N. 2018. Productivity growth and efficiency change: comparing manufacturing-and service-based firms in India[J]. Economic Modelling, 70: 447-457.

Ray S C. 2015. Nonparametric measures of scale economies and capacity utilization: an application to US manufacturing[J]. European Journal of Operational Research, 245(2): 602-611.

Ray S C, Walden J, Chen L. 2021. Economic measures of capacity utilization: a nonparametric short-run cost function analysis[J]. European Journal of Operational Research, 293(1): 375-387.

Sahoo B K, Tone K. 2009. Decomposing capacity utilization in data envelopment analysis: an application to banks in

India[J]. European Journal of Operational Research,195(2):575-594.

Salas-Velasco M. 2020. The technical efficiency performance of the higher education systems based on data envelopment analysis with an illustration for the Spanish case[J]. Educational Research for Policy and Practice, 19(2):159-180.

Schrobback P,Pascoe S,Coglan L. 2014. Shape up or ship out: can we enhance productivity in coastal aquaculture to compete with other uses? [J]. PloS One,9(12):e115912.

Segerson K,Squires D. 1990. On the measurement of economic capacity utilization for multi-product industries[J]. Journal of Econometrics,44(3):347-361.

Seiford L M, Zhu J. 1999. Profitability and marketability of the top 55 US commercial banks[J]. Management Science,45(9):1270-1288.

Shabanpour H,Fathi A,Yousefi S,et al. 2019. Ranking sustainable suppliers using congestion approach of data envelopment analysis[J]. Journal of Cleaner Production,240:118190.

Sharma M J, Yu S J. 2013. Multi-Stage data envelopment analysis congestion model[J]. Operational Research, 13(3):399-413.

Sherman H D, Gold F. 1985. Bank branch operating efficiency: evaluation with data envelopment analysis[J]. Journal of Banking & Finance,9(2):297-315.

Siarka P. 2021. Global portfolio credit risk management: the US banks post-crisis challenge[J]. Mathematics, 9(5):562.

Stigler G J. 1976. The xistence of X-efficiency[J]. The American Economic Review,66(1):213-216.

Sueyoshi T, Goto M. 2012. Weak and strong disposability vs. natural and managerial disposability in DEA environmental assessment: comparison between Japanese electric power industry and manufacturing industries [J]. Energy Economics,34(3):686-699.

Sueyoshi T,Goto M. 2014a. Investment strategy for sustainable society by development of regional economies and prevention of industrial pollutions in Japanese manufacturing sectors[J]. Energy Economics,42:299-312.

Sueyoshi T, Goto M. 2014b. Environmental assessment for corporate sustainability by resource utilization and technology innovation: DEA radial measurement on Japanese industrial sectors[J]. Energy Economics, 46: 295-307.

Sueyoshi T, Goto M. 2016. Undesirable congestion under natural disposability and desirable congestion under managerial disposability in US electric power industry measured by DEA environmental assessment[J]. Energy Economics,55:173-188.

Sueyoshi T, Sekitani K. 2009. DEA congestion and returns to scale under an occurrence of multiple optimal projections[J]. European Journal of Operational Research,194(2):592-607.

Sueyoshi T,Wang D. 2018. DEA environmental assessment on US petroleum industry: non-radial approach with translation invariance in time horizon[J]. Energy Economics,72:276-289.

Sueyoshi T, Yan Y. 2016. Marginal Rate of Transformation and Rate of Substitution measured by DEA environmental assessment: comparison among European and North American nations[J]. Energy Economics, 56: 270-287.

Thøgersen T T, Pascoe S. 2014. Combining performance measures to investigate capacity changes in fisheries[J]. Applied Economics, 46(1): 57-69.

Tian J, Li S. 2012. The efficiency evaluation on Chinese universities' input-output based on DEA[J]. Innovation and Management. Proceedings of the 9th International Conference on Innovation & Management.

Tingley D, Pascoe S, Mardle S. 2003. Estimating capacity utilisation in multi-purpose, multi-metier fisheries[J]. Fisheries Research, 63(1): 121-134.

Titko J, Stankevičienė J, Lāce N. 2014. Measuring bank efficiency: DEA application [J]. Technological and Economic Development of Economy, 20(4): 739-757.

Tone K, Sahoo B K. 2004. Degree of scale economies and congestion: a unified DEA approach[J]. European Journal of Operational Research, 158(3): 755-772.

Tone K, Tsutsui M. 2010. Dynamic DEA: a slacks-based measure approach[J]. Omega, 38(3-4): 145-156.

Tone K, Tsutsui M. 2014. Dynamic DEA with network structure: a slacks-based measure approach[J]. Omega, 42(1): 124-131.

Tsitsika E V, Maravelias C D, Wattage P, et al. 2008. Fishing capacity and capacity utilization of purse seiners using data envelopment analysis[J]. Fisheries Science, 74(4): 730-735.

Valdmanis V, Bernet P, Moises J. 2010. Hospital capacity, capability, and emergency preparedness[J]. European Journal of Operational Research, 207(3): 1628-1634.

Valdmanis V, DeNicola A, Bernet P. 2015. Public health capacity in the provision of health care services[J]. Health Care Management Science, 18(4): 475-482.

Vestergaard N, Squires D, Kirkley J. 2003. Measuring capacity and capacity utilization in fisheries: the case of the Danish Gill-net fleet[J]. Fisheries Research, 60(2-3): 357-368.

Walden J B, Kirkley J E, Kitts A W. 2003. A limited economic assessment of the northeast groundfish fishery buyout program[J]. Land Economics, 79(3): 426-439.

Wang C H, Gopal R D, Zionts S. 1997. Use of data envelopment analysis in assessing information technology impact on firm performance[J]. Annals of Operations Research, 73: 191-213.

Wang C N, Han-Khanh N, Liao R Y. 2017. Partner selection in supply chain of Vietnam's textile and apparel industry: the application of a hybrid DEA and GM (1,1) approach[J]. Mathematical Problems in Engineering, (pta10): 7826840.1-7826840.16.

Wang C, Cheng Z, Zhao S. 2017. Analysis of input and output efficiency of research university in China (2000-2015): based on the SBM of super-efficiency DEA model and global Malmquist index analysis [J]. Transformations in Business & Economics, 16(2): 656-673.

Wang D D. 2019. Performance-based resource allocation for higher education institutions in China [J]. Socio-

Economic Planning Sciences,65:66-75.

Wang J, Zha Y. 2014. Distinguishing technical inefficiency from desirable and undesirable congestion with an application to regional industries in China[J]. Sustainability,6(12):8808-8826.

Wang Y,Hu D,Li W,et al. 2015. Collaboration strategies and effects on university research:evidence from Chinese universities[J]. Scientometrics,103(2):725-749.

Wang Y,Hu R,Li W,et al. 2016. Does teaching benefit from university-industry collaboration? Investigating the role of academic commercialization and engagement[J]. Scientometrics,106(3):1037-1055.

Wanke P,Barros C P,Emrouznejad A. 2016. Assessing productive efficiency of banks using integrated Fuzzy-DEA and bootstrapping: a case of Mozambican banks[J]. European Journal of Operational Research, 249(1): 378-389.

Wei Q L, Yan H. 2004. Congestion and returns to scale in data envelopment analysis[J]. European Journal of Operational Research,153(3):641-660.

Wei Q L,Yan H. 2009. Weak congestion in output additive data envelopment analysis[J]. Socio-Economic Planning Sciences,43(1):40-54.

Williams B. 2016. The impact of non-interest income on bank risk in Australia[J]. Journal of Banking & Finance, 73:16-37.

Wu F,Zhou P,Zhou D Q. 2015. Measuring energy congestion in Chinese industrial sectors: a slacks-based DEA approach[J]. Computational Economics,46(3):479-494.

Wu F,Zhou P,Zhou D Q. 2016. Does there exist energy congestion? Empirical evidence from Chinese industrial sectors[J]. Energy Efficiency,9(2):371-384.

Wu J,An Q,Xiong B,et al. 2013. Congestion measurement for regional industries in China: a data envelopment analysis approach with undesirable outputs[J]. Energy Policy,57:7-13.

Wu Y N,Yuan J P. 2014. Data processing in scientific research performance evaluation of university based on DEA and supervision measures[C]//Advanced Materials Research. Trans Tech Publications Ltd,1046:554-559.

Xavier J M,Moutinho V F,Moreira A C. 2015. An empirical examination of performance in the clothing retailing industry: a case study[J]. Journal of Retailing and Consumer Services,25:96-105.

Xiong X,Yang G L,Guan Z C. 2020. A parallel DEA-based method for evaluating parallel independent subunits with heterogeneous outputs[J]. Journal of Informetrics,14(3):101049.

Yang G L,Fukuyama H. 2018. Measuring the Chinese regional production potential using a generalized capacity utilization indicator[J]. Omega,76:112-127.

Yang G L,Fukuyama H,Song Y Y. 2019. Estimating capacity utilization of Chinese manufacturing industries[J]. Socio-Economic Planning Sciences,67:94-110.

Yang G,Ren X,Khoveyni M,et al. 2020. Directional congestion in the framework of data envelopment analysis[J]. Journal of Management Science and Engineering,5(1):57-75.

Yang Z, Shi Y, Yan H. 2017. Analysis on pure e-commerce congestion effect, productivity effect and profitability in China[J]. Socio-Economic Planning Sciences, 57:35-49.

Yin Z, Cheng B, Song W, et al. 2011a. Study on technology overflow effect of foreign direct investment on papermaking and paper products industry in China[C]. 2011 International Conference on Business Management and Electronic Information. IEEE, 3:580-583.

Yin Z, Song W, Tian M, et al. 2011b. Study on allocation efficiency of physical capital of Chinese papermaking and paper products industry-An empirical analysis on panel data[C]. 2011 International Conference on Management and Service Science. IEEE:1-4.

Zhang C, Beck M B, Chen J. 2013. Gauging the impact of global trade on China's local environmental burden[J]. Journal of Cleaner Production, 54:270-281.

Zhang Y J, Liu J Y, Su B. 2020. Carbon congestion effects in China's industry: evidence from provincial and sectoral levels[J]. Energy Economics, 86:104635.

Zhou D Q, Meng F Y, Bai Y, et al. 2017. Energy efficiency and congestion assessment with energy mix effect: the case of APEC countries[J]. Journal of Cleaner Production, 142:819-828.

Zhou P, Wu F, Zhou D Q. 2017. Total-factor energy efficiency with congestion[J]. Annals of Operations Research, 255(1-2):241-256.

Zhou X, Xu Z, Chai J, et al. 2019. Efficiency evaluation for banking systems under uncertainty: a multi-period three-stage DEA model[J]. Omega, 85:68-82.

Zhu J. 2000. Multi-factor performance measure model with an application to fortune 500 companies[J]. European Journal of Operational Research, 123(1):105-124.

Zhu Q, Wu J, Ji X, et al. 2018. A simple MILP to determine closest targets in non-oriented DEA model satisfying strong monotonicity[J]. Omega, 79:1-8.